HISTOIRE

DE

L'Expédition de Cochinchine

EN 1861

PAR

Léopold PALLU DE LA BARRIÈRE

NOUVELLE ÉDITION

AVEC UNE CARTE ET DEUX CROQUIS

BERGER-LEVRAULT ET Cie, ÉDITEURS

PARIS	NANCY
5, RUE DES BEAUX-ARTS	MÊME MAISON

1888

HISTOIRE

DE

L'EXPÉDITION DE COCHINCHINE

EN 1861

Ouvrages du même auteur

SIX MOIS A EUPATORIA, 1 vol. in-18.
LES GENS DE MER, 1 vol. in-18.
RELATION DE L'EXPÉDITION DE CHINE EN 1860, 1 vol. in-4º avec un grand atlas.

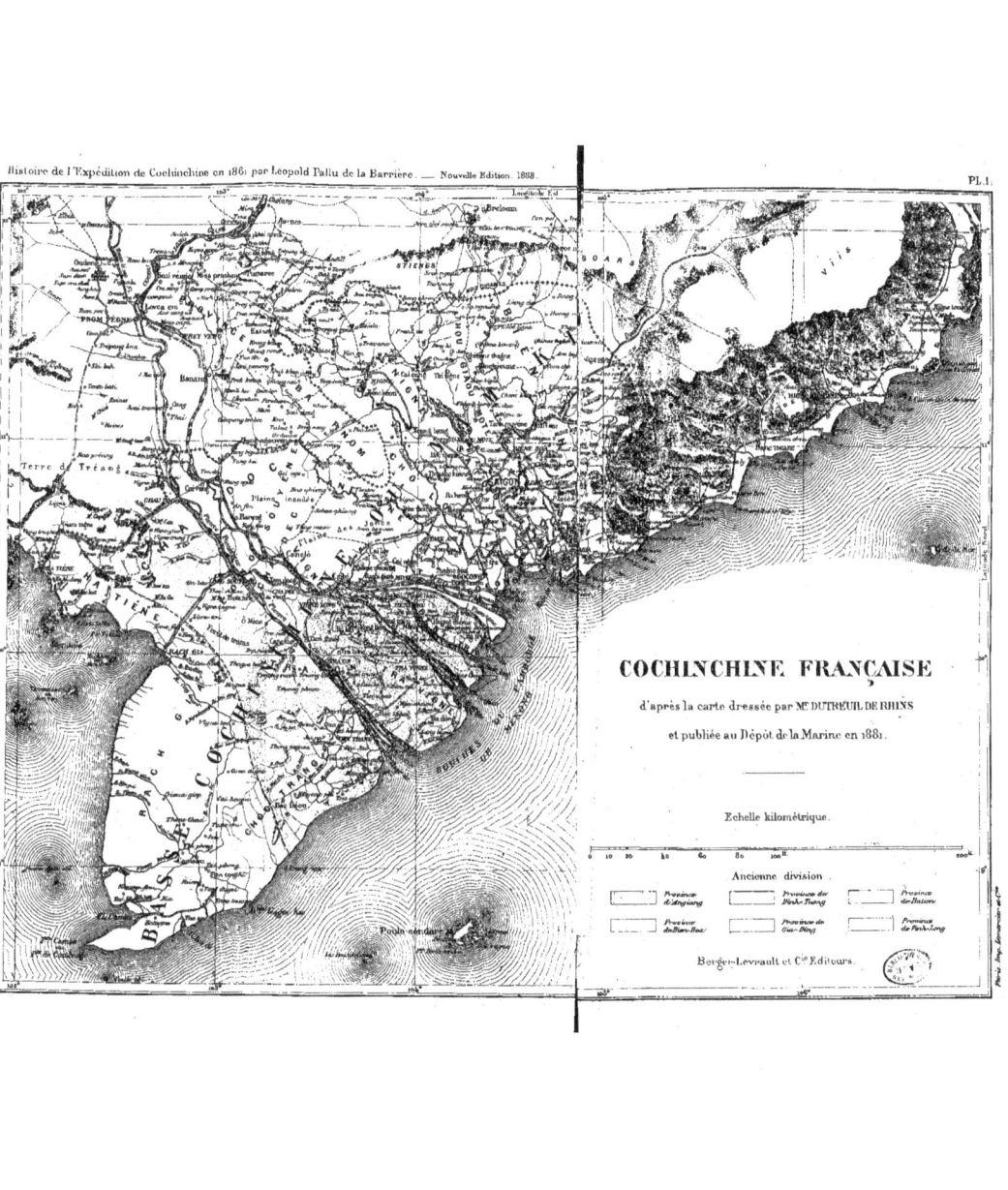

HISTOIRE

DE

L'EXPÉDITION DE COCHINCHINE

EN 1861

CHAPITRE PREMIER

ARGUMENT

La paix de Pékin rend disponibles les forces de la France. — Le vice-amiral Charner est désigné par l'Empereur pour commander l'expédition de Cochinchine. — Les forces expéditionnaires s'organisent, quittent la Chine et arrivent à Saïgon dans les premiers jours du mois de février 1861.

La fuite précipitée de l'empereur Hien-fung à Zhe-hol, dans le fond de la Mantchourie, avait fait disparaître toute espérance de traiter avec le Céleste-Empire. De tous les dangers que pouvait provoquer la marche en avant des alliés, le plus grand devait provenir de cette résolution extrême. L'avenir se montra sous de sombres auspices : on vit une guerre barbare éternisée, une occupation difficile à terminer avec honneur. L'hiver qui déjà se faisait sentir et qu'on savait être rigoureux dans cette partie de la Chine, contraignit de prendre un parti. L'armée alliée devait revenir sur ses pas, s'établir fortement à Tien-tsin, et se relier par Tien-kou, Sing-ko, Ta-kou, à sa base d'opérations qui était la mer. En conséquence, l'armée navale devait subir l'hivernage. Elle s'y était préparée.

La rencontre du prince Kong, son caractère, la position de ce prince dans l'empire ; l'entremise d'une puissance européenne amie, depuis longtemps en relation de bon voisinage avec la Chine ; changèrent la face des choses. Le général Ignatieff fut le principal instrument de la paix signée le 25 octobre 1860 par le baron Gros, lord Elgin et le prince Kong. La situation fut dénouée, et les armées de deux grands empires se trouvèrent dégagées. Les forces navales et une partie du corps expéditionnaire devenant disponibles, on pouvait porter en Cochinchine un coup qui assurât désormais notre domination sur cette partie de l'Asie.

Le vice-amiral Charner, désigné par l'Empereur pour commander cette expédition, s'occupa immédiatement de répartir les forces navales dont il avait, depuis le commencement de la guerre de Chine, le commandement en chef. Il en forma deux grandes divisions. L'une fut la division de Chine et comprit la protection ou la surveillance de Ta-kou, de Tche-fou, de Shang-haï, des îles Chu-san et du Japon : il désigna le contre-amiral Protet pour en exercer le commandement, et décida que les bâtiments de cette division paraîtraient presque tous à de courts intervalles au Japon pour y montrer la puissance des moyens dont la France disposait dans ces mers. Le Japon à surveiller; les rebelles à contenir dans leurs entreprises sur Shang-haï et sur Ning-po; le corps expéditionnaire à faire vivre, puis à rapatrier; un traité dont l'exécution était incertaine; une ligne de communication à maintenir entre Ta-kou et Tche-fou; toutes ces attributions faisaient du commandement du nord de la Chine un poste important, bien qu'il fût éloigné des opérations de guerre qui allaient s'ouvrir. — L'autre division fut destinée à opérer en Cochinchine. Le commandant en chef désigna le contre-amiral Page pour le suivre et occuper un commandement sous ses ordres. Hong-kong et Canton relevèrent du quartier-général de Saïgon.

Le vice-amiral Charner, s'étant rendu à Tien-tsin, s'entendit avec les ambassadeurs et les généraux, et ce qui suit fut décidé pour les Français.

Le *Duchayla* sera mis à la disposition du baron Gros, qui doit rentrer en France après avoir installé à Pékin M. de Bourboulon, attendu de Shang-haï. Le *Duchayla* touchera à Hong-kong, à Manille, à Saïgon peut-être. Il emporte des renforts[1] pour la garnison

---

1. A cette époque, la position de Saïgon était cependant améliorée. Le commandant supérieur de Canton, se conformant aux ordres qu'il avait reçus

de Saïgon, qui est serrée de plus en plus, d'après les dernières nouvelles, et dont le service est des plus rudes, à cause de l'étendue des lignes de défense. — Le corps de débarquement qui a marché avec l'armée jusqu'à Pékin est dissous. — L'infanterie de marine cesse de faire partie du corps expéditionnaire de Chine. Elle fournira la garnison de Ta-kou : le reste sera envoyé à Canton, plus tard à Saïgon. — Le général Jamin, le 101ᵉ de ligne, le 2ᵉ bataillon de chasseurs à pied, une batterie de 12, une batterie de 4, une compagnie du génie et la moitié des services administratifs sont dirigés sur Shang-haï. Le général Collineau est chargé d'occuper Tien-tsin avec le 102ᵉ de ligne, deux batteries d'artillerie, une compagnie du génie, quelques cavaliers et la moitié des services administratifs. — Le *Forbin* est mis à la disposition du général Cousin-Montauban qui désire visiter quelques points du Japon avant de retourner à Shang-haï.

Ces dispositions font perdre subitement à Tche-fou son importance militaire. Pendant l'expédition de Chine, ce point était le principal magasin de l'armée. Il n'aura plus maintenant qu'à pourvoir aux besoins des bâtiments de guerre qui s'y trouvent, et de sa

---

du commandant en chef, avait envoyé, au mois de juillet 1860, une compagnie d'infanterie à Saïgon. La garnison de cette place venait d'être augmentée de cent fusiliers-marins qui lui étaient arrivés par le *Weser*. Deux cents hommes de renfort allaient lui parvenir incessamment.

petite garnison, ainsi qu'à des demandes éventuelles du Peï-ho. Tche-fou conserve une importance d'un autre ordre; pendant tout le temps que le golfe du Pe-tche-li et le Peï-ho seront encombrés par les glaces, c'est par Tche-fou que les communications seront maintenues avec Tien-tsin.

Les questions de détail ayant été réglées entre les chefs d'état-major généraux de la marine et de l'armée, l'embarquement fut commencé, malgré les glaces, la distance et les tempêtes.

Le vent soufflait presque toujours du large; la houle arrivait sur les fonds de vase où elle *s'embarbouillait* et se changeait en un clapotis plus gênant pour les embarcations qu'un mouvement long et ondulé. Le froid était déjà très vif : les cordes, le pont des navires étaient couverts de verglas; il gelait souvent le jour; la nuit le thermomètre marquait dix, douze degrés au-dessous de zéro. Les équipages des grandes canonnières venues de Cochinchine, affaiblis par un séjour de deux ans sous les tropiques, souffrirent cruellement. — Vers le 20 novembre, les glaces commencèrent à obstruer le cours du Peï-ho. Dans un violent coup de vent, la canonnière l'*Alarme* s'échoua sur la barre du fleuve, en face de Ta-kou, perdit son gouvernail et une partie de son étambot. L'aviso l'*A-lom-prah* eut son hélice hors de service et se trouva gravement compromis. La canonnière la *Fusée* fut prise par les glaces dans le Peï-ho et n'en put sortir qu'après le départ de l'armée, dans une crue subite du fleuve.

L'évacuation d'une partie de l'armée et de ses bagages effectuée sur une rade foraine, à six milles de terre, au moment où l'hiver se déchaînait journellement, fut la plus rude des opérations de détail accomplies par les marins. Elle marqua la fin de l'expédition de Chine et le commencement des préparatifs de l'expédition de Cochinchine. C'est, en effet, de Sha-lui-tien, à soixante lieues de Pékin, et à huit cents lieues de Saïgon, que furent dirigés les premiers renforts et que les canonnières en fer furent remorquées. Ces petits navires avaient rendu de brillants services comme bâtiments de flottille de guerre : ils avaient concouru puissamment à la reddition des forts du Peï-ho. Plus tard on les avait vus parcourir le fleuve et transporter sans cesse des troupes et des approvisionnements. Leur rôle avait changé : ils étaient simplement utiles. Les canonnières en fer n'avaient point été construites pour les communications entre la rade de Sha-lui-tien et le Peï-ho, et dans cette traversée de six milles, par une mer houleuse, leur roulis devenait parfois inquiétant. Leur machine n'était pas assez forte pour remonter contre la brise dès qu'elle devenait un peu fraîche. Mais leur fortune avait été celle de plus d'un marin parti pour faire la guerre : elles avaient suffi au rôle de remorqueur, quelquefois même on les avait chargées. C'était par elles que l'évacuation des troupes avait pu être terminée en vingt jours, malgré la mer, le vent et le froid. Que de coups d'avirons n'avaient-elles point épargnés : les équipages n'y auraient pas suffi. En Cochinchine, dans un pays coupé par des cours d'eau intérieurs, leur rôle devait être précieux, et on pouvait prévoir qu'elles seraient d'excellents moyens d'action pour combattre et pour ravitailler. Mais c'était une expérience nouvelle dans la marine que de traîner à la remorque, sur un espace de huit cents lieues, ces légères chaloupes à vapeur faites pour des eaux tranquilles. Leurs canons, leurs munitions et leurs vivres furent embarqués à bord des bâtiments qui devaient les remorquer; leurs panneaux furent calfatés et le charbon fut transporté à l'avant pour diminuer leur très grande différence de tirant d'eau. Elles supportèrent bien cette épreuve, et il ne s'en perdit que deux.

Cependant les bâtiments appareillent à mesure qu'ils sont prêts. La *Saône* ramène les coolies à Canton. Le *Duchayla* part le 10 novembre avec le baron Gros; il porte au grand mât le pavillon carré national sous la flamme[1]. Le lendemain, lord Elgin part pour Hong-kong. Le 1er décembre, la *Némésis,* qui est en Chine depuis cinq ans, appareille pour la France. Combien sont partis avec elle qui ne reviendront pas ! Pendant

---

[1]. C'est une marque de grande distinction, mais différente du signe de commandement représenté à peu près de la même manière dans la marine.

cet intervalle, elle a contribué à toutes les opérations de guerre accomplies en Chine et en Cochinchine, soit par son artillerie, soit par ses marins débarqués. La *Renommée*, le *Monge*, la *Dryade*, la *Dragonne*, le *Forbin*, appareillent à des intervalles calculés. Ils vont montrer le pavillon français à Nagasaki et à Yeddo; ils doivent ensuite, après avoir ainsi défilé, rallier Woo-sung ou Hong-kong.

Le 5 décembre 1860, les troupes qui revenaient de Pékin et qui devaient former la garnison de Shang-haï étant embarquées, les derniers bâtiments de guerre français levèrent l'ancre et quittèrent le mouillage du Peï-ho. Cet entonnoir dont les bords sont invisibles, dont les eaux jaunies par les alluvions du Peï-ho et du Peh-tang paraissent illimitées comme la pleine mer; ce fond du golfe du Pe-tche-li, qui forme ce qu'on appelle assez improprement les rades de Sha-lui-tien et du Peï-ho, se trouva vide; une grande solitude succéda à la présence de plus de quatre cents navires. L'*Impératrice-Eugénie*, qui portait le pavillon du vice-amiral Charner, et l'*Écho*, qui servait de mouche, firent route pour Tche-fou, qui n'est séparé de Ta-kou que par une soixantaine de lieues. Ils y arrivèrent le 6 décembre, dans l'après-midi. Après avoir réglé les détails du nouveau service, le vice-amiral commandant en chef partit le 7 avec ses deux bâtiments et arriva le 10 décembre à Woo-sung, qui forme l'avant-garde de Shang-haï. Il ne tarda pas à y être rejoint par les bâtiments que leur mission avait retardés.

Le chef de l'expédition, le vice-amiral Charner, avait des pouvoirs complets pour faire la guerre et la paix avec l'empire d'Annam. Depuis la mer Jaune, la Manche de Tartarie et la mer du Japon, jusqu'aux détroits de Malacca et de la Sonde, jusqu'à la mer des Indes, sur une étendue de dix-huit cents lieues, tout ce qui battait pavillon français était placé sous son autorité. L'état de guerre, l'éloignement de la métropole, le double caractère de chef d'expédition et d'ambassadeur, le nombre de bâtiments rangés sous ses ordres, donnaient à son commandement un éclat tout particulier. C'est la délégation la plus étendue qui ait été remise, depuis le premier Empire, à un chef de forces navales.

Son commandement s'exerçait sur une flotte qui ne comptait pas moins de soixante-huit bâtiments de guerre, et qui comprenait 1 vaisseau de ligne, 2 frégates de premier rang à hélice, 5 frégates de premier rang à voiles, 1 frégate de deuxième rang à voiles, 1 corvette à batterie à hélice, 2 corvettes à barbette à hélice, 2 avisos de première classe à hélice, 1 aviso de deuxième classe à hélice, 2 avisos de flottille à hélice, 1 aviso de première classe à roues, 5 avisos de flottille à roues, 6 bâtiments de flottille à voiles, 5 canonnières de première classe à hélice, 16 canonnières en fer *démontables*, 2 transports à deux batteries à hélice,

4 transports-écurie à hélice, 11 transports à batterie à hélice, 1 transport-atelier à hélice. En tout, 68 bâtiments de guerre, dont 13 à voiles et 55 à vapeur. — 4 officiers généraux, 13 capitaines de vaisseau, 22 capitaines de frégate, 95 lieutenants de vaisseau, 105 enseignes, environ 100 aspirants, 100 médecins, 80 officiers d'administration, 8,000 marins composaient le personnel. L'artillerie s'élevait à 474 bouches à feu ; la force nominale des machines à 7,866 chevaux. Dix navires à vapeur loués à la Compagnie péninsulaire et orientale reliaient entre eux les points des côtes de Chine et de Cochinchine. Ces bâtiments portaient le pavillon français : des officiers nommés par le commandant en chef y exerçaient les fonctions de capitaine ou de subrécargue. Enfin quatre-vingts navires de commerce, nolisés par la France, portaient des vivres, des munitions, du charbon, et formaient une véritable flotte marchande dont les efforts ne sont pas indignes d'attention.

Malheureusement une partie des bâtiments de guerre atteignaient leur quatrième année de campagne ; quelques-uns entraient dans la cinquième. Le matériel de ces derniers bâtiments était en mauvais état ; les chaudières de quatre grandes canonnières et de trois avisos tombaient en ruines. Mais les équipages étaient bons, les officiers excellents ; tous rompus par quatre ans de guerre ; usés si l'on veut, mais non à bout ; animés d'un souffle héroïque. Parmi ces officiers partis de

France depuis si longtemps, quelques-uns, lors de leur arrivée en Chine, n'étaient que des adolescents. Ils avaient vieilli dans ce dur labeur, ne connaissant de la France que quelques planches qui la représentaient et qui les portaient, ignorant les mœurs des peuples qui défilaient sous leurs yeux, ou comme tous les marins, ne s'en souciant. Les meilleures années de leur vie venaient de s'écouler dans une sorte d'austérité et dans la privation de ces relations sociales qu'on rencontre sur la plupart des points du globe et qui manquent absolument en Chine. Rien de ce qui fait battre le cœur d'un homme de vingt-cinq ans ne les troublait. Ils s'occupaient de bien autre chose. Ils parlaient de leurs expéditions de guerre, des coups brillants accomplis dans leur métier où certains d'entre eux excellaient, et du tableau d'avancement. Apres au gain du reste (je parle de l'honneur et non de l'argent), gâtant un peu par les spéculations de l'ambition le sacrifice de leur vie et de leurs convenances qu'ils étaient toujours prêts à renouveler, ils donnaient aux croix et aux grades une importance égale au prix que la récompense leur coûtait. Aucun d'eux n'était jeune. Ils avaient comme un air uniforme de virilité et d'activité ; ceux qui eussent été frivoles ailleurs, avaient ici quelque chose de sérieux ; les autres, arrivés à l'âge où la plupart des hommes sont désireux de repos, étaient remplis d'ardeur. Ils étaient sensibles à la gloire, à l'honneur d'augmenter leur réputation de marins, et formaient une solide réunion militaire, dissoute aujourd'hui et que les mêmes circonstances ne reproduiraient peut-être pas, à cause des hommes qui y marquèrent. Sans trop chercher, on y pouvait trouver des hommes de mer, des hommes de guerre, des hydrographes, des savants et des linguistes ; des capitaines de trente ans, que la main heureuse du commandant en chef avait pourvus ; battant sans cesse cette mer orageuse de Chine, atterrissant par tous les temps à Shang-haï dont les approches passent pour les plus difficiles du monde. Le choix s'exerçant continuellement au milieu des faits, au milieu de l'action pour ainsi dire, avait fourni presque à chacun sa voie. Un chef pouvait s'appuyer avec confiance sur de tels hommes.

L'annonce d'une expédition qui allait s'effectuer en Cochinchine avec des forces imposantes, infusa du sang nouveau dans ces veines qui tant de fois avaient porté la fièvre. Cette époque fit ressortir l'excellent esprit des équipages ; ceux qui avaient acquis depuis bien longtemps des droits à revenir en France n'en parlèrent plus. Chacun ne songea qu'à prendre une part dans les opérations qui allaient s'engager.

Woo-sung est une pauvre ville chinoise située au confluent du Yang-tze et du Wam-poo. C'est le marché de l'escadre. La campagne environnante est plate, à peine légèrement ondulée çà et là : ce sont des rizières et des champs de coton herbacé. Son caractère est triste. Toute l'animation est sur la rivière de Shang-haï, qui est sillonnée sans cesse par des jonques dont quelques-unes jaugent trois cents tonneaux : navires très marins, toujours *vivants*, qui pivotent admirablement avec leur gouvernail à évents. Des bâtiments européens qui arrivent de tous les points du monde descendent le fleuve, généralement sans s'arrêter à Woo-sung. L'armée navale formait une longue file très imposante, près de la rive gauche où le fond est considérable ; la rive droite est encombrée de bancs et peu profonde. Des mâts de l'*Impératrice-Eugénie* on apercevait Shang-haï et la communication était établie sans interruption par des canonnières en fer, des jonques et des cavaliers à la solde de la marine. Le général Cousin-Montauban avait son quartier-général à Shang-haï, alors occupé par environ deux mille hommes de troupes françaises.

C'est à Woo-sung que les préparatifs de l'expédition furent continués et arrêtés dans tous leurs détails. L'Empereur[1] avait décidé qu'une partie du corps expéditionnaire de Chine passerait sous les ordres du vice-amiral Charner. Cet officier général se concerta avec

---

1. « L'Empereur a décidé aujourd'hui en conseil que le maréchal ministre de la guerre écrirait par le courrier de ce jour au général Montauban, pour qu'il ait à se concerter avec vous dans le but d'assurer à la France la possession de l'importante position de Saïgon. »

Et plus tard : « L'Empereur, vous le savez, a fait prescrire au général Montauban de mettre à votre disposition 1,800 hommes. » (Dépêches du ministre de la marine au vice-amiral Charner, 26 septembre et 10 décembre 1860.)

le général Montauban, et les conventions suivantes furent arrêtées :

Le général de brigade de Vassoigne commandera les troupes du corps expéditionnaire, sous la direction de l'amiral commandant en chef. Les chasseurs à pied, les chasseurs d'Afrique, l'artillerie, le génie, l'intendance, fourniront un effectif de 85 officiers, de 1,303 hommes et de 272 chevaux ou mulets[1]. Les îles Chu-san seront évacuées. Le détachement d'infanterie de marine qui les gardait ralliera Hong-kong. L'infanterie de marine, déjà placée sous le commandement de l'amiral, par suite d'une convention réciproque arrêtée à Ta-kou, fournira un contingent d'environ 800 hommes au corps expéditionnaire[2]. Pour assurer les mouvements des troupes et l'exécution des règlements militaires dans les différents services, un chef d'état-major spécial

---

1. Le général O'Malley, dans le principe, devait quitter Tien-tsin avec un bataillon du 101e de ligne et rejoindre Saïgon. Mais cette combinaison n'eut pas d'effet. Le général de brigade de Vassoigne (infanterie de marine) fut désigné par une dépêche ministérielle pour exercer un commandement en sous-ordre dans l'expédition de Cochinchine. « ... J'ai fait écrire par le chef d'état-major général au général O'Malley de venir, aussitôt qu'il le pourra, avec un bataillon du 101e de ligne, et de vous rejoindre à Saïgon. » (Lettre du général Cousin-Montauban au vice-amiral Charner, 14 janvier 1861.)

2.

	Officiers.	Soldats.	Chevaux.
Chasseurs à pied	39	709	22
Chasseurs d'Afrique	3	29	31
Artillerie	15	316	184
Génie	4	77	13
Intendance	24	172	22
	85	1,303	272

sera attaché au corps expéditionnaire[1]. Les services de campement, d'ambulance et de subsistance seront surveillés par des comptables de la guerre, placés sous les ordres d'un adjoint à l'intendance militaire. Le service de la trésorerie et celui des postes sera organisé d'une manière permanente à Saïgon. Un agent établi à Singapour aura qualité pour recevoir les dépêches d'Europe en Cochinchine.

Le corps expéditionnaire de Cochinchine se trouva dès lors constitué. Un contingent de marins débarqués, dont les cadres étaient formés, et qui montait à un millier d'hommes, une partie de la garnison de Saïgon qui ne se trouve pas comprise dans l'énumération précédente, portèrent à plus de 4,000 hommes l'effectif de la petite armée de Cochinchine. C'était en effet l'image exacte d'une armée qui peut marcher, combattre, camper et combattre encore; bien différente de ces troupes débarquées le matin, obligées de rallier le soir leur point de départ, sous peine de ne pouvoir vivre.

L'expérience avait démontré l'utilité des portefaix chinois dans le nord de la Chine. Sous un climat brûlant, empesté par des fièvres putrides, les coolies devaient être encore plus utiles. On inclinait ainsi vers ce système où l'on demande principalement aux Européens de combattre. Un corps de 600 mercenaires fut recruté

---

[1]. Le chef d'escadron d'état-major de Cools fut désigné pour remplir ce poste. Uncapitaine d'état-major, le capitaine Haillot, lui fut adjoint.

et formé par les soins du capitaine de vaisseau Coupvent-Desbois, commandant supérieur de Canton.

L'argent, les vivres et le charbon furent emmagasinés et répartis à Hong-kong, d'après des indications spéciales et appropriées aux intérêts de l'expédition de Cochinchine. Le contre-amiral Page reçut l'ordre de faire arrêter et débarquer à Hong-kong treize cent mille piastres mexicaines qui allaient arriver de France sur des bâtiments de guerre. La frégate la *Persévérante* dut prendre à son bord les sommes consenties par le traité de Tien-tsin et la convention de Pékin. Quatre cent mille rations alors en dépôt à Hong-kong furent considérées comme une réserve suffisante. Tous les navires vivriers durent être envoyés à Saïgon. Sur huit mille tonnes de charbon qui se trouvaient en rade de Hong-kong, à bord des bâtiments frétés par le gouvernement français, quatre mille tonnes furent mises à terre, quatre mille autres envoyées à Saïgon.

Pour achever le tableau des préparatifs de l'expédition de Cochinchine, il convient d'indiquer ici la part qu'allait y prendre l'Espagne.

Le contingent espagnol à Saïgon se trouvait alors réduit à 230 hommes d'infanterie. Le vice-amiral Charner avisa des préparatifs en cours d'exécution le colonel et plénipotentiaire de Sa Majesté Catholique Palanca Gutierrez, ainsi que le gouverneur général des Philippines. Voici le langage qu'il tint au colonel Palanca, avec lequel il entretenait du reste des rapports personnels d'estime et d'amitié : « Les Espagnols sont des alliés, non des auxiliaires. Mais il ne peut être question de partager le territoire de Saïgon. C'est ailleurs, au Tonquin, que l'Espagne pourra trouver une compensation à ses glorieux sacrifices. Tel est l'esprit des instructions de l'Empereur Napoléon. Quand il s'agit de combattre, l'amiral fait appel à l'esprit d'entente. Il compte sur la coopération que le ministre plénipotentiaire d'Espagne veut lui promettre. »

En s'adressant au capitaine général des Philippines, le chef de l'expédition réclamait l'effet des mêmes sentiments. Il demandait, et par ordre d'urgence, un supplément de 150 cavaliers, de 400 fantassins et 300 marins tagals. Manille était particulièrement à même de fournir 150 cavaliers montés, dont il était aisé de prévoir que le rôle serait des plus utiles en Cochinchine. Ce renfort fit défaut. Mais l'amiral trouva chez le colonel Palanca Gutierrez une coopération loyale et ardente, telle que pouvait l'assurer le caractère chevaleresque de cet officier espagnol.

Tous les services étrangers à l'expédition de Cochinchine furent également réglés à Woo-sung. Le *Prégent*, la *Dordogne* et la *Gironde* partirent avec des missions spéciales. Le *Prégent* fut détaché à Fou-chow-fou, sur les côtes du Fo-kien, pour y percevoir le premier terme de l'indemnité dévolue à la France, d'après les clauses de la convention de Pékin. Cette affaire était épineuse. Elle fut bien conduite et réussit. Le *Prégent* fut le premier bâtiment de guerre français qui parut dans la rivière Min, sur les bords de laquelle est bâtie Fou-chow. La *Dordogne* se rendit au Japon, où la situation des agents diplomatiques et consulaires à Yeddo, après avoir été améliorée pendant quelques jours par la présence des forces françaises et anglaises placées sous le commandement des contre-amiraux Page et Jones, différait très peu maintenant d'un emprisonnement. — La *Gironde* partit pour Bang-cock, où elle devait recevoir les ambassadeurs siamois.

Les derniers préparatifs furent poussés activement. Les bâtiments avariés[1] avaient passé successivement au bassin de Shang-haï et s'y étaient réparés. Du 15 au 21 janvier, le personnel et le matériel furent embarqués, et les navires firent route pour Saïgon. Le 24 janvier, comme il l'avait fixé, le commandant en chef quitta Woo-sung. Au moment où la frégate amirale l'*Impératrice-Eugénie* franchissait la barre du Yang-tze-kiang, la *Dryade*, montée par le contre-amiral Protet, entrait dans le fleuve pour aller prendre station à Shang-haï.

L'*Impératrice-Eugénie* ne fit à Hong-kong qu'une courte relâche de quatre jours. Tout s'y trouvait préparé par les soins du contre-amiral Page, qui depuis

---

1. La *Dragonne*, la *Mitraille*, l'*Alarme*, le *Prégent*, l'*Alom-prah*.

vingt jours était arrivé du Japon. La *Fusée* et le *Calvados* poursuivaient leurs réparations. L'infanterie de marine fut rapidement embarquée, et le 7 février, l'*Impératrice-Eugénie*, remontant les rives verdoyantes et monotones du Don-naï, jetait l'ancre devant Saïgon.

CHAPITRE II

ARGUMENT

Théâtre de la guerre et situation respective des adversaires. — Assiette physique de l'empire annamite. — Importance militaire et politique du camp retranché de Ki-hoa.

L'empire d'Annam se compose de trois royaumes autrefois ditincts : le Tonquin, que les Chinois appellent Giao-chou, ou pays aquatique, les Cochinchinois Dong-ngoai, ou royaume du dehors, et qui, d'après un document hollandais, aurait pour nom véritable Annam septentrional ; — la Cochinchine ou moyenne Cochinchine, ou province d'Hué, ou mieux Dong-trong, c'est-à-dire royaume du dedans, ou mieux encore Annam méridional ; — la basse Cochinchine, marquée improprement sur quelques documents province de Saïgon, et qui, sur toutes les anciennes cartes, porte le nom de Cambodge. C'était, en effet, avant la conquête des princes de la dynastie Nguyen[1], une partie du royaume du Cambodge. L'empire d'Annam

---

1. Dynastie actuelle.

comprend, en outre, quelques États tributaires ; tel qu'il est constitué aujourd'hui, il ne date que de 1802.

Une chaîne de montagnes d'un parcours de huit cents lieues, qui, après être sortie des monts Thibétains, non loin du plateau de Khou-khou-noor, descend vers le sud parallèlement à la mer de Chine, détermine l'assiette des deux plus anciens royaumes de l'empire annamite. Cette chaîne laisse entre elle et la mer l'Annam du Nord et l'Annam du Sud, ou, pour employer des termes impropres, mais plus connus, le Tonquin et l'Annam. Le Tonquin est une vaste plaine, limoneuse, fertile, fécondée par le Sang-koï ou Song-ca[1] et par ses affluents. L'Annam est une bande de terre de trente à cinquante lieues de large, qui court du nord au sud comme les montagnes qui la bornent à l'ouest. Les eaux se déversent à la mer par des cours peu sinueux qui coulent torrentueusement, et, par suite, de l'ouest à l'est. Cette chaîne montagneuse, la plus orientale des cinq grandes Alpes qui forment les vallées de la Birmanie, du Siam, du Cambodge et de l'Annam, se répand, au 11e degré de latitude, en pâtés montagneux qui s'abaissent graduellement et joignent la mer en dessinant une forte inflexion. Ce bras, sorti de la chaîne principale, part des montagnes Vi et forme une haute muraille percée d'un col et séparée de la mer par le défilé de Phan-thiet. C'est la ligne de dé-

---

[1]. Père Alex. Rhodes.

marcation naturelle entre la basse Cochinchine et la moyenne Cochinchine.

En descendant vers le sud-ouest, on rencontre encore de petites montagnes qui semblent éparses et qui peuvent donner le change sur la limite véritable de l'Annam du milieu : des cours d'eau peu sinueux, quelques canaux naturels ou artificiels coulent entre ces montagnes et ces monticules. Ensuite on n'a plus devant soi qu'une terre molle, faite de sable et de boue, et que huit cours d'eau et des canaux naturels ont découpée en des milliers d'îles. Le sable a été apporté par la mer, la boue limoneuse par le Cambodge, qui l'a arrachée, dans ses crues, des flancs des montagnes entre lesquelles il court. Autrefois, sans doute, la mer couvrait ce qui est aujourd'hui la basse Cochinchine. Entre les montagnes d'Ha-tien et du cap Saint-Jacques s'arrondissait un golfe; le Don-naï était un petit torrent ; les branches du Vaï-co formaient deux fleuves. La province de Long-hô (Vinh-luong) n'existait pas; les provinces de Gia-dinh, de My-thô, d'An-gian et d'Ha-thien ne comprenaient que cette portion de territoire qui se trouve adossée aux montagnes ou au royaume du Cambodge. Tout fait foi de cette ancienne disposition des eaux : le terrain est visiblement un terrain d'alluvions, et on rencontre des bancs de corail entre Saïgon et Tay-ninh. Les sables, qui s'amoncellent en dunes sur d'autres rivages, ont formé ici avec le limon du Cambodge un mélange qui est devenu un riche pays de rizières. Ce travail de formation est encore visible dans la partie de l'Annam que les Chinois appellent le pays aquatique; le mélange de la boue et du sable n'est plus de l'eau, ce n'est pas encore de la terre. Les Tonquinois s'y aventurent, accroupis sur des planches qu'ils font glisser.

Les deux chaînes entre lesquelles coule le Cambodge viennent aboutir à la mer en deux points appelés Phan-thiet et Ha-tien. Du côté de la mer, ce sont les limites naturelles et bien tracées de la basse Cochinchine. Vers le pays des Moys et des Kiams les limites sont moins précises. Quand on jette les yeux sur la carte des six provinces de la basse Cochinchine, depuis le bord actuel de la mer jusqu'au parallèle de Tramban, on peut reconnaître que la mer a conservé son empire au milieu de ces terrains d'alluvions; ce ne sont que des îles autour desquelles le flux et le reflux se font sentir. Les navires y circulent comme sur une mer libre, profonde, sans dangers, où les routes seraient tracées.

Huit cours d'eau divisent la basse Cochinchine en deux régions hydrographiques distinctes, et comprennent:

1° Les deux estuaires du Soi-rap et du cap Saint-Jacques où viennent aboutir les deux Vaï-co, le Don-chaï (rivière de Saïgon), le Don-naï et la rivière de Baria; 2° les six bras principaux du Cambodge, de Cua-tien à Bassac. — Ce grand fleuve est obstrué par des bancs et n'est accessible qu'aux navires qui calent au plus quatorze pieds. Les passes sont changeantes en hauteur et en direction, suivant les moussons. Les côtes sont basses, couvertes d'une végétation verdoyante et uniforme; aucun arbre ne se détache au milieu des mangles et des palétuviers et ne peut servir de point de repère. Ces difficultés naturelles, qui s'opposent à la navigation des grands bâtiments, n'étaient point des obstacles pour les marins annamites, siamois, chinois et japonais, qui excellent dans le petit cabotage et dont les navires tirent peu d'eau. Les annalistes hollandais rapportent que le Cambodge se jetait à la mer par trois embouchures : l'*Umbequamme*, c'est-à-dire l'*Incommode;* la *Japonaise* et l'embouchure de *Saïgon*. Les guerres de Cochinchine ont permis de commencer l'hydrographie du Cambodge ; on sait maintenant qu'il a six bras principaux. L'*Umbequamme* était l'embouchure du bras qui rejoint le cours général du fleuve près de Chau-doc; la rivière japonaise devait comprendre le bras nord et le bras sud de My-thô. Quant à l'embouchure dite de Saïgon, on ne peut la placer qu'à l'entrée du Don-naï, qui était alors représenté comme un des bras du Cambodge. Saïgon se relie en effet au Cambodge par des canaux intérieurs; mais le Don-naï est un fleuve à part qui s'enfonce dans le nord, vers le royaume de Stieng.

Ces grands cours d'eau communiquent entre eux par des canaux perpendiculaires à la direction générale des fleuves. La paume de la main humaine est une image frappante, par son exactitude, du régime des eaux de la basse Cochinchine. Ces analogies se rapportent, du reste, à des idées communes, et il semble que l'homme, habitant de la terre, y cherche son image et veuille y retrouver les traits qu'il porte sur lui-même. Les jambages du grand M seraient les fleuves, sauf quelques déviations qui n'altèrent pas la physionomie générale; les linéaments transversaux figurent les arroyos. Quelques-uns de ces canaux ont été creusés de main d'homme, ou régularisés dans leur cours et leur profondeur; les autres proviennent d'une action naturelle. Les arroyos, se déversant dans deux fleuves, ont deux embouchures; leur lit est en dos d'âne; l'endroit le moins profond est situé au point où les deux courants se rencontrent et amoncellent les vases. Leurs bords sont couverts d'une végétation douce et molle, gracieuse et agréable, mais qui ne réalise pas la splendeur des tropiques. Ce sont des manguiers, des palétuviers, des palmiers nains, des arbres à jasmin blanc, beaucoup d'autres qui ont un feuillage européen et qui étalent la gamme de tous les verts, depuis le vert pâle et maladif du saule pleureur jusqu'au vert sombre du laurier. A une petite distance du bord s'élèvent des cocotiers et le plus gracieux des arbres de la terre, colonne corinthienne vivante, le palmier arac. De hautes herbes, des lianes, des aloès, des cactus très épineux forment des fourrés impénétrables pour les Européens, mais où les Annamites savent glisser, ramper et guetter. Une découpure pratiquée naturellement dans les rives des arroyos rend encore les surprises plus faciles : ce sont de petites anses qui s'enfoncent dans la terre parallèlement au cours de l'eau et dont l'entrée est masquée par des plantes grimpantes et tombantes. Ces réduits naturels abritent un homme, une barque, une petite troupe ; il n'y a pas de lieu plus sûr pour une embuscade. Les arroyos ont donné à la guerre de Cochinchine une figure particulière. Quand on les voit pour la première fois, qu'on essaye de rompre leur bordure d'épines et de fanges, qu'on se sent disparaître dans la vase, qu'on est déchiré au visage, réduit à l'impuissance par des herbes molles et fortes, qui s'enroulent et se nouent d'elles-mêmes, on se demande comment on pourra déjouer les attaques et les surprises d'un ennemi qui brave tous ces obstacles. Les petites canonnières en fer furent l'âme de cette guerre de Cochinchine, sinon dans l'action principale, du moins dans celles qui la suivirent.

L'aspect de la basse Cochinchine est monotone, triste, comme celui de tous les pays de rizières. Quand une trouée de tigre ou de daim laisse la vue s'échapper au delà de ces rives d'arroyos, rien ne frappe les yeux qu'une plaine verdoyante qui ondoie quelquefois comme la mer. Les rizières sont des terres bouddhiques. Là, rien n'attache l'âme à la terre. Le fond de la vie fait défaut. La terre cède, c'est de la boue ; seule, la pensée peut glisser sur cet infini verdoyant ; le corps s'y abîmerait. L'éternel brin d'herbe succède au précédent, toujours semblable à lui-même. Devant l'inconsistant et le monotone, la volonté s'amoindrit, l'âme se dégage et s'échappe. C'est bien là qu'aurait dû être évoqué pour terme d'une suprême félicité, — l'anéantissement parfait, la fin de toute tristesse, de tout souvenir. — Vers le nord cependant, quand on se rapproche de l'une ou de l'autre chaîne montagneuse, le terrain se relève, les rives des fleuves deviennent escarpées, et les forêts succèdent aux rizières. Ces forêts sont riches en produits destinés à la droguerie chinoise, et qui se vendent souvent plus qu'au poids de l'or.

Les canaux qui dépendent des huit cours d'eau de la basse Cochinchine et les relient entre eux, sont autant de routes très propres au commerce, à la guerre, mais aussi au brigandage. Le commandement d'un point qui aurait été à la fois un centre militaire et commercial aurait singulièrement réduit les difficultés de la conquête; mais il se trouva que ces deux attributions étaient séparées, que Saïgon était le centre militaire, My-thô le centre commercial. Les habitudes de plusieurs siècles, le faible tirant d'eau des jonques japonaises, chinoises, annamites et siamoises, la proximité des provinces les plus abondantes en riz, la concentration de tous les arroyos sur le Cambodge, toutes ces causes faisaient de My-thô, avant l'arrivée des Européens, le premier centre commercial de la basse Cochinchine. Saïgon, par sa forteresse, sa position à cheval sur les routes qui mènent à Hué, au Cambodge et au pays des Moys, était le centre militaire et administratif des six provinces. La concentration du commerce et de l'action militaire dépendait du commandement d'un cours d'eau qui relie les deux villes, l'arroyo Chinois, dont l'importance stratégique était de premier ordre.

Saïgon, où se trouvait alors bloquée une petite garnison franco-espagnole, n'est pas une ville dans l'acception européenne du mot. Ce n'était plus une place forte, étendant au loin son influence, puisqu'elle était bloquée et que sa forteresse avait été ruinée et remplacée par un fort de moindre importance[1]. De ses chantiers, où se trouvaient en 1819, avant la guerre des rebelles, deux frégates à l'européenne et cent quatre-vingt-dix galères; de son vaste palais impérial, de son arsenal maritime, il ne restait rien. Tout au plus pouvait-on voir sur les bords du Don-chaï quelques établissements d'un aspect assez précaire, où les débris de l'occupation de Touranne avaient été rassemblés. Sa population, autrefois de cent cinquante mille habitants, s'était aussi singulièrement réduite.

Le voyageur qui arrive à Saïgon aperçoit sur la rive droite du fleuve une sorte de rue dont les côtés sont interrompus, de distance en distance, par de grands espaces vides. Les maisons, en bois pour la plupart, sont recouvertes de feuilles de palmier nain; d'autres,

---

1. L'ouvrage neuf.

en petit nombre, sont en pierre. Leurs toits de tuiles rouges égayent et rassurent un peu le regard. Ensuite, c'est le toit recourbé d'une pagode; les nappes, écourtées par la perspective, de l'arroyo Chinois et de deux petits canaux qui servent de remise aux bateaux du pays; un hangar hors d'aplomb qui sert de marché, et dont le toit semble toujours prêt à glisser sur la droite. Sur le second plan, des groupes de palmiers arac s'harmonisent bien avec le ciel de l'Inde; le reste de la végétation manque de caractère. Des milliers de barques se pressent contre le bord du fleuve et forment une petite ville flottante. Des Annamites, des Chinois, des Hindous, quelques soldats français ou tagals vont et viennent, et composent au premier abord un spectacle étrange dont les yeux sont bien vite rassasiés. Il n'y a plus ensuite grand'chose à voir à Saïgon, si ce n'est peut-être le long de l'arroyo Chinois, des maisons assez propres et en pierres, dont quelques-unes sont anciennes et ont résisté aux guerres de rébellion; dans les massifs d'araquiers, quelquefois une ferme annamite bâtie en quinconce, assez élégante et qui semble se cacher; plus loin, à l'endroit où le terrain se relève, l'habitation du commandant français, celle du colonel espagnol, le camp des Lettrés; et c'est tout ou à peu près. Cette rue en fondrière, ces maisons éparses, cet ensemble un peu misérable, c'est Gia-dinh-thanh, que nous appelons Saïgon. Ainsi devaient être Batavia, Singapour, Hong-kong, quand les Européens s'y établirent. Un jour peut-être une ville belle et populeuse s'élèvera sur les lieux où nous avons vu un village annamite encore marqué par une guerre d'extermination [1].

— Sur un plateau argileux s'élève la citadelle construite en 1837 par les Cochinchinois. Les fossés ne sont comblés que sur quelques points ; il faudrait peu de travail pour les remettre en état. Les maisons qu'elle renfermait sont ruinées. Sur deux lignes parallèles, des amas d'une poussière blanche et fine forment, dans l'intérieur de la citadelle, une chaussée assez longue. C'est le riz incendié en 1859 et qui brûle encore. Vingt-quatre mois d'hivernage n'ont pu l'éteindre. Les grains de riz, en certains endroits, ont conservé leur forme ; mais ce n'est plus que de la cendre ; le vent, la pression la plus légère, les dispersent bien vite en poussière. Une tradition rapporte que des trésors considérables sont enfouis sous cette fournaise.

Le jeu naturel des intérêts, la position géographique de Saïgon, lui donnent une force d'existence capable de résister à ces essais d'administration qui se contrarient les uns les autres et aux malheurs que la guerre entraîne. Sa situation centrale le met à portée de Singapour, de Batavia, de Manille, de Hong-kong et de Canton. Les moussons le rapprochent de la Chine et du Japon ; — on sait que le commerce japonais fut actif avec l'empire d'Annam, jusqu'à une époque qui n'est

---

[1]. Celle qui fut portée en 1835 dans le Cambodge annamite.

pas éloignée de nous. Les aventuriers européens s'y porteront en foule, et quelles que soient les lois qui les régissent, ils y resteront, retenus par l'appât du gain. On peut dire que l'action individuelle corrigera ce que les méthodes pourraient renfermer de défectueux.

Saïgon fut fortifié en 1791 par le colonel Victor Olivier ; cet officier était un des vingt Français amenés par Pigneau de Béhaine, évêque d'Adran, seul reste de cette flotte de vingt vaisseaux et de ces sept régiments qui furent envoyés de France et retenus sur la route de Cochinchine par le gouverneur anglais de Pondichéry. L'empereur Gia-long essayait alors de reconquérir son empire. Il n'est pas difficile de reconnaître que le système qui fut adopté pour fortifier Saïgon se rattachait à un plan général de défense de la basse Cochinchine. La nature a fait cette partie de l'empire facile à prendre par les Siamois et les Cambodgiens, difficile à garder par les Annamites. Les cinq grands fleuves qui l'arrosent la partagent en autant de traverses dans lesquelles l'envahisseur qui vient du Sud et de l'Occident peut rejeter successivement un maître annamite. L'ingénieur français chercha à corriger par l'art ce défaut naturel de la défense. Il choisit un point à peu près central, Saïgon, sur le Don-chaï — il eût pu en choisir un autre, — et de cette place il fit partir vers My-thô, vers le Cambodge et vers le Siam, des routes qui permirent, malgré les fleuves, de diriger rapidement des secours sur les points menacés. En même temps, il éleva au point de rencontre de ces routes militaires, à Saïgon, une citadelle où il réunit des hommes, des vivres, des armes et des munitions. Cette forteresse était quadrangulaire, et chacune de ses faces comprenait deux fronts. En 1835, elle fut prise et rasée ; la ville fut détruite ; les habitants se dispersèrent et une partie d'entre eux furent emmenés en esclavage.

En 1837, les Annamites élevèrent une nouvelle forteresse à l'angle nord de la première. Ils adoptèrent la forme d'un grand carré bastionné, revêtu de maçonnerie. La ville se releva de ses ruines sur les rives droites du Don-chaï et de l'affluent dit arroyo Chinois. La nouvelle forteresse commandait le pays, et pouvait arrêter les efforts du Cambodge ou du Siam. Elle devait être moins heureuse contre l'invasion française. L'amiral Rigault de Genouilly la prit le 17 février 1859, la ruina et s'établit solidement dans un fort qu'il fit élever sur l'emplacement de l'ancien poste annamite de Henon-Bigne (le fort du Sud). — Quelques familles chrétiennes vinrent former le village de l'Évêque, qui se trouvait ainsi protégé par un fort français.

Dans le mois de décembre 1859, le contre-amiral Page, qui succédait au vice-amiral Rigault de Genouilly, vint à Saïgon, et avant de retourner à Touranne, qu'il avait reçu l'ordre d'évacuer, il désigna le terrain sur lequel les Français restèrent désormais établis. Il traça les lignes de défense, prescrivit la construction d'un hôpital, de logements, de magasins, et ouvrit le port au commerce[1]. Soixante-six navires et cent jonques chargèrent, en quatre mois, soixante mille tonnes de riz, et réalisèrent des bénéfices énormes sur les places de Hongkong et de Singapour. La redoute de Caï-maï leur fit ces avantages. Quelques villages descendirent, attirés par les profits extraordinaires que les Français leur procuraient. Ceux-ci étaient peu nombreux, et les vexations presque nulles. Les Chinois, suivant leur politique, cherchaient à assurer leur commerce, en ménageant les chefs annamites et les chefs français. L'ennemi s'était établi à une distance de quatre kilomètres de Saïgon, dans une plaine immense remplie de tombeaux, où il s'était retranché solidement. Ses lignes étaient muettes. Cette situation allait changer.

A partir du mois de juin 1860, les mandarins tendirent à couper les Français de la ville chinoise où se trouvaient emmagasinés les riz qu'on chargeait à Saïgon. En conséquence, s'appuyant sur des forces considérables, disposant de loin en loin des redoutes fermées, et marchant vite, l'ennemi ouvrit de l'angle sud de l'ouvrage de Ki-hoa une sape double, une longue tranchée qui devait couper la redoute de Caï-maï de la ville et nous forcer de l'abandonner. La clef de la situation était là; il s'agissait de garder ou de perdre le marché chinois. Cette position devait nous être conservée : pendant tout le temps de la guerre de Chine, — in-

---

1. Le port de Saïgon fut ouvert le 22 février 1860.

connue, presque abandonnée, une poignée d'hommes s'éleva à la hauteur de ces temps énergiques où l'on brûlait ses vaisseaux pour ne plus demander à revoir la métropole.

Deux autres pagodes furent choisies entre Saïgon et la redoute qu'il fallait conserver à tout prix. On s'occupa immédiatement de les fortifier. La pagode des *Mares* avait une cour entourée de briques, qui formait une défense passable. Elle était assez éloignée des lignes ennemies. L'autre, celle des Clochetons, se trouvait complètement à découvert. Elle n'était qu'à quatre cents mètres de la tête de sape. On prit immédiatement la terre des tombeaux pour se mettre à couvert. Les Annamites, sur le moment, abandonnèrent leur tranchée. Mais, le lendemain, ils ouvrirent un feu bien dirigé qui tua un homme et en blessa quelques autres. Les premiers tombeaux avaient été bien vite dégarnis ; il fallait aller chercher la terre dans des sacs assez loin ; le travail de remblai était lent, pénible, et se faisait à découvert. Dans la nuit du 3 au 4 juillet, les Annamites, au nombre de deux mille au moins, sortirent en silence de leurs lignes et, entourant la pagode qui n'était pas encore une redoute, s'élancèrent franchement sur elle, avec de grands cris. L'artillerie ennemie occupait les autres pagodes par de fortes diversions ; elle tirait aussi sur les Clochetons, et mitraillait Français, Espagnols et Annamites. On s'entretua pendant une heure. Un renfort qui arriva de Saïgon fit cesser la lutte. L'ennemi laissa plus de cent cadavres sur le carreau. La garnison des Clochetons était composée de cent Espagnols, commandés par le lieutenant Hernandez, et de soixante Français, qui avaient pour chefs les enseignes Narac et Gervais. Les Annamites ne renouvelèrent pas leur attaque des Clochetons; mais ils firent partir de leur sape double un retranchement parallèle à notre ligne de défense. Ils enfermaient ainsi la garnison franco-espagnole dans ses lignes et lui interdisaient l'accès de la plaine qui s'étendait sur les derrières de Ki-hoa.

Le 16 octobre 1860, le capitaine de vaisseau d'Aries se rendit dans l'arroyo de l'Avalanche (voy. la planche 2) afin de reconnaître les forts que les Annamites construisaient à portée de nos lignes de défense et qui, par leur proximité, pouvaient devenir agressifs. Deux embarcations légères s'avancèrent, malgré un feu très vif, jusqu'à un ouvrage palissadé qui couvrait le point dit « troisième pont de l'Avalanche ». Personne ne fut touché dans ce mouvement en avant; mais la petite expédition fut moins heureuse au retour; l'enseigne Harmand eut la cuisse traversée par une balle, quelques hommes furent touchés. L'enseigne Rieunier sonda et releva le cours d'eau sous le feu des canons des forts; ce plan fut utile et servit plus tard.

Toute la plaine comprise entre l'arroyo de l'Avalanche et l'arroyo Chinois se trouvait alors barrée par de longues tranchées que des redoutes commandaient de distance en distance. Partout où il y avait un chemin ou un cours d'eau, les Annamites avaient élevé un fort. Le cours supérieur du Don-chaï était barré. Enfin, contrairement à l'idée qu'on s'en fit, les revers de ce système de redoutes se trouvaient aussi forts que le front et les flancs. Ainsi établi, ce grand camp retranché avait repris toute l'importance de l'ancienne citadelle. Il dominait le pays. Il tenait les routes qui conduisent à My-thô, à Hué et au Cambodge. Les communications des Annamites avec la ville chinoise étaient régulières. Les sapes de l'ennemi partaient comme des bras, du grand corps de Ki-hoa, étouffaient la petite garnison alliée dans Saïgon, et la réduisaient à l'impuissance malgré l'immobilité que semblaient avoir adoptée ses adversaires.

Le camp annamite affectait une forme rectangulaire. Il comprenait cinq compartiments séparés les uns des autres par des traverses. L'enceinte était un épaulement en terre, de trois mètres et demi de haut, de deux mètres d'épaisseur; elle était percée de meurtrières très rapprochées, dont la grande ouverture était tournée en sens contraire des meurtrières européennes. Les défenses accessoires étaient accumulées sur toutes les faces, mais principalement sur le front et le revers de l'ouvrage. Les rencontres de Touranne donnaient une connaissance suffisante de ces obstacles. On savait que les tiges du bambou et les touffes épineuses de cet arbuste y étaient employées avec un art consommé; les tiges fournissaient des pieux pointus dans les trous de loup; des chevaux de frise, des barrières et des piquets; les touffes couronnaient toute l'enceinte d'un buisson dru et épineux.

La partie de la province de Gia-dinh qui entourait le camp des Annamites était un terrain ferme, solide, et, d'après les renseignements qu'on recueillit, elle pouvait être parcourue par de l'artillerie de campagne. L'hivernage et les pluies qu'il amène ne devaient commencer qu'au mois d'avril. Quant aux influences du climat, on ne pouvait alors les bien juger; les hommes qui venaient de conserver Saïgon, avaient passé par tant de fatigues, qu'il eût été difficile d'attribuer au climat de la basse Cochinchine la part qui lui revenait dans les maladies qui avaient éprouvé le corps expéditionnaire.

Les mœurs et le caractère des Annamites étaient alors fort peu connus; ceux qu'on voyait à Saïgon étaient grêles de corps, et paraissaient appartenir à une race abâtardie. Ils n'avaient que des vices, étaient portés à la ruse, au jeu et au lucre. Mais il était plus juste de présumer le caractère des Annamites par la résistance qu'ils avaient fournie dans quelques rencontres. Ils avaient montré, notamment au mois d'avril 1860, qu'ils pouvaient se défendre. On savait que leur gouvernement était résolu, patient, fort et rassemblé; qu'ils étaient façonnés à une obéissance aveugle et qu'ils vénéraient sous un titre sacré un empereur, résolu personnellement à ne pas céder. Malgré quelques instigations d'origine européenne, l'esprit d'insurrection du Tonquin depuis longtemps se taisait. Le pouvoir de l'empereur Tu-duc était intact. Le gouvernement français avait instruit le commandant en chef que le roi de Siam venait de déclarer la guerre à l'empire annamite et qu'il faisait marcher sur lui soixante mille Siamois. On verra dans la suite ce que valait cette armée.

Tels étaient la situation respective des adversaires et l'état politique de l'empire d'Annam, quand le corps expéditionnaire fut concentré à Saïgon dans les premiers jours de février.

Planche II.

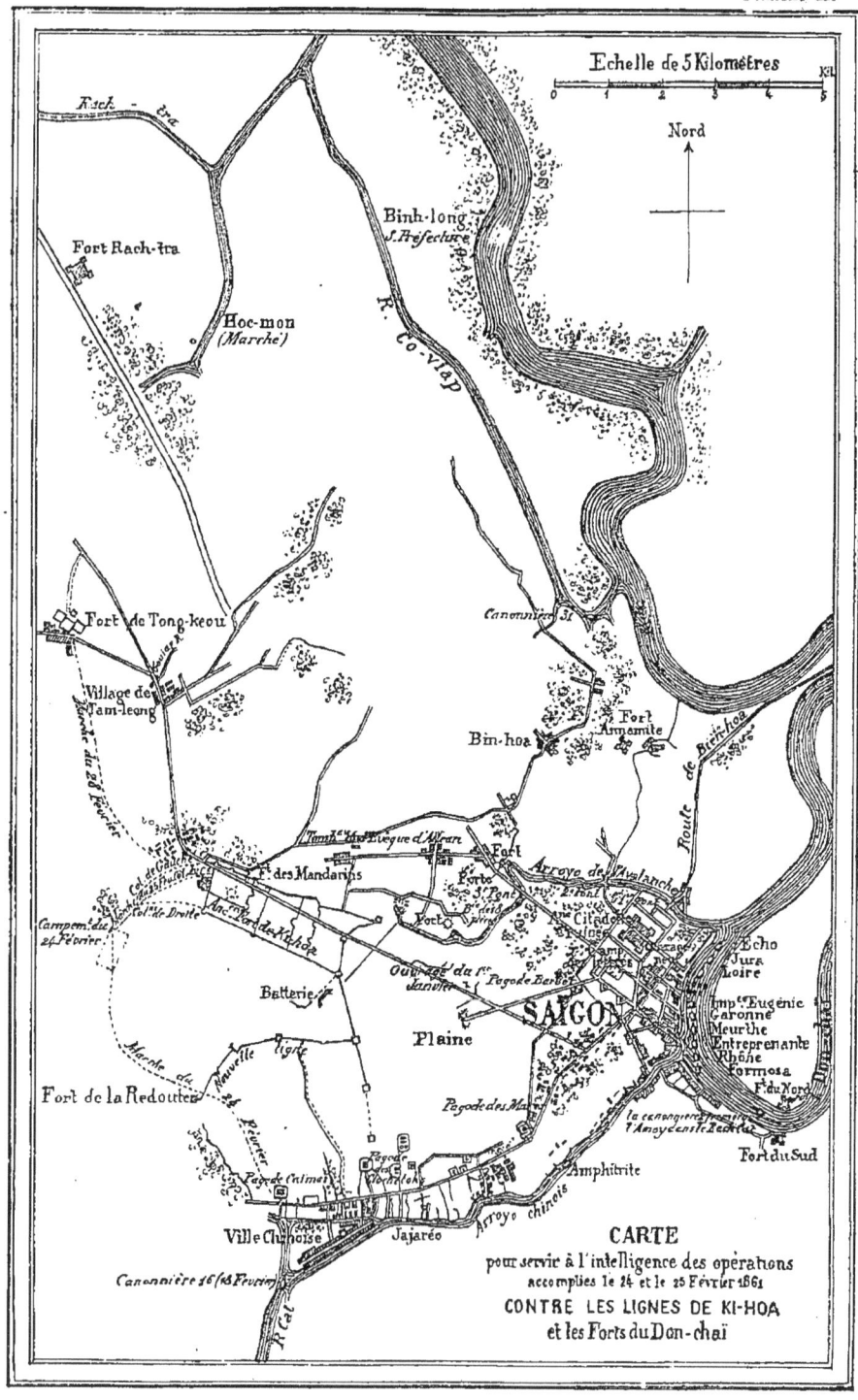

CHAPITRE III

ARGUMENT

Plan de campagne. — La flottille dominera le Don-chaï; la ligne des Pagodes maintiendra l'ennemi; le corps expéditionnaire, prolongeant l'arc de cercle, enserrera le camp de Ki-hoa, et mettra les Annamites dans l'alternative ou de repousser le choc, ou d'être, en un seul coup, écrasés et dispersés.

Le jour même que l'amiral commandant l'expédition arriva à Saïgon, on continua de pousser avec vigueur les préparatifs de la guerre de Cochinchine. A Woosung, le corps expéditionnaire avait été composé, armé, équipé et embarqué. A Saïgon, il fut mis en état de marcher et de combattre, et ces dispositions définitives qui se rapportent aux lieux et en exigent la connaissance furent assurées et complétées. Les derniers postes furent assignés, les questions personnelles réglées. La composition du corps de marins débarqués fut mise à l'ordre; ce bataillon montait à 900 hommes, formant 9 compagnies, dont une dite de marins-abordeurs qui devait faire l'office du génie et frayer le passage; il fut placé sous le commandement du capitaine de vaisseau de Lapelin.

L'amiral entendit le colonel espagnol et l'ancien commandant de Saïgon, qui venaient de défendre cette place pendant un an. Il reconnut la plaine de Ki-hoa avec les commandants du génie et de l'artillerie, et parcourut la ligne de défense qui avait été tracée par le contre-amiral Page de l'arroyo de l'Avalanche à la redoute de Caï-maï ; il s'assura que devant cette ligne, le terrain était sec, à la rigueur praticable pour l'artillerie, malgré les tumulus et les accidents artificiels qui abondent dans cette plaine immense. Cet examen le conduisit à penser qu'avec les moyens dont il disposait et dont l'ensemble composait le caractère exceptionnel du corps expéditionnaire, il pourrait prendre les Annamites à revers, pendant qu'il les tiendrait sur leur front et sur leurs flancs. En conséquence, il arrêta le plan de campagne suivant, auquel se rangèrent les commandants du génie et de l'artillerie. D'un côté, la flottille, remontant le Don-chaï, culbutera les obstacles accumulés par l'ennemi, détruira les barrages, réduira les forts et dominera le cours supérieur du fleuve. Venant ensuite et regardant le front et le flanc droit de l'ennemi, la ligne des Pagodes, munie d'une puissante artillerie, appuyée sur l'ouvrage neuf et sur une ceinture de bâtiments de guerre mouillés devant Saïgon, maintiendra l'ennemi dans l'impuissance. Enfin l'armée expéditionnaire partant de Caï-maï qui devient sa base d'opérations, rompra en un premier point les lignes annamites, continuera sa route hors de portée de l'artillerie ennemie, viendra prendre à revers l'ouvrage entier de Ki-hoa et, se rapprochant du Don-chaï et de l'action de la flottille, fermera presque complétement l'étau qui doit écraser l'ennemi. Alors l'armée annamite, séparée de son magasin de Tong-kéou, enserrée dans un cercle de fer, n'aura d'autre alternative dans une lutte décisive, que de repousser le choc ou d'être en un seul coup écrasée et dispersée. Une route, il est vrai, restera libre si l'on ne peut, pendant le combat, y placer un corps d'observation. C'est la route de l'évêque d'Adran; mais pour la rejoindre, il faut traverser les terrains fangeux du marais de l'Avalanche. C'est un chemin pour une déroute, non pour une retraite[1].

---

1. Le rapport rédigé par le commandant d'une des armes spéciales était ainsi conçu :

« Pour chasser l'ennemi de son camp, il fallait l'attaquer soit de front, soit par sa gauche, soit par sa droite. Une attaque sur la face qui regardait Saïgon eût été des plus meurtrières, l'ennemi ayant accumulé sur cette face ses plus nombreuses et ses meilleures défenses. Tranquille d'ailleurs sur sa retraite, il se serait défendu à outrance. Une attaque sur sa gauche aurait été très difficile, à cause des terrains marécageux qu'il aurait fallu traverser pour arriver jusqu'à lui. Il ne restait donc plus que l'attaque par sa droite. »

De ces considérations il résulterait que l'attaque par notre gauche fut ordonnée seulement parce que l'attaque de front eût été très meurtrière et l'attaque par notre droite presque impossible à cause des obstacles naturels. Il ne serait fait de cette manière aucune mention du poids de la flottille dans le Don-chaï supérieur, et de l'impossibilité pour l'ennemi de se mouvoir sur aucun point de la ligne des Pagodes. Mais si l'on considère que l'armée expéditionnaire, en s'avançant par notre gauche et culbutant la ligne dite de *la Redoute*, prolongeait cet ensemble qui pressait déjà les Annamites et les étreignait de plus en plus, le plan de campagne ne paraît plus obtenu par une sorte de procédé d'élimination; il se déroule comme une conséquence logique et bien ordonnée de notre domination des cours d'eau et de la possession des pagodes.

L'attaque de front eût été non seulement très meurtrière, mais elle eût

Les dispositions nécessaires pour assurer ce plan de campagne furent mises à exécution sans délai. Le contre-amiral Page reçut le commandement de la flottille qui devait remonter le cours supérieur du Don-chaï, ainsi que ses affluents, et mettre l'ennemi dans l'impossibilité de se rejeter directement sur la plaine de Bien-hoa. Les bâtiments de la flotte envoyèrent une partie de leurs canons rayés de 30 et de leurs obusiers de 80 aux pagodes Barbé, des Clochetons et de Caï-maï et leur constituèrent ainsi un armement formidable. Les troupes échelonnées de Saïgon à la ville chinoise, en arrière de la ligne des pagodes qu'elles renforçaient, se rapprochèrent de Caï-maï, c'est-à-dire du point d'où elles devaient partir. Elles furent casernées dans de grandes maisons abandonnées, construites à la façon du pays, avec des toits très inclinés dont les bords n'étaient distants du sol que de quatre pieds. Les serpents y abondaient. — La nuit, les factionnaires faisaient bonne garde; les têtes étaient mises à prix, et l'assassinat du capitaine Barbet restait dans toutes les mémoires comme un lugubre avertissement. Une attaque militaire n'était guère à craindre; mais tout

---

négligé deux puissants moyens d'action, qui étaient la flottille et une ceinture de grosse artillerie qui s'étendait de l'Avalanche à Caï-maï. Il est certain, du reste, que l'armée annamite, tranquille sur sa retraite, se serait défendue à outrance, et aurait pu, grâce aux compartiments de l'ouvrage, quadrupler sa défense. Quant à l'attaque par notre droite, il n'y a pas lieu de la considérer.

La ligne de revers de Ki-hoa se trouve aussi forte que la ligne de front. Il est supposable que le plan de campagne qui fut adopté n'échappa pas aux prévisions du général annamite.

mettait en garde contre les surprises particulières : la disposition du terrain couvert d'épaisses touffes de broussailles, et les allures d'un ennemi qui savait ramper et se glisser comme une bête fauve. Ces conditions si singulières donnaient, la nuit, une valeur indicible aux cris d'appel des sentinelles.

Les troupes brûlaient d'ardeur de joindre enfin l'ennemi. Jusqu'alors les lignes étaient restées silencieuses ; à peine, de la pagode des Clochetons, distinguait-on le relief des obstacles annamites, comme un branchage jaunâtre, épais, entrelacé. Les miradors avec leurs plates-formes, une ombre qui remuait, et c'était tout. Mais l'étendue de ces lignes dont le développement atteignait seize kilomètres ; l'existence de cette armée qu'on disait de trente mille hommes, dont on était séparé par quelques centaines de mètres et qu'on ne voyait pas ; ces réduits mystérieux dont on parlait ; l'opiniâtreté de la race, le souvenir d'une attaque infructueuse et de la défensive qui venait de durer un an, donnaient à l'ennemi une importance dont personne ne se souvient aujourd'hui. Plus tard, quand l'enceinte de Ki-hoa fut rasée, que les chevaux de frise et les revêtements en hérisson furent devenus un peu de cendre noire ; quand l'ennemi fut défait, errant et misérable, des gens venus de France, jugeant du passé par le présent, tournèrent en dérision la valeur militaire des Annamites et, sans distinction, les traitèrent en brigands.

Mais alors l'attente d'un engagement prochain donnait à la vie une valeur nouvelle, une grande animation qu'on n'a pas revue dans les expéditions suivantes. Cette période est restée intéressante et unique pour tous ceux qui l'ont traversée. La nouveauté et la beauté des sites qui dans cette partie de la province de Saïgon sont doux et gracieux, formaient un fond d'autant plus attachant qu'on savait devoir le quitter bientôt. L'arroyo Chinois et la route qui le prolonge par terre étaient animés par un grand mouvement d'hommes, de vivres, d'artillerie et de munitions de guerre. L'arroyo amenait sans cesse des embarcations chargées ; les mêmes chaloupes *grises*, qui avaient débarqué l'armée de Chine au Peh-tang, transportèrent les pièces rayées et les obusiers, leurs plates-formes et les boulets ogivaux.

L'arroyo Chinois, dont le nom revient si souvent quand on parle de Saïgon, est un cours d'eau vraisemblablement creusé ou tout au moins canalisé de main d'homme. Il part à angle droit de la rivière de Saïgon et enfonce sa nappe unie, large de cent mètres, dans l'intérieur du pays. Il se rejoint sans interruptions à l'arroyo Commercial, et forme ainsi avec d'autres cours d'eau, une grande artère qui débouche dans le Cambodge et par laquelle se fait tout le commerce de la basse Cochinchine. Sur les deux rives, en quittant Saïgon, s'élèvent des bouquets de corossols et de jaquiers, de jasmins odoriférants, d'aloès et de roseaux ;

le rideau de gauche[1] cache les rizières qui s'étendent à perte de vue. Le rideau de droite, en s'écartant, laisse apercevoir, de distance en distance, quelquefois un petit autel, un *miao*, élevé au génie familier du lieu, assez souvent de belles maisons de plaisance annamites, recouvertes en tuiles et entourées de cactus impénétrables.

Une route large comme une route départementale, en assez bon état, ombragée par de beaux arbres, suit, à une distance de deux cents mètres, une direction parallèle à l'arroyo Chinois. C'est une partie de la route de Saïgon à My-thô. Sur la droite, en quittant Saïgon, sont les pagodes transformées en redoutes de Barbé, des Mares, des Clochetons et de Caï-maï. En s'éloignant du chemin, toujours vers la droite, le terrain se relève légèrement et s'étend en plaine jusqu'à l'horizon. Les palmiers arac, les arbres verts font place à des bouquets d'arbres rabougris, à une végétation jaune et herbacée. Tout est stérile et triste, brûlé par le soleil ; les tumulus, les tombeaux enluminés et peints à fresque, arrêtent seuls le regard. Cet immense champ des morts est la plaine de Ki-hoa. Plus loin encore sont les lignes annamites, dont le faible relief se confondrait avec la couleur de la terre, s'il n'était indiqué par quelques cavaliers et par des miradors.

---

[1]. Les arroyos communiquant avec deux fleuves et se déversant ainsi par deux embouchures, la droite et la gauche indiqueront toujours la droite et la gauche stratégiques.

La ville chinoise, connue dans le pays sous le nom de Cho-leun, qui est un nom chinois, s'étend pendant une longueur de deux kilomètres sur les deux rives de l'arroyo. Son aspect est animé par un mouvement considérable de coolies chinois et annamites qui transportent sans cesse leurs charges de riz, de monnaie de cuivre, de chevrettes et de poissons séchés. Les toits en tuiles rouges se détachent d'une manière agreste entre les touffes d'araquiers, dont les troncs droits et cannelés semblent avoir servi de modèles aux colonnes corinthiennes. La perspective qu'on découvre au premier détour de l'arroyo est remplie de grâce, de mollesse et d'élégance. Des ponts en grand nombre rejoignent les deux rives. A mesure qu'on s'éloigne de Saïgon, les jardins deviennent plus grands, les maisons de plus en plus isolées et solitaires. Cho-leun ne ressemble point à une ville européenne ; non plus à une ville chinoise ou annamite. On dirait plutôt une agglomération de fermes opulentes. Au fond des cours, sans que la vue soit masquée, comme en Chine, par un pan de mur qui se dresse droit en face de chaque porte, on peut voir, aux heures des repas, trois tables dressées et disposées en triangle. Celle du fond, la plus élevée, est occupée par le maître, ses enfants, ses amis et le premier des serviteurs ; les coolies mangent aux deux autres. Cette vie en plein air a quelque chose de patriarcal. Sur l'arroyo le mouvement est continuel. Les bateaux sont pressés côte à côte et ne laissent entre eux qu'un étroit passage. Quand la marée est basse, et elle est très forte, il ne reste plus qu'un ruisseau à peine suffisant pour les barques plates ; les autres s'échouent sur les bords avec insouciance et toujours sans dommage. Ces petits navires destinés au batelage d'eau douce sont recouverts du beau vernis du pays qui leur donne un air d'aisance.

Cette ville chinoise est la clef de tout le commerce de la basse Cochinchine. Qui la tient, a dans les mains le plus puissant moyen d'action sur les peuples de cette partie de l'Annam. Les redoutes des Clochetons et de Caï-maï nous en assuraient la possession ; le cours d'eau dont Cho-leun borde les deux rives, était commandé en outre par une lorcha[1] mouillée à l'entrée de la ville, le *Jajaréo*, dont le capitaine était un enseigne, et le second, par un des accidents de cette guerre singulière, était un sous-lieutenant d'infanterie de marine. — La ville chinoise est de construction ancienne ; les Chinois qui l'habitent sont divisés en congrégations, munis de chartes et d'exemptions. Il y en a de fort riches ; quelques-uns frètent directement des navires européens et les envoient dans l'Inde, à l'île de la Réunion ou en Chine. Il est aujourd'hui avéré que dans la période difficile de l'occupation française,

---

1. Les lorchas sont des bâtiments de flottille d'origine portugaise, que la nécessité de défendre un grand nombre de cours d'eau avait fait adjoindre aux forces navales. Elles étaient armées d'une pièce de gros calibre et portaient la flamme nationale.

quand les négociants établis à Saïgon ne connaissaient les cours de Hong-kong et de Shang-haï que par des occasions irrégulières, les Chinois de Cho-leun possédaient un service de courrier entre Saïgon et Canton. Dans toute cette partie de la province de Gia-dinh, les pagodes et les *miao* (petits autels expiatoires) sont en grand nombre. Ces temples sont d'une construction élégante et uniforme, semblables à ceux qu'on voit en Chine. Ils ont été élevés, selon toute apparence, par les cotisations des marchands chinois. Les Chinois sont aussi indifférents en matière religieuse que les Annamites; mais ils sont plus riches et plus portés à l'ostentation.

Les quatre pagodes que le contre-amiral Page avait, un an auparavant, transformées en redoutes et qui couvraient Saïgon, étaient reconnaissables de loin aux dragons symboliques, aux poissons perchés sur leurs queues et à ces chiens aux yeux humains, dont les originaux existaient au palais de Yuen-minh-yuen, et qui ne sont pas la réalisation d'un caprice de l'imagination chinoise. Sur l'esplanade qui précède ces pagodes, s'élevaient de grands peupliers d'Inde à larges feuilles, de ceux appelés Mahâ-phot, sous l'un desquels la tradition rapporte que Bouddha fut ordonné bonze par le roi des anges, Indra.

La pagode Barbé portait le nom d'un capitaine d'infanterie de marine qui la commandait et qui fut assassiné et décapité au premier coude de la route qui mène à la pagode des Mares. Il partit un soir à cheval pour faire sa ronde accoutumée. Les assassins le guettaient, cachés dans un bouquet d'arbustes que l'on montre à tous ceux qui passent près de cet endroit. Il fut assailli à coups de lance et tomba de cheval aux premiers coups. Les Annamites le décapitèrent aussitôt et gagnèrent, en rampant à travers les branches et les hautes herbes, les lignes de l'ancien Ki-hoa. Le lendemain matin, on trouva le tronc qui avait été traîné sur le bord de la route; le cheval, blessé, se tenait à côté et n'avait pas bougé. On rapporte que le général annamite, quand la tête du capitaine fut déposée à côté de son plateau à bétel, compta le prix d'abord sans rien dire, puis laissa échapper une parole de regret. Le capitaine Barbé était d'une taille et d'une force athlétiques, et tous les Annamites le connaissaient.

La pagode des Mares était célèbre autrefois par le pèlerinage qu'y faisaient, à leur retour, les marchands de My-thô. Deux mares d'eau croupissante, une grande et une petite, dans lesquelles on voyait de temps à autre un caïman, avaient donné leur nom à la redoute.

La pagode des Clochetons était un peu plus éloignée que les autres de la route qui mène de Saïgon à My-thô. Elle s'élevait au milieu de la plaine des tombeaux. Les dieux dorés qui représentaient sans doute un des états voisins de l'anéantissement parfait, avaient été conservés autour des salles. Des poules, que les marins et les soldats suivaient de l'œil, furetaient partout. Sur la table des officiers il y avait des bouteilles de vermouth et d'absinthe ; et en face de la redoute s'allongeaient sur leurs plates-formes les longues pièces rayées de 30, dont la peinture noire s'était un peu éraflée à tant de descentes et d'ascensions. Ces redoutes tenaient à la fois de la ferme, du corps de garde et de la batterie. Mais les dieux bouddhiques transportaient dans un autre monde ; leur rictus plus qu'humain et dérisoire semblait railler cette dépense d'énergie dont ils étaient témoins; la vue de ces idoles produisait un contraste étrange au milieu des allées et venues des servants affairés, et de toutes les expansions d'une race inquiète, mais forte.

La pagode de Caï-maï était le point extrême de cette ligne de défense, dont la droite partait de l'arroyo de l'Avalanche. C'était un poste très avancé. On l'eût perdu avec un ennemi européen. Cette pagode était bâtie sur un mamelon rapporté de mains d'hommes. Elle offrait les mêmes détails d'intérieur que les autres. En face de Caï-maï était le fort annamite de la Redoute qui terminait les lignes ennemies et aboutissait à un obstacle naturel, un marais. Cette pagode fut accidentellement, quelques jours plus tard, le siège d'un parc de munitions pour l'artillerie et l'infanterie.

Les travaux de force nécessaires pour hisser les lourdes pièces de 30 et les obusiers de 80 sur leurs plates-formes furent conduits par des maîtres d'équipage. Le lieutenant-colonel d'artillerie de terre Crouzat avait sous son commandement l'artillerie de siège et l'artillerie de campagne. En sept jours les plates-formes furent construites, les pièces débarquées de leurs bâtiments, conduites aux pagodes, établies sur leurs plates-formes et approvisionnées de munitions à cent coups. La pagode Barbé reçut 3 obusiers de 80 et 2 chevalets pour fusées de siège de 125 millimètres; la pagode des Clochetons, 4 canons de marine de 30, rayés; la pagode de Caï-maï, 1 canon rayé de 30 et 1 obusier de 80. Ces pièces conservèrent leurs servants marins.

Le 16 février, le commandant en chef quitta la frégate l'*Impératrice-Eugénie,* qui cessa de battre son pavillon, et transporta son quartier général à l'ouvrage Neuf, un peu en arrière de la redoute Barbet. Il confia le commandement des bâtiments échelonnés devant Saïgon au capitaine de vaisseau de Surville[1]. Les équipages qui passaient sous les ordres de cet officier supérieur avaient fourni des compagnies au corps de débarquement, des servants aux pièces rayées des Pagodes; pendant vingt jours, courbés sur les avirons depuis le matin jusqu'au soir, sous un ciel dévorant, ils avaient suppléé le matériel roulant considérable qu'exige une armée, même petite. Ils allaient entendre la canonnade et la fusillade; ils ne connaîtraient de la lutte que le transport des blessés, qu'il faudrait secourir et consoler.

---

1. Le capitaine de vaisseau d'Aries fut nommé commandant supérieur des forces laissées devant Saïgon.

Ce rôle exigeait un grand esprit de dévouement. Le commandant de la marine sut le faire supporter sans amertume et sans impatience.

Une première reconnaissance, commandée et dirigée par le lieutenant-colonel Crouzat, donna la certitude que le seul débouché praticable pour l'artillerie se trouvait en avant et à gauche de Caï-maï, qu'il aboutissait à un terrain ferme, situé à environ mille mètres des lignes ennemies. Les travaux indispensables pour aplanir ce débouché furent exécutés par un détachement du génie et par la compagnie de l'*Impératrice-Eugénie*, sous un feu assez gênant, mais qui ne toucha personne. — Le 19 février, 20 fusées incendiaires de la marine de 125 millimètres, et 32 fusées de l'artillerie de terre de 9 centimètres, à chapiteaux rouges, furent lancées de la pagode Barbé, à une distance approximative de 5 kilomètres, sur le camp de l'ennemi, pour le troubler et l'inquiéter. Le 21 et le 22 février, la pagode de Caï-maï, sur laquelle devait s'appuyer l'armée dans son mouvement tournant, reçut un approvisionnement double pour les bouches à feu et 50,000 cartouches d'infanterie.

En même temps que les mouvements du corps expéditionnaire étaient organisés et assurés, les opérations qui devaient maintenir l'ennemi sur le Don-chaï étaient combinées et ordonnées. Le vice-amiral commandant en chef en traça le plan, dans les termes suivants, au contre-amiral Page :

« J'ai déjà eu l'honneur de vous faire connaître que l'*Avalanche,* le *Sham-Rock* et la canonnière n° 31 formeraient, avec la *Renommée,* qui porte votre pavillon, une division avec laquelle vous opérerez en amont du fleuve.

« Lorsque vous arriverez à la hauteur du Go-viap, après avoir surmonté les obstacles qui pourraient inquiéter votre navigation, vous détacherez dans cet arroyo la canonnière n° 31. Elle ne s'y engagera qu'avec précaution et de manière à ne pas se compromettre. Elle devra surveiller, dans cette position, les mouvements de l'ennemi et s'y opposer, autant que ses moyens le permettent, en interdisant le passage d'une rive à l'autre à tout ce qui lui semblerait suspect.

« Vous poursuivrez ensuite votre route jusqu'à la hauteur de Fou-yen-mot avec la *Renommée,* l'*Avalanche* et le *Sham-Rock,* et vous agirez énergiquement pour gêner les communications de l'ennemi d'une rive à l'autre du fleuve, et même pour les couper complètement.

« Si vous y trouvez avantage, vous pourrez dépasser momentanément Fou-yen-mot et prendre telle mesure que vous jugerez convenable pour atteindre le but que je viens d'indiquer.

« Je vous engage à ménager les populations qui ne nous seront pas hostiles. Il est important de nous attirer leur confiance tout en leur montrant la grandeur des moyens dont nous disposons.

« Si vos dispositions sont terminées demain, vous

ferez route avec vos navires aussitôt que la marée le permettra. »

Afin de maintenir complètement l'ennemi sur son front (voyez les planches 1 et 2), la canonnière n° 18, aussitôt après le départ du contre-amiral Page, fit route et vint prendre position dans l'arroyo de l'Avalanche, un peu au delà et à petite distance de la lorcha l'*Espérance*. Elle eut pour mission de couper les communications de l'ennemi d'une rive à l'autre de l'arroyo et de détruire les piles du deuxième pont jeté sur ce cours d'eau. Elle était munie d'un supplément de mitraille et de carabines à tige. — La canonnière n° 31, postée sur la droite, dans le Go-viap, devait rester isolée ; elle reçut l'ordre d'agir avec circonspection, de se maintenir à flot et de conserver toujours assez d'espace pour éviter. — Enfin la canonnière n° 16, la lorcha le *Jajaréo*, la canonnière n° 27 et la lorcha le *Saint-Joseph* prirent position sur notre gauche, la première dans l'arroyo Chinois, les deux autres dans le Rach-cat, à l'embouchure du Rach-baoum, c'est-à-dire à cinq milles environ de la Ville Chinoise. La canonnière n° 27 reçut un détachement du 2ᵉ bataillon de chasseurs à pied destiné à renforcer l'équipage du *Saint-Joseph*. Le 17 février, elle prit cette lorcha à la remorque, se dirigea vers l'embranchement du Don-chaï avec le Soi-rap, descendit le Soi-rap jusqu'à son confluent avec le Rach-cat, et, remorquant toujours le *Saint-Joseph,* remonta le Rach-cat et prit position avec la lorcha devant l'embouchure du Rach-baoum. Ces quatre navires contribuaient à maintenir l'ennemi sur notre gauche et formaient, en arrière de la ligne des Pagodes et en soutien, deux lignes espacées qui interdisaient aux Annamites les routes fluviales sur lesquelles ils auraient pu compter. Les communications de la canonnière n° 27 avec le quartier général étaient assurées par la canonnière n° 16 et par la redoute de Caï-maï.

Le commandant en chef fit alors connaître à l'armée que le moment était proche. Il lui dit que les Français allaient porter la guerre à l'empereur des Annamites, mais non point aux Annamites; il mit le peuple inoffensif, ses biens et son commerce sous la protection de l'armée de Cochinchine.

Aux peuples de l'Annam il annonça sa venue et l'objet de la guerre; et, leur traçant leur conduite dans une proclamation qui fut traduite et répandue partout, il leur parla dans les termes suivants :

« L'amiral français, commandant en chef toutes les forces de l'Orient, et plénipotentiaire pour la pacification de l'empire d'Annam, Charner,

« Rappelle aux populations de la province de Saïgon et de tous les départements de la dépendance, que l'empire de France et le royaume d'Espagne se sont entendus dans une même volonté, pour réunir leurs forces et les amener ici, afin de demander raison au gouvernement annamite de tous les actes d'oubli et d'ingratitude dont il s'est rendu coupable. C'est pourquoi, exécutant les ordres augustes de notre grand empereur, nous sommes venus avec nos armées pour demander raison de tout ce qui a eu lieu précédemment.

« Ce n'est pas, assurément, pour faire le malheur du peuple que nous sommes ici. Au contraire, notre plus grand désir est de le protéger et de lui ouvrir les voies du commerce qui, de jour en jour, augmenteront sa prospérité. Nous promettons la paix et la protection complète de leurs biens, de leurs personnes et de leurs maisons, sans qu'il leur arrive aucun détriment, à tous les mandarins civils et militaires et à toutes les populations qui apportent un cœur honnête pour accepter les choses. Et cette protection s'étend sur tous, sans distinction de ceux qui nous auront déjà fait leur soumission ou de ceux qui ne l'auront pas faite encore. Que chacun recherche ses intérêts : nous ne forçons personne. — Les populations tranquilles, qui ne sont pas sur le passage de nos troupes, doivent s'occuper de leur commerce ordinaire, sans s'émouvoir et sans rien appréhender. Celles qui, précédemment, ont fui notre autorité par la terreur du moment, toutes celles qui maintenant encore ne sont pas réunies à notre peuple, si elles ont vraiment la volonté de se soumettre, nous les accueillerons et les protégerons par compassion et sans tenir compte du passé.

« Les promesses de paix que vient de donner, dans

la sincérité de son cœur, le commandant en chef, ne sont pas des promesses d'un moment et n'ayant qu'un court effet, elles sont définitives et pour toujours. »

Toutes les dispositions étant assurées, l'armée se trouvant prête à marcher et à combattre, le commandant en chef ordonna que l'attaque des premières lignes aurait lieu dans la matinée du 24 février.

CHAPITRE IV

ARGUMENT

Le corps expéditionnaire rompt les lignes annamites dans la matinée du 24 février, au point dit de la Redoute. — Le vice-amiral Charner prend le commandement direct des troupes. — L'armée franco-espagnole prolonge la droite de l'ennemi par une marche de flanc et vient camper, le 24 février au soir, droit sur sa ligne de retraite.

A quatre heures du matin, les clairons sonnent aux drapeaux. La nuit est encore sombre; le jour, comme dans tous les pays tropicaux, ne se fera qu'aux environs de six heures. C'est au milieu de l'obscurité que les troupes prennent leurs postes. Avant de partir, elles ont bu le café et reçu leur ration d'eau-de-vie. Les sacs ont été faits la veille. Ils contiennent huit jours de biscuit et deux rations de viande cuite à l'avance.

A cinq heures, tous les corps sont à leurs postes sur la route des Pagodes. L'amiral et le général de Vassoigne sont en tête près du débouché de Caï-maï; un petit détachement de chasseurs d'Afrique leur sert d'escorte. Vient ensuite l'infanterie espagnole, puis deux compagnies de chasseurs à pied. L'artillerie qui a bivaqué à Caï-maï, est en colonne par pièces et dans l'ordre suivant: les 6 obusiers de montagne, les fusées, les 3 canons de 4 rayés, les 4 canons de 12 rayés. L'infanterie est disposée sur la route à la suite et dans cet ordre: les chasseurs à pied, le génie et ses échelles; les marins abordeurs, leurs échelles, leurs engins; le corps des marins débarqués; l'infanterie de marine. Puis viennent le train et le service d'ambulance. Le convoi, porté par 600 coolies chinois et par 100 bêtes de somme, est placé sur la route du Jajaréo, qui coupe perpendiculairement la route des Pagodes. Ainsi disposé, il ne gênera pas la marche de la colonne.

A cinq heures et demie, l'armée se met en marche. Le jour s'est fait; la température est encore bonne; mais la poussière, que l'humidité de la nuit avait d'abord abattue, s'est élevée. Les corps placés en tête débouchent dans la plaine et se dirigent sur le fort dit de la Redoute, qui forme l'extrémité ouest des lignes cochinchinoises. Une compagnie de chasseurs à pied se développe en tirailleurs devant l'artillerie qui paraît à son tour et forme ses sections sans difficulté sur la route qui a été nivelée la veille. Les pagodes Barbé, des Clochetons, de Caï-maï, ont déjà ouvert leur feu depuis une heure. Le roulement grave et puissant des grosses pièces d'artillerie domine tous les bruits et remplit la scène. L'ennemi, de son côté, a garni ses lignes et s'est porté tumultuairement aux armes. Du haut de la redoute on a pu distinguer son mouvement. Le bruit des gongs, le sifflement très reconnaissable de son artillerie, qui est en fer et de moindre calibre, couvrent les intervalles du tir des pièces rayées de 30. Des officiers venus de Saïgon et réunis à Caï-maï s'avancent rapidement sur la route, et échangent avec ceux qui passent un mot d'adieu et une poignée de mains.

Mais la colonne a débouché presque tout entière : l'artillerie montée se répand maintenant dans la plaine; elle élargit son front. A mille mètres environ de l'ennemi, elle se déploie en avant en batterie, oblique à gauche, s'arrête court et ouvre son feu. Une vibration cuivrée, qui s'allonge en sifflant et en bourdonnant, bondit dans la plaine. Les pièces de 12 dirigent leur feu sur le fort de la Redoute; les pièces de 4 et de montagne, les fusées, s'adressent aux deux redans voisins. Le feu se règle en quelques instants et devient très précis. La ligne annamite, quoique placée par la faiblesse de son calibre dans des conditions bien inférieures, se couvre de fumée et redouble de résistance. Le feu est vif, mais l'action n'est à vrai dire engagée que pour l'ennemi.

Ce combat d'artillerie a permis à l'infanterie de reprendre haleine : l'armée s'avance par bataillons en colonnes. L'ordre est donné de diminuer les distances de moitié. Les pièces de montagne partent au grand trot malgré les tumulus et les tombeaux, et se placent à cinq cents mètres de l'ennemi. Les pièces de 4, les fusées, les pièces de 12, continuent la manœuvre par un mouvement successif. L'infanterie arrive sur la nouvelle ligne. Une reconnaissance pratiquée la veille avait indiqué l'existence d'un marais qui bordait la plaine à gauche, près du fort de la Redoute. L'infanterie, pour l'éviter, oblique un peu trop sur la droite. Malgré le léger retard provoqué par cette circonstance et le chevauchement qui en est la suite, l'armée se trouve en position peu de temps après que le second engagement d'artillerie a commencé. Deux colonnes d'assaut sont formées; celle de droite est composée du génie, des chasseurs à pied, de l'infanterie espagnole, de l'infanterie de marine; elle est commandée et dirigée par le chef de bataillon du génie Allizé de Matignicourt. La colonne de gauche se compose de marins débarqués; elle est commandée par le capitaine de frégate Desvaux et dirigée par le capitaine du génie Gallimard.

A la distance de cinq cents mètres les projectiles de l'ennemi arrivent en grand nombre dans les rangs français et espagnols. Le tir des Annamites est bon en hauteur et en direction. Les pièces du fort, les fusils de main et de rempart tirent à outrance. Partout où le groupe formé par l'amiral, son état-major et son escorte, s'arrête, le feu se concentre et devient acharné. L'artillerie vient d'en faire l'épreuve; en quelques minutes, plusieurs servants et des chevaux sont atteints. Le peu de distance qui sépare de l'ennemi, a diminué la supériorité des armes de précision; et quoique notre feu soit très bien mené, quoiqu'il soit accéléré et supérieur, l'action dure depuis longtemps, et la résistance des Annamites ne paraît ni abattue, ni découragée. Nos pertes augmentent; le général de Vassoigne, le colonel espagnol Palanca Gutierrez, l'aspirant Leséble, l'adjudant Joly, sont grièvement blessés. L'amiral prend le commandement direct des troupes; il donne le signal. Les colonnes s'ébranlent. Les pièces de montagne les protègent sur leurs ailes. Une compagnie de chasseurs à pied est lancée en tirailleurs, en avant de la colonne de droite; une compagnie de marins-fusiliers en avant de la colonne de gauche. En tête des Espagnols, des chasseurs et de l'infanterie de marine marchent les sapeurs du génie. Ils s'avancent au pas de promenade, sous une fusillade très nourrie, réservant leur haleine pour le dernier moment, obliquant légèrement à droite pour ne pas s'embourber dans le marais. A trente mètres de l'obstacle, un cri de : « Vive l'Empereur! » domine la fusillade; les premiers s'élancent; ils reçoivent l'arquebusade en pleine poitrine, écartent les bambous entrelacés, marchent à petits pas sur la crête des trous de loup, enjambent les chevaux de frise, sautent dans le fossé, et se frayant un passage à travers les branchages épineux, les mains et le visage en sang, les vêtements en lambeaux, paraissent, victorieux, sur le dernier obstacle.

La colonne de gauche rompait la ligne annamite avec la même vigueur. En tête de cette colonne marchait la compagnie des marins abordeurs. Eux-mêmes avaient porté leurs échelles, leurs grappins emmanchés, leurs gaffes, leurs grenades : les coolies avaient été remplacés à la seconde halte ; le service de porteur d'échelles devenait alors un service d'honneur. Il n'y eut d'engagement corps à corps en aucun point, et les Français qui les premiers mirent le pied sur la banquette intérieure, purent voir les Annamites céder le terrain, emportant leurs gingoles et leurs fusils de main. Ils s'éloignaient d'un pas qui paraissait presque tranquille, comme des travailleurs qui suspendent leur travail, et, chose singulière, quoique pressés de bien près par toute une armée qui escaladait leurs remparts, un très petit nombre d'entre eux s'enfuirent en courant. En quelques minutes, ils joignirent un gros de leurs troupes dont on voyait flotter les banderoles du côté de Ki-hoa. Dans le combat du 24 février, les Annamites acceptèrent la lutte à coups de canon sans qu'elle parût les entamer beaucoup ni affaiblir leur courage : les nombreux cadavres étendus le long des parapets témoignaient de l'effet des pièces rayées. Mais quand les colonnes marchèrent à l'assaut, droit sur eux, ils cédèrent le terrain et s'enfuirent, tout en restant en vue. Ainsi les avaient représentés la plupart des rapports sur les affaires de Saïgon et de Touranne.

Le sous-lieutenant Thénard, du génie, et l'enseigne Berger arrivèrent, les premiers de toute l'armée, au sommet du parapet, aux deux points où la ligne ennemie fut rompue: l'un à l'attaque de droite, l'autre à l'attaque de gauche.

Cette affaire nous coûta 6 tués et 30 blessés, dont un général, un colonel, un aspirant et un adjudant. Un coolie du génie fut tué, un autre fut blessé. Les coolies du génie marchèrent jusqu'au dernier obstacle, suivant l'habitude contractée en Chine, qui faisait remplir un poste d'honneur par des mercenaires. L'artillerie eut plusieurs chevaux ou mulets tués ou blessés. Elle avait manœuvré dans des terrains difficiles, semés de fondrières et de puits, coupés de fossés, barrés de pans de murs; tous accidents artificiels, excellents pour des tirailleurs, mauvais pour des pièces montées dont le recul n'était pas facile[1].

Dans cette affaire, qui dura deux heures, l'artillerie combattit très longtemps. Elle tira 228 coups de montagne, 146 de 4, 128 de 12, et lança 80 fusées. La nature des obstacles, qui étaient en bambou et en terre, ne permettait pas d'espérer qu'on pût y faire brèche, soit en les incendiant, soit en les bouleversant. Cette ligne, du reste, n'était que secondaire et offrait peu de relief. Mais les pièces, en tirant aussi longtemps, permirent à l'infanterie, qui se trouvait

---

1. Un affût de pièce de 12 fut cassé, deux têtes de boulons sautèrent, une vis de pointage fut faussée. La batterie de 12 remplaça son affût cassé, remit les boulons sautés, mais elle ne parvint que très difficilement à redresser sa vis de pointage. Il était à souhaiter pour le 12 que, le lendemain, qui nous promettait une affaire beaucoup plus sérieuse, le terrain fût meilleur. (Rapport du lieutenant-colonel de l'artillerie de terre, Crouzat.)

étranglée sur une route étroite et qui n'avait qu'un débouché insuffisant, d'opérer son déploiement et d'arriver en position.

Les blessés, pendant le courant de l'action, avaient été enlevés et dirigés sur Caï-maï, d'où ils furent conduits, par terre et par eau, à l'hôpital de Cho-quan, situé sur le bord de l'arroyo Chinois. — Le génie se mit immédiatement à l'œuvre, et pratiqua dans le parapet un passage pour l'artillerie. Les munitions qui avaient été consommées furent renouvelées à Caï-maï. Cette opération était terminée à une heure de l'après-midi. Dans la journée et la nuit du 24, le parc provisoire de Caï-maï fut mis en état, les munitions furent tirées du *Rhin* et de la *Loire,* mouillés devant Saïgon. Ces bâtiments servaient de poudrières, car on n'avait trouvé à terre aucun emplacement assez sec ou assez sûr pour les remplacer. — Les troupes reprirent leurs sacs, qu'elles avaient mis à terre pour marcher à l'assaut. Vers neuf heures, elles étaient établies dans des maisons basses, quelques heures auparavant les logements des soldats annamites. Ces cases étaient sales, empuanties d'une odeur particulière. L'armée se reposa jusqu'à trois heures. Elle était sur pied depuis quatre heures du matin, le sac au dos. Elle avait marché dans la poussière, puis dans un terrain difficile ; livré un assaut sous une chaleur déjà accablante. Ce repos était indiqué par la prudence. On savait que le soleil de Saïgon était un puissant auxiliaire pour les Annamites et qu'il développait d'une manière foudroyante les germes de la peste marécageuse.

A trois heures de l'après-midi on sonne le réveil, puis la marche du bataillon. Une compagnie d'infanterie de marine et un obusier de montagne sont laissés au fort de la Redoute : ils assureront nos derrières et nous permettront de continuer à nous appuyer sur la pagode de Caï-maï. L'armée se met en marche : l'artillerie est au centre en colonne par batteries ; l'infanterie est sur deux colonnes par sections, une colonne à droite, une colonne à gauche. Sur un sol uni et résistant, couvert d'un lichen très ras, où les roues des caissons et des chariots ne rencontrent plus d'obstacle, où le pied s'appuie avec une sorte de plaisir, nous prolongerons par une marche de flanc, hors de portée de son artillerie, la droite et les revers de l'ennemi. L'armée va se rapprocher du but qu'elle poursuit : ce soir, elle campera devant la face occidentale du camp des Annamites, sur leur ligne même de retraite.

Vers quatre heures, une troupe dont il fut assez difficile d'estimer le nombre, à cause des taillis d'où elle sortit, parut sur notre droite, banderoles déployées, avec des éléphants de guerre. L'armée annamite voulait-elle essayer d'arrêter notre mouvement qui la compromettait de plus en plus, ou commençait-elle à faire filer ses éléphants, ses chariots, ses gros bagages ? On n'a jamais bien su ce que signifiait cet épisode de la campagne. Le corps annamite se rapprochant, le feu s'engagea avec nos tirailleurs. Le commandant en chef fit partir 3 obusiers de montagne et 3 pièces de 4 en avant et à droite : leur feu eut un plein effet. L'ennemi s'arrêta, puis rentra dans son camp, ou continua à le prolonger, mais à le toucher.

L'armée avait fait halte pendant ce petit engagement. Elle se remit en marche et arriva vers six heures sur le lieu choisi pour le campement, c'est-à-dire en plein sur les revers de Ki-hoa. En cet endroit la nudité de la plaine cessait : quelques bouquets d'arbres et des bois taillis s'élevaient çà et là. Des maisons ruinées formaient un petit village adossé contre les arbres et situé à une distance d'environ deux kilomètres de l'ennemi. L'amiral établit son quartier général dans une de ces maisons abandonnées. En ce moment, les grosses pièces de Ki-hoa envoyèrent quelques coups bien dirigés sur le village : un boulet traversa le toit du quartier général, et une fusillade des plus nourries partit des bois taillis sur notre bivac. L'infanterie occupait la lisière du bois. Elle resta un instant exposée à ce feu inattendu. Les Espagnols, puis la compagnie de la *Renommée* et successivement deux autres, furent lancés en tirailleurs. Les chevaux de l'artillerie étant dételés, on roula en hâte et à bras deux pièces de 4 qui prirent position. Cette fusillade opiniâtre, qui venait de tireurs invisibles, dura près d'une demi-heure. Après quelques retards, le placement de l'infanterie fut éloigné, et son camp fut établi à une distance du bois qui rendait une surprise plus difficile. L'artillerie s'étant trouvée découverte, avait fait avancer quelques servants en tirailleurs : les troupes du génie furent aussi déployées. Cependant le bois ayant été nettoyé et la fusillade éteinte, les Espagnols, les marins, les artilleurs et les troupes du génie rentrèrent dans le camp. Quelques escouades firent la soupe. Les autres, trop fatiguées, surtout par les dernières allées et venues, pour allumer du feu, mangèrent leur biscuit et burent de l'eau, qui heureusement se trouvait près de là en abondance. Ce fut leur souper. Puis chacun s'étendit sur la terre. — Demain les canons de la flottille, les pièces rayées des Pagodes se feront entendre. Et nous, marchant désormais droit sur l'ennemi, nous engagerons avec lui une lutte corps à corps, armée contre armée.

CHAPITRE V

ARGUMENT

L'armée franco-espagnole marche droit sur l'ennemi et se heurte sur ses revers, à droite, au centre et à gauche. — Les lignes annamites sont rompues après une action sanglante qui dure une heure et demie et dont les phases sont diverses.

La nuit fut silencieuse : pas un coup de feu ne fut échangé. A cinq heures, l'artillerie monte à cheval ; chacun est sous les armes. L'armée, pivotant sur la maison qui a servi de quartier général, quelques corps se trouvent tout placés, d'autres font une marche préparatoire assez longue. A dix heures, l'armée est en position, en colonnes, à deux kilomètres environ de la face occidentale de Ki-hoa. Deux colonnes d'infanterie comprennent entre elles l'artillerie. La colonne de gauche se compose du génie, qui marche en tête avec ses échelles, de l'infanterie de marine et des chasseurs ; 4 canons de 12, 3 canons rayés de 4, 2 obusiers de montagne de l'artillerie de marine, disposés en une seule ligne de bataille, marchent droit à l'ennemi et appuient la colonne de gauche, qui suit le mouvement. La colonne de droite se compose de l'infanterie espagnole et des marins débarqués : les marins abordeurs marchent en tête, chargés, comme la veille, de frayer le passage. Trois obusiers de montagne marchent avec la droite. Ils prendront, s'ils le peuvent, la face du camp en enfilade, et allégeront la tâche de la colonne d'assaut. — Dans les colonnes de droite et de gauche, les corps et les compagnies qui, le jour précédent, marchaient au premier rang, forment aujourd'hui la réserve, à l'exception des sapeurs et des marins abordeurs qui conservent leurs postes.

Le sol, que recouvre un épais entrelacement d'herbes roussies par le soleil, ne rend aucun bruit; les clairons ont cessé d'envoyer leurs sons barbares. Point de tambours et, chez l'ennemi, plus de gongs ni de tam-tams. Le grondement sonore et d'un ton égal des grosses pièces de Ki-hoa, puis le déchirement aigu de l'air que traversent les boulets, voilà les seuls bruits qui se font entendre. Et rien n'est plus différent, en ce moment, des idées que fait naître le mot d'assaut, que la marche sûre, presque tranquille, de cette armée qui déjà laisse des morts et des blessés derrière elle et semble dédaigner le danger. Ni habits brodés, ni couleurs éclatantes : du noir et du blanc, de la laine et de la toile. Rien ne brille chez elle que ses baïonnettes. Son expression, c'est l'énergie concentrée, la force et la confiance.

Les coups de l'ennemi, tirés d'abord à des intervalles

assez longs, deviennent de plus en plus multipliés. Son feu est vif et bien réglé, en direction surtout. Les Annamites ont l'avantage : le soleil est dans les yeux de l'armée française. L'artillerie, qui s'est établie à 1,000 mètres, a déjà supporté des pertes. Des hommes et des chevaux sont tués ou blessés ; une roue de caisson vole en éclats. Le lieutenant-colonel Crouzat, portant ses pièces par des élans rapides et brillants à 500 mètres, puis à 200 mètres, parvient à diminuer l'infériorité notable causée par le soleil, dont les rayons sont presque horizontaux. Dans cette halte à 200 mètres, qui fut la dernière, les pièces tirent à mitraille sur le haut des épaulements.

La fusillade est des plus violentes. A cette distance se dresse, avec un relief considérable, l'obstacle de terre et de bambous percé de meurtrières qui blanchissent de fumée à toute seconde. La plaine ne présente aucun abri, et l'on ne peut attendre à découvert l'effet de l'artillerie. Déjà les pertes sont sensibles. Il faut profiter de la confiance des troupes que le souvenir de la veille exalte et qui ne demandent qu'à s'élancer. Les sacs sont mis à terre ; les coolies porteurs d'échelles sont remplacés : l'amiral ordonne aux colonnes de s'avancer. On parlera principalement ici de l'attaque de droite et de ses épisodes. La deuxième compagnie[1] est lancée en tirailleurs ; quatre-vingts hommes d'élite char-

---

1. Des marins débarqués, capitaine Prouhet.

gés de frayer le passage se précipitent. Un tumulus, le seul qu'il y eût dans la plaine, s'élevait à environ cent cinquante mètres de la ligne ennemie. C'est à la hauteur de ce tertre que la colonne de droite s'élança, vaillamment conduite par le capitaine de vaisseau de Lapelin. Elle rencontra les premiers trous de loup cinquante mètres plus loin, à cent mètres par conséquent de l'obstacle principal. Les défenses accessoires de l'ouvrage étaient disposées avec un art consommé. C'étaient six lignes de trous de loup séparées par des palissades; sept rangées de petits piquets; deux larges fossés garnis de bambous pointus et remplis de trois pieds d'une eau vaseuse; enfin une escarpe en hérisson surmontée d'une rangée de chevaux de frise très solides. Les branchages épineux accumulés sur ce dernier obstacle étaient, à dessein, peu profondément fichés en terre : les mains, en s'ensanglantant, ne pouvaient s'en servir pour l'escalade. La hauteur de l'escarpe au-dessus du fond du fossé était de quinze pieds environ. Les trous de loup étaient profonds de cinq pieds : tous étaient dissimulés par de légers clayonnages sur lesquels l'herbe avait été semée et avait poussé. Ils étaient garnis intérieurement de fers de lance ou de pieux très pointus.

C'est au milieu de ces obstacles, qui semblaient plus faits pour arrêter des bêtes féroces que des hommes, que les colonnes durent s'avancer. A mesure que les assaillants s'engageaient sur la crête étroite des trous de loup, cheminant avec circonspection et très lentement, le feu de la mousqueterie et de l'artillerie redoublait d'intensité. Un bruit sec de branches cassées ne cessait, et sur toute cette nappe, large de cent mètres, les balles tombaient littéralement comme des noix qu'on gaule. Qu'on imagine, s'il est possible, les difficultés que durent vaincre les porteurs d'échelles, de grappins et de gaffes, tous ceux qui étaient embarrassés d'une carabine, au milieu de tant d'embûches, lorsqu'il eût été difficile d'arriver sain et sauf, les mains libres. La plupart des porteurs d'échelles, cheminant plus lentement que les autres, tombèrent dans les trous de loup ou furent blessés. Leurs échelles servirent de passerelles. Elles étaient faites de bambous légers, et ne dépassaient pas un poids de trente livres. Presque toutes furent brisées en quelques secondes sous les pieds de ceux qui s'en servirent. Trois d'entre elles cependant furent portées dans le dernier fossé. Mais, devant l'escarpe, la lutte prit un caractère d'acharnement unique sans doute dans les rencontres d'Annamites et d'Européens. Les assaillants qui parvinrent sur le sommet de l'obstacle, soit en montant sur les échelles, soit en s'aidant des épaules de leurs camarades et saisissant les branches inférieures et solides des chevaux de frise, furent ou tués à bout portant, ou brûlés au visage, ou rejetés à coups de lance. Celui qui parut le premier sur l'escarpe put voir, avant d'être renversé, un spectacle bien différent de ce qui avait frappé ses yeux en montant à l'assaut la veille : la banquette intérieure était garnie de défenseurs ; les uns servaient leurs fusils de rempart ; les autres, armés de lances ou de fusils, guettaient les premiers assaillants.

En ce moment, qui devenait critique, l'ordre fut donné de lancer les grenades. On en lança vingt, et toutes heureusement, quoique le jet fût presque vertical et des plus dangereux. Trois matelots parvinrent à lancer leurs grappins, qui, s'accrochant en dedans du rempart, ne purent en être rejetés immédiatement malgré les efforts des Annamites dont on voyait les lances s'entre-croiser. Ces engins firent l'effet de herses, et trois brèches furent pratiquées. Malheureusement elles se trouvèrent à dix ou vingt pieds de distance, et chacune d'elles ne put donner passage qu'à un combattant. Des trois hommes qui s'y présentèrent les premiers, l'un, qui était de la *Renommée,* fut tué ; les deux autres furent blessés. Leurs corps, rejetés violemment en arrière, tombèrent dans le fossé. D'autres, suivant de près, escaladèrent enfin l'obstacle et sautèrent sur la banquette qui était glissante de sang. Tout ce qui se trouva de ce côté périt par le fer ou par le feu.

Les Annamites, qui cessèrent de combattre, voyant que les passages allaient être frayés, s'éloignèrent quelques minutes avant l'irruption des Français. Ils filèrent en bon ordre et au pas le long des enceintes du camp. Une partie des nôtres se jeta à leur poursuite, mais sans résultat ; car l'ennemi put disparaître dans un fort avant d'être rejoint. Le reste des troupes victorieuses se rallia autour de ses chefs. Il en était grand temps; car on était dans un compartiment battu de tous côtés; et rien n'était fait, puisqu'il y avait un second assaut à livrer et qu'on se trouvait à découvert devant une ligne formidable. Le feu, suspendu un instant par les Annamites pour permettre à leur colonne d'entrer dans le fort, reprit avec une nouvelle furie. Ainsi qu'à Dettingue, à Fontenoy, c'était en champ clos que l'on allait combattre.

Il est indispensable pour l'intelligence des épisodes du combat du 25 février 1861, de décrire ici d'une manière sommaire l'ouvrage qu'il s'agit d'enlever. Jusqu'à présent l'armée expéditionnaire s'est heurtée contre une ligne d'une longueur de mille mètres, l'un des petits côtés du vaste rectangle qui s'appelle Ki-hoa. (Voyez la planche n° 2.) Cette face, qui forme le revers de l'ennemi, est garnie de saillants aux deux extrémités: un fort fermé, appelé fort du Centre, s'appuie à la gorge sur le milieu de la ligne. Les deux saillants et le fort du Centre se flanquent mutuellement. Leurs feux balayent les approches par lesquelles les colonnes d'assaut ont dû cheminer. En outre, ces approches sont couvertes, comme on l'a dit, sur une largeur de cent mètres de trous de loup, de fossés et de chevaux de frise. Vu à une certaine distance, tout ce système de saillants et de forts se projette sur un même fond, et figure une ligne sans angles rentrants ni sortants. Le camp de Ki-hoa en cet endroit est partagé, à l'intérieur, en deux compartiments par un rempart perpendiculaire au premier, garni de banquettes, percé de meurtrières, défendu par un fossé et un large espace couvert de piquets entre-croisés. Cette ligne d'enceinte est munie de deux redans : elle fut nommée seconde ligne dans quelques rapports, pour la facilité de l'expression. Une porte remplie d'embûches, et pratiquée au pied de la perpendiculaire, établit en temps ordinaire la communication entre les deux enceintes. Le compartiment de gauche fut appelé le camp du Mandarin, du nom d'un réduit qui s'y trouvait et dont les défenses accessoires étaient décuplées. Le compartiment de droite est battu par le compartiment de gauche, c'est-à-dire par la courtine et les redans, et en troisième lieu par un fort situé dans une encoignure, à l'extrémité de la diagonale de l'enceinte de droite.

L'armée expéditionnaire se heurta à droite, au centre, puis à gauche de la ligne ennemie, — une partie des réserves (infanterie de marine) s'étant portée sur le saillant de gauche et ayant formé une troisième attaque. Si le sort de ces trois chocs eût été le même, si la ligne eût été rompue en ces trois points au même moment, l'ennemi, se voyant entamé d'une force égale, eût cédé d'un seul coup au lieu de céder par des mouvements successifs, à droite d'abord, à gauche ensuite. Mais le choc de la colonne de droite fut si furieux qu'elle défonça la ligne en un quart d'heure. Les autres attaques en durèrent trois[1]. Les marins débarqués et les Espagnols, qui combattaient ensemble ce jour-là, restèrent donc pendant la différence de temps, une demi-heure, dans l'enceinte où ils avaient pénétré et où ils étaient pris comme dans un piège. — Il y eut au début un mouvement de recul; les premières notes de la retraite furent sonnées, et quelques hommes enjambèrent le parapet de la première ligne. Mais ce mouvement fut à peine indiqué: le même clairon sonna la charge, et sans la clameur aiguë que poussèrent les Annamites, suspendant le feu pendant quelques secondes et se dressant en triomphe sur leurs banquettes, les témoins de cet épisode, engagés dans l'attaque de la seconde ligne, auraient pu se demander s'ils n'avaient pas été le jouet d'une illusion. — La contenance de cette colonne de droite, fusillée à bout portant pendant une demi-heure, dans une enceinte

---

[1]. Arrivée au pied de l'escarpe, la résistance devint de plus en plus énergique; les échelles étaient repoussées avec des hallebardes, et le feu redoublait d'intensité; on commençait à désespérer de pouvoir placer les échelles, et le génie commençait à saper le parapet pour y faire des trouées à hauteur de la banquette; le commandant du génie, voyant l'énergie de l'attaque, qui durait depuis près de trois quarts d'heure, diminuer, avait envoyé demander deux compagnies de renfort (par le lieutenant de vaisseau Rouvier), lorsque enfin quelques hommes parvinrent à franchir le parapet. Ce fort était fermé et formait l'extrémité du grand camp intérieur, qui était la résidence du mandarin et qui tombait du même coup en notre pouvoir. Mais nous ignorions le sort de la colonne de droite, qui, après avoir forcé la première ligne, était fusillée à bout portant par les Annamites placés sur les banquettes de l'enceinte du camp du Mandarin, dirigée perpendiculairement à la première ligne...
(Rapport du chef de bataillon du génie Allizé de Matignicourt sur la journée du 25 février 1861, attaque du centre.)

fermée, fut héroïque, et ses efforts, détournant une partie considérable des ressources de l'ennemi, furent d'un puissant secours pour les attaques du centre et de la gauche.

L'amiral se tenait à cheval, très exposé, devant les premiers trous de loup. Les chasseurs de son escorte avaient presque tous été touchés. Près de lui, se tenaient son chef d'état-major général, le capitaine de vaisseau Laffon de Ladébat, et le chef d'escadron d'état-major de Cools. Les réserves venaient d'être envoyées en renfort au centre, mais surtout à droite, où le feu redoublait d'intensité [1]. Les bagages n'étaient plus gardés que par une demi-compagnie; les trois obusiers de montagne qui devaient enfiler la face du camp annamite étaient à peine soutenus. En ce moment la lutte, par le temps qu'elle durait, par le redoublement de violence de l'attaque et de la défense, prenait un caractère sinistre. L'indifférence et la sérénité de la nature faisaient ressortir l'acharnement des hommes, et le combat se déchaînait comme un ouragan furieux sous un ciel impassible. Les cris de « Vive l'Empereur! » depuis longtemps avaient cessé : la crépitation non interrompue de la fusillade, le bruit aigu des balles, quelquefois, mais rarement, l'imprécation ou le cri de douleur d'un mourant, attestaient seuls le choc de deux volontés, l'acharnement de vingt-cinq mille hom-

---

[1]. La 6ᵉ et la 7ᵉ compagnie de chasseurs à pied prirent part à l'attaque de gauche ; la 8ᵉ soutint trois pièces de montagne de droite.

mes séparés par une mince barrière de terre, par la distance à laquelle on peut se tendre la main, et que les uns voulaient franchir quand les autres s'y opposaient. A ces termes aboutissaient, dans une simplicité terrible, tant de proclamations, de mouvements d'hom- et de navires, un chemin de six mille lieues et tant d'or prodigué. Un assaut qui dure trois quarts d'heure est singulièrement compromis : après l'élan, la réaction déjà se faisait sentir. L'énergie de l'attaque diminua et celle de la résistance augmenta.

Cependant dans l'enceinte où les marins et les Espagnols ont pénétré, l'action a fini par se régler. Tous les efforts se portent sur deux points principaux : à la porte du camp du Mandarin, et au centre de la courtine, à moitié chemin environ entre la porte et le premier redan. Mais tous ces mouvements s'opèrent complètement à découvert, sous des feux étudiés d'avance, et ce funeste espace se couvre de morts et de blessés. Un des aumôniers[1] de l'armée courait d'un mourant à un autre, se penchait vers eux et psalmodiait rapidement des paroles latines. Dans cette journée furent blessés, mais restèrent debout ou se relevèrent, le lieutenant de vaisseau de Foucault, l'enseigne Berger, les aspirants Noël et Frostin ; le quartier-maître Rolland, qui eut la cheville fracassée, se pansa lui-même et se traîna au feu ; le clairon Pazier, qui dans le commencement de

---

1. L'abbé Trégaro.

l'action fut atteint au front, se releva et continua à sonner la charge. Près de là tomba l'enseigne de vaisseau Jouhaneau-Laregnère, qui eut le flanc gauche emporté et engagea les hommes qui voulaient le relever à le laisser et à continuer de combattre. Dans cette enceinte furent étendus, mortellement blessés, les Espagnols Jean Laviseruz et Barnabe Fovella, qui s'étaient distingués. Et tant d'autres dont les belles actions furent ignorées d'eux-mêmes et de leurs chefs !

Ce drame, jusqu'alors indécis, tirait pourtant à sa fin. Quelques hommes, leur chef en tête, après avoir marché droit à la courtine, traversaient le fossé et touchaient l'obstacle, quand l'effort des trois attaques aboutit en même temps sur les trois points. La porte fut défoncée à coups de hache par quelques hommes intrépides que le lieutenant de vaisseau Jaurès, deuxième aide de camp de l'amiral, avait ralliés ; le fort du Centre fut enlevé par le génie, et l'infanterie de marine, les chasseurs à pied, la compagnie indigène[1], entraînés par le chef de bataillon Delaveau, débordèrent avec impétuosité par la gauche. Tous les Annamites qui ne purent s'enfuir furent massacrés, et le combat finit par une scène de carnage.

Dans cette affaire l'armée eut trois cents hommes hors de combat. Douze furent tués sur le coup. Beau-

---

[1]. La compagnie indigène comptait 80 Annamites. Elle marcha avec l'infanterie de marine, et se conduisit bien.

coup de blessés ne survécurent pas à leurs blessures. L'enseigne de vaisseau Jouhaneau-Laregnère expira dans la journée, après cinq heures de souffrances atroces. Le lieutenant-colonel Testard, de l'infanterie de marine, mourut le lendemain seulement de ses blessures. Les blessés ne se plaignirent pas, ou se plaignirent rarement. Ils étaient simples et admirables ; la vie s'en allait chez quelques-uns sans qu'il leur échappât une parole de désespoir ou de regret de mourir si loin de la France. Leur contenance attesta jusqu'au bout la valeur morale de l'armée de Cochinchine [1].

Cent cinquante canons de tous calibres, deux mille

---

1. L'enseigne Laregnère eut le flanc gauche emporté. Quand il fut à l'ambulance, on jeta sur lui un drap pour empêcher ses entrailles de se répandre. Qu'il souffrait, ce malheureux ! Il ouvrait la bouche d'une manière démesurée ; il ne disait rien, mais ses traits remplis d'angoisse se contractaient comme s'il eût arrêté des cris épouvantables qui voulaient sortir de sa poitrine.

Le colonel Testard se démenait à l'ambulance, et marchait ferme, tout nu, avec des exclamations d'impatience. « Eh bien ! qu'est-ce donc ? Je me sens la tête lourde. Qu'est-ce que j'ai donc là ? » Et il portait la main à son front avec un geste d'ennui. Il avait une balle qui lui était entrée d'un demi-pouce dans la tempe gauche. Son ordonnance essayait de le ramener sur son lit ; mais il se relevait toujours. Un chirurgien, debout dans un coin de la chambre, regardait ce vivant à moitié mort, qui parlait et qui, dans quelques heures, ne parlerait plus. Il était impossible de le panser, et c'eût été, du reste, inutile. Il mourut le lendemain, 26 février, vers trois heures, à Choquan. Jusqu'au dernier moment, il avait conservé une grande force. Il était aussi blessé à l'épaule.

Un homme, qui avait reçu une balle dans le ventre, fumait sa pipe. Quand il vit l'aumônier, il lui dit : « Oh ! moi, monsieur le curé, je sais que je n'en ai pas pour longtemps. — Eh bien ! mon ami, voulez-vous vous préparer ? — Volontiers. » Il fit sa confession et mourut une heure après. C'était un homme du peuple qui s'exprimait avec cette aisance naturelle qu'on rencontre chez les hommes du centre de la France.

fusils de Saint-Étienne, dans un excellent état de conservation ; des boulets, des obus non chargés, deux milliers de kilogrammes de poudre ; des lances, des piques, des hallebardes, un lot considérable de monnaie de cuivre, furent trouvés dans le camp. Les fusils étaient à pierre ; c'étaient ceux du premier Empire. Les boulets étaient lisses, en fonte et suffisamment sphériques ; la poudre lisse et bien grenée. Il n'y avait dans Ki-hoa ni fusils à mèche, ni arcs, ni arbalètes. On trouva un grand nombre de cartes et de plans annamites ; les cartes étaient bonnes et furent utiles pour les reconnaissances.

Les listes d'appel trouvées dans le camp furent traduites par le P. Croc, des Missions étrangères, interprète du commandant en chef, et fournirent un effectif de 21,000 réguliers. On sut d'autre part qu'il se trouvait à Ki-hoa un millier de colons militaires, de ceux appelés Don-dien. A cette armée régulière il faut joindre environ dix mille miliciens qui gardèrent, pendant l'attaque principale, le front et les flancs de Ki-hoa. Si l'on considère que les forts du Don-chaï supérieur étaient défendus par une quinzaine de mille hommes, et que les Français et les Espagnols réunis présentaient un effectif de huit mille combattants, on peut dire que dans cette journée du 25 février, cinquante mille hommes s'entre-choquèrent sur un espace de terrain où le bruit du canon s'entendait. L'ennemi laissa trois cents cadavres dans les compartiments de droite et de gauche.

C'étaient, pour la plupart, des soldats du Tonquin, plus forts et plus grands que les Annamites de la Basse-Cochinchine ; leur visage avait conservé, même dans la mort, une expression d'énergie très accentuée.

Le combat du 25 février différa complètement de celui du 24, par la manière dont il fut mené et par la résistance qu'opposa l'ennemi. L'artillerie employa 204 obus et 36 boîtes à balles : « C'était la moitié de ce qui avait été consommé la veille ; mais aussi l'affaire avait été menée avec plus de vigueur et infiniment plus d'entrain[1]. »

Comme cette action de guerre fut violente et brillante, elle fut examinée de plus près que les autres, et l'on observa que le combat d'artillerie avait peut-être été trop court, et la reconnaissance insuffisante. La partie adverse peut opposer les considérations qui vont suivre.

L'artillerie avait le soleil dans les yeux ; elle combattait dans des conditions défavorables. Le combat du 24 février avait prouvé que les Annamites supportent bien ces engagements à longue portée et que leurs ouvrages étant faits de terre et de branchages, sans grand relief, ne s'éboulent ni ne se dégradent par les boulets, que fort peu par les obus. L'armée, obligée de se rapprocher pour soutenir l'artillerie, aurait souffert beaucoup. Il n'y avait pas un accident de terrain qui

---

[1]. Rapport du lieutenant-colonel d'artillerie de terre Crouzat.

pût l'abriter. Ces conditions étaient mauvaises : le commandant en chef réduisit leur effet, en abrégeant le combat d'artillerie et en lançant les colonnes d'assaut, dans lesquelles il avait pleine confiance. C'était les épargner au lieu de les sacrifier. Qui peut dire si les pertes n'auraient pas été plus grandes en refaisant la manœuvre de la veille, qui du reste avait été commandée par le manque de débouchés ?

Le 24 février au soir et le 25 au matin, des officiers du génie reconnurent le terrain. Si leur examen fut incomplet, il fut pourtant utile. La nature des fortifications annamites qui ont peu de relief, leur couleur qui se confond avec celle de la terre, tout devait borner l'observation à la connaissance du tracé extérieur des revers de l'ennemi. Pour distinguer la disposition intérieure du grand camp de Ki-hoa, il eût fallu se poster sur quelque lieu élevé, et l'on ne pouvait utiliser dans cette plaine immense qu'un bouquet de grands arbres qui se trouvaient fort près du saillant de gauche, et à portée de fusil de l'ennemi. Ce bois était occupé la veille par des tirailleurs annamites, qu'on eut quelque peine à faire taire. On devait donc, le lendemain, pour se conformer à l'objection citée plus haut, ajourner l'assaut et se porter sur la gauche, en forte reconnaissance, tout près de l'ennemi. Son importance eût été singulièrement augmentée aux yeux des troupes, par ce temps d'arrêt et par ce déploiement de forces. De ce poste d'observation on eût vu la ligne intérieure, celle qui partait perpendiculairement de la première. Cependant eût-on pu connaître lequel des deux compartiments était battu par l'autre? Tout au plus on l'eût présumé par l'importance du camp du Mandarin. Assurément, si l'on eût connu l'existence du compartiment de droite, il aurait fallu le dédaigner, et lancer les colonnes sur le fort du Centre et le saillant de gauche, en occupant au préalable le village adossé contre les grands arbres. Mais ces plans, faits après coup, supposent toujours une connaissance impossible avant l'action.

La partie adverse pourra répondre que même dans ce cas, et la reconnaissance faite, l'ennemi n'étant pas distrait par la diversion que les marins débarqués et les Espagnols lui opposèrent pendant trente minutes, aurait fourni une résistance plus énergique encore, peut-être repoussé les efforts de l'armée alliée[1]; — que les reconnaissances sont faites par des gens circonspects et gênés; que les obstacles, au contraire, sont enlevés par des troupes animées de toute l'ardeur du combat, incapables souvent de poursuivre de sang-froid ce qu'elles ont exécuté au feu. Qui n'a vu, après l'affaire, des soldats ou des marins chercher en trébuchant un chemin à travers les trous de loup? C'étaient les mêmes qui avaient suivi ce dédale sous la fusillade. Une recon-

---

[1]. Le commandant du génie, voyant l'énergie de l'attaque, qui durait depuis près de trois quarts d'heure, diminuer... (Rapport du génie sur la journée du 25 février 1861.)

naissance où l'on aurait pu compter les trous de loup et les meurtrières, eût fourni la conclusion que cette attaque n'était pas praticable. Enfin, l'assaut du 25 février a réussi ; et cette raison a du prix, puisqu'il s'agit de la plus chanceuse des actions de guerre, du fait dont l'insuccès tient à une pente que le sang a rendue glissante ; le succès à un homme qui se présente, se dévoue et se fait tuer.

Le contre-amiral Page, suivant le plan tracé d'avance, avait enlevé, le 25 février, tous les forts qui défendaient le cours supérieur du Don-chaï et en particulier ceux de Yen-lock. La division placée sous ses ordres se composait de la *Renommée*, du *Forbin*, du *Monge*, de l'*Avalanche*, de la canonnière n° 31, du *Sham-Rock*, et du *Lily*. Tous ces bâtiments furent touchés par l'ennemi, et eurent plusieurs hommes tués ou blessés.

Le commandant en chef établit son quartier général dans le réduit du Mandarin[1]. Les troupes, après avoir repris leurs sacs, furent casernées dans les logements annamites qui formaient une longue rue vers la partie septentrionale du camp. La moitié des blessés environ furent immédiatement évacués par Caï-maï sur l'hôpital de Cho-quan. Les autres furent reçus dans une ambulance établie à Ki-hoa. Le soir même, les convois

---

1. Au centre de ce réduit, dans une pièce d'eau, il y avait un caïman de taille moyenne qui paraissait conservé là comme un animal de luxe.

avaient tiré de la redoute de Caï-maï une quantité de munitions égale à celle qui avait été consommée le matin, et trente mille cartouches qui devaient former un dépôt de munitions à Ki-hoa. La pointe que l'armée allait pousser sous peu de jours dans le haut du pays nécessitait l'établissement d'un parc intermédiaire.

La conduite des Annamites dans la journée du 25 février présente une grande singularité; elle est une preuve de leur flexibilité dans le courage, mais elle dérange le trait constant de la figure des Asiatiques. Là fut accepté ce face-à-face qui les trouble nerveusement et si fort qu'ils songent alors à mourir, et non plus à se défendre. Comment expliquer en effet, si ce n'est par l'infériorité de la volonté chez les races de l'Orient, ces succès toujours les mêmes de quelques centaines d'Européens qui marchent en avant et renversent des milliers d'ennemis qui sont braves? L'infériorité des instruments de destruction ne fournit pas une explication suffisante : car il est certain que, la lutte étant acceptée jusqu'à des distances assez réduites, cette infériorité diminue, et qu'une mauvaise escopette tue aussi bien à dix pas qu'une carabine à tige. La journée du 25 février, où les Annamites ne cédèrent pas le terrain, et où un grand nombre d'entre eux se firent tuer sur leurs banquettes, présente donc un caractère presque unique. Ils ont paru persuadés d'abord que les Français et les Espagnols échoueraient au milieu des trous de loup; ensuite qu'ils seraient obligés de rétrograder sous les coups de fusil et de hallebarde, sous les fusées de main et les pots à feu.

Les troupes expéditionnaires firent preuve d'élan, puis de solidité. Celui qui les conduisait eût pu dire comme Montluc : « Je me retournai trois fois, et vis qu'on me suivait bien. » La confiance resta entière, et le danger resserra la discipline. Malheureusement, au milieu de tant d'obstacles et de la fumée produite par un feu violent de mousqueterie, les officiers ne purent être vus et reconnus que d'un petit nombre d'hommes placés à leurs côtés. Leur vêtement différait peu de celui des simples marins ou soldats : une chemise de laine et de vieux galons. Cet inconvénient, qui faillit être funeste, frappa ce jour-là tout le monde, et la troupe la première. Plus tard, comme il arrive, on ne s'en soucia plus.

L'amiral remercia l'armée de la générosité avec laquelle, depuis le premier jusqu'au plus humble, chacun avait fait le sacrifice de sa vie. Dans une pièce qui ne séparait aucun grade, il distribua à un petit nombre la louange publique de l'ordre du jour. Cette récompense était considérée comme la plus belle sous le premier Empire. Aucune décoration ne valait alors une citation. L'abus qu'on en a pu faire, n'altérera jamais d'une manière définitive la valeur d'une distinction qui va toucher si sûrement le cœur de l'homme, et que rajeunit puissamment le souvenir d'une rencontre sanglante. Mais sur cette terre lointaine, quel prix n'avait pas une distinction publique! Ceux qui en étaient l'objet, pensaient qu'elle serait connue de leurs parents, de leurs amis. Le danger, les rudes travaux étaient alors oubliés; il semblait que la distance disparût pour les marins et les soldats de Cochinchine. Un regard de la France les consolait.

CHAPITRE VI

ARGUMENT

Le corps expéditionnaire enlève les positions de Tong-kéou, d'Oc-moun, de Rach-tra, et pousse jusqu'à Tram-ban. Le pays est fouillé par des bâtiments de flottille et des colonnes mobiles. — Premières reconnaissances de Bien-hoa et de My-thô.

L'importance des résultats obtenus le 25 février ne devait être connue tout entière que le lendemain. Le 26, dès qu'il fit jour, une reconnaissance, appuyée par une section de pièces de 4, s'engagea dans l'ouvrage de Ki-hoa et put en parcourir toute la longueur jusqu'à l'arroyo de l'Avalanche. Les quatre compartiments dont se composait l'ouvrage, l'ancien et le nouveau Ki-hoa, venaient de tomber en un seul coup. L'armée annamite, délogée du camp du Mandarin, avait suivi les traverses malgré le feu des Pagodes, et avait pu rejoindre le fort de l'Avalanche. Ce fort, situé en face de Saïgon, dans le nord-ouest de cette ville, est entouré d'une eau fangeuse, encombrée de piquets et de défenses inextricables. C'est à travers ce marais, où un corps européen se fût abîmé et eût disparu, que les Annamites s'enfuirent précipitamment par deux trouées qui ressemblaient à des passages de bêtes fauves. Ils purent ainsi rejoindre la route de l'évêque d'Adran, changer leur déroute en retraite, gagner le haut du pays en passant par Tong-kéou, Oc-moun, Tay-theuye. Leurs pièces de campagne furent presque toutes enterrées dans des bois taillis, entre des repères convenus, où ils pussent venir les chercher plus tard[1]. La route de Saïgon redevint libre et le parc de Caï-maï fut supprimé.

Dans les journées du 25, du 26 et du 27 février, un passage pour l'artillerie fut pratiqué dans le terre-plein occidental de Ki-hoa. Les trous de loup, en cet endroit, furent comblés ; les chevaux de frise, les piquets, les revêtements furent enlevés. Ce travail ne fut pas accompli facilement ; la terre, remuée autrefois par les Annamites, dans la saison des pluies, s'était durcie depuis au soleil de manière à défier la pioche. Les troupes prirent un peu de repos, autant que le permirent ces travaux de route et ceux d'installation du camp, les

---

1. Un corps de cavalerie lancé, dans la matinée du 25 février, au moment où les troupes victorieuses couronnaient les remparts de l'ennemi, eût complété sa déroute et l'eût empêché de joindre immédiatement la ville du Tribut (Tong-kéou). Il n'eût cependant pas fait l'armée annamite prisonnière, comme on l'a dit. Les Annamites ne sont jamais acculés. Pour employer l'expression d'un de leurs généraux qui leur adressait un reproche public : « Ils disparaissent comme des rats. » Il leur restait ici le marais de l'Avalanche, où des troupes européennes n'eussent pu les poursuivre. Mais la cavalerie du corps expéditionnaire se réduisait à quelques chasseurs d'Afrique et à quelques cavaliers tagals ; le contingent demandé au capitaine général des Philippines ayant complètement fait défaut, comme on l'a dit ailleurs. Enfin, il ne fut pas possible de suppléer l'effet de la cavalerie par celui de quelques pièces de montagne : toutes les réserves avaient dû être lancées pour décider le succès.

reconnaissances sur Saïgon et sur Tong-kéou (ville du Tribut). Cette place est la première qu'on rencontre en marchant vers le haut du pays (nord-nord-ouest). D'après les rapports des prisonniers, ses ressources étaient considérables en riz et en monnaie de cuivre ; elle était défendue par trois forts moins entourés de bambous que les forts de Ki-hoa, mais en état de résister. C'était le magasin de l'armée annamite.

Tong-kéou est séparé de Ki-hoa par une plaine immense, où l'on aperçoit à peine quelques plantations de tabac ; un arbuste haut de deux pieds, dont la feuille, pressée, répand une forte odeur d'aromate, plaque aussi la terre de quelques taches brunes. Un cours d'eau, le Tam-léon, barre le chemin : le pont qui servait à le passer, était détruit ; mais, sur la gauche, la plaine se relevait, et il suffisait, pour tourner l'obstacle, d'obliquer un peu la route. Cette plaine, très praticable pendant la saison sèche, est inondée pendant l'hivernage, ainsi que l'attestent des crevasses, qui ne sont ni assez profondes ni assez larges, du reste, pour embarrasser la marche des hommes et des chevaux. La nature du terrain fut reconnue le 27 février. On estima qu'il était bon et praticable pour l'artillerie, et le commandant en chef ordonna que le lendemain, 28 février, avant le jour, l'armée se mettrait en marche sur Tong-kéou. Elle allait continuer la conquête du territoire et assurer l'effet de la domination de l'amiral Page sur le Don-chaï. Il était permis de penser que l'armée annamite, serrée de moins près à Tong-kéou par suite de la direction du fleuve, assurée d'une ligne de retraite passable vers le Nord, puis vers les provinces du Sud, renouvellerait à Tong-kéou la défense qu'elle avait faite à Ki-hoa. Chacun, en regardant près de lui, pouvait trouver un vide, et l'armée prenait en considération un ennemi qui venait de lui faire subir des pertes si cruelles.

L'artillerie sortit la première et, malgré quelques malencontres (un caisson qui tomba dans un trou de loup), à six heures, les 4 canons de 12, les 3 canons rayés de 4, les 5 obusiers de montagne et les fusées se trouvaient déployés en bataille hors du camp. L'infanterie sortit à son tour par l'étroit débouché pratiqué dans le rempart, et à six heures et demie l'armée se mit en marche. L'artillerie était au centre; elle avait à droite les chasseurs à pied et l'infanterie espagnole; à gauche l'infanterie de marine. Les marins formaient la réserve.

L'action s'engagea entre les tirailleurs annamites et les chasseurs d'Afrique, lancés en éclaireurs. Le fort était alors à quinze cents mètres de la colonne. A cette distance, on en distinguait parfaitement l'enceinte, le terrain sur lequel elle est bâtie dominant légèrement la plaine. Les grands bâtiments qui se trouvaient à l'intérieur, un cavalier armé de canons, donnaient à l'ouvrage un air considérable. L'armée s'arrêta et l'artillerie se forma en bataille; son tir fut distribué à l'avance de la manière suivante : 3 obusiers de montagne furent envoyés sur la droite, en dehors d'un petit massif d'arbres qui voyait le fort de très près. Les fuséens dirigèrent leurs fusées sur les grands bâtiments; le douze concentra son feu sur le grand mirador; le quatre et deux obusiers de montagne tirèrent sur toutes les embrasures d'où partaient des coups de canon. L'amiral, voulant épargner les troupes rudement éprouvées par l'assaut du 25, et modifiant sa méthode d'attaque d'après la nature de l'ouvrage qui présentait du relief et comprenait des magasins et un cavalier important, avait décidé que l'artillerie aurait, dans cette journée, le principal rôle. Elle se porta en avant, par batterie, au trot, et fit trois stations : à 800, à 600 et à 200 mètres. Son feu précis et très vif prit rapidement une supériorité marquée, et la fusillade des gingoles, d'abord assez nourrie, s'éteignit au bout de cent cinquante coups de toute espèce. Le feu de l'ennemi n'avait pour objet que de masquer la retraite d'une réserve d'environ huit cents hommes. L'infanterie, qui avait suivi les canons en s'avançant d'une manière successive, s'établit dans le fort et dans le village qui lui était adossé.

Tong-kéou fut enlevé sans pertes considérables. Un assez grand nombre de chasseurs cependant furent touchés par les balles ennemies et contusionnés. Dès le commencement de l'action, le lieutenant-colonel Crouzat fut blessé grièvement à la cuisse par un accident malheureux : son cheval, effrayé par le sifflement d'une fusée, se cabra et le renversa.

La ville du Tribut était un magasin considérable

pour l'armée annamite. La chute de ses trois forts fit tomber en notre pouvoir 1,400 tonnes de riz, de la poudre en quantité, des projectiles, des lances, des hallebardes, des petits canons, 20 grosses pièces en fonte du calibre de 16; des équipements militaires et de la monnaie de zinc dont l'ennemi n'eut pas le temps de brûler les ligatures, ce qui en eût réduit considérablement la valeur.

L'armée annamite, suivant son habitude, avait enlevé presque tous ses blessés, dont la plupart étaient ceux de Ki-hoa. Les murs des maisons où l'on campa étaient souillés de sang.

Au delà de Tong-kéou se trouvait Oc-moun, qui fait un commerce considérable de feuilles de bétel et cultive en grand la plante grimpante qui les fournit. Puis vient Rach-tra ou Tay-theuye. A trois heures de l'après-midi, le mouvement en avant fut continué. La route se dirigeait droit sur Tay-theuye; elle était encaissée entre des arbres d'une élévation moyenne et dont le feuillage terne et roussi, couleur de tôle rouillée, n'annonçait pas l'exubérante végétation des tropiques. La chaleur seule rappelait le ciel de l'Inde; elle était torride. Un sable impalpable, abondant et brûlant, remplissait ce sentier d'une largeur inégale. La marche était incertaine et mal réglée. A ce moment de la journée, on dirait que les forces se tarissent; le corps humain semble fait de plomb; l'envie de s'asseoir, de rester immobile, est un besoin irrésistible. Ce jour-là, des hommes tombèrent morts de chaleur. D'autres devinrent fous.

Quelques maisons bordaient la route, ruinées par l'armée annamite en déroute. Les habitants, cachés dans les taillis, à quelques centaines de mètres, se montraient quelquefois entre deux bouquets d'arbres, et s'éloignaient aussitôt avec frayeur. Sur le seuil de leurs maisons dévastées ils avaient déposé des cruches de terre noire remplies d'eau. La soif fut plus forte que la crainte du poison. Le soir, quelques-uns de ces paysans se familiarisèrent et proposèrent aux soldats de les aider pour transporter les hommes qui étaient tombés.

Vers cinq heures, les premières troupes entrèrent dans le fort de Tay-theuye qui était abandonné. Il renfermait de l'argent, un lot considérable de sapèques et trois pièces d'artillerie. Ce fort commandait la route qu'on venait de parcourir, et le prolongement de cette route qui s'enfonçait sur une chaussée jusqu'aux limites du Cambodge. Une pièce braquée en enfilade semblait placée pour marquer l'importance de la position dont on venait de s'emparer. Là se terminaient les bois d'Oc-moun. Un plateau où s'élevaient quelques grands arbres s'étendait à partir de la lisière. On y établit les bivacs. Plus loin, un marais s'élargissait jusqu'à l'horizon, plus triste, plus désolé que les landes de la Sologne. Quatorze jonques de guerre étaient halées à terre contre la chaussée depuis la prise de Saïgon (1859). — L'ennemi n'avait laissé d'autre trace de son passage que les cadavres de six paysans annamites, grossièrement décollés quelques heures auparavant, et dont les troncs étaient encore maintenus par des cangues. On sut plus tard que ces suppliciés étaient chrétiens[1]. Le lendemain les soumissions arrivèrent en foule; les villages de la rive droite du Don-chaï et des deux Vaï-co réclamaient la protection de la France. La *Dragonne,* en remontant le Vaï-co oriental, se présenta devant Tay-ninh, qui est sur les confins du Cambodge, et provoqua la soumission de tout le territoire annamite compris entre le Don-chaï et le Vaï-co. La province de Gia-dinh était à nous; elle remettait entre nos mains ses forts, ses canons, ses approvisionnements.

Cependant l'armée annamite n'était plus. De ces quarante mille hommes qui nous avaient si rudement disputé le passage, les uns, les miliciens, avaient jeté leurs blouses à écusson, leurs armes, et étaient redevenus paysans. La plupart des colons appelés Don-dien avaient rejoint leurs fermes militaires de Go-cung, de My-thô, de Saïgon et s'étaient fait inscrire. Les réguliers s'étaient jetés, par petits groupes, dans des bateaux ou à la nage et avaient passé de cette manière le Don-chaï ou les Vai-co. Les uns avaient gagné Bien-hoa, les autres le sud de l'empire, My-thô et Vinh-long,

---

1. On trouva, le jour suivant, à une petite profondeur sous terre, sept nouveaux cadavres décollés, parmi lesquels on crut reconnaître celui d'un sergent d'infanterie de marine qui, depuis six mois, était retenu prisonnier par les Annamites.

Le général en chef annamite, blessé grièvement au bras, venait de joindre Bien-hoa en fugitif.

La province la plus riche de la Basse-Cochinchine était donc pour ainsi dire abandonnée de ses anciens maîtres. Cette situation fut mise à profit sur-le-champ.

Le pays fut fouillé à l'est, à l'ouest, au nord, par des colonnes mobiles et par des bâtiments de flottille. Partout les Français se montrèrent. Ces reconnaissances prouvèrent que le fort de Tay-theuye formait un saillant très avancé dans le nord et que l'un des côtés de ce triangle, celui du sud-ouest, était bordé par un marais jusqu'au Vaï-co oriental.

Une lettre qui parvint, le 3 mars, au commandant en chef, lui fit connaître que les Annamites cherchaient à se concentrer et qu'ils avaient pris pour point de ralliement Tram-ban, qui leur avait servi de centre en 1859. Le chef de bataillon Comte y fut envoyé, le soir même, avec un fort détachement. Il coucha à Rach-tra (Tay-theuye), et parut le lendemain à Tram-ban, à trente lieues seulement des frontières du Cambodge. Il avait avec lui les chasseurs à pied, l'infanterie espagnole, une demi-batterie de 4, les fuséens, une section du génie. Mais la déroute des Annamites était complète; il n'y avait à Tram-ban ni éléphants de guerre, ni convois, ni trésors, ni armée. Avant de quitter cette place, le commandant Comte put se mettre en relations avec le capitaine de la *Dragonne*, alors dans le Vaï-co oriental.

Les trois cours d'eau, larges, sûrs et profonds, qui descendant du nord, comprennent entre eux ce territoire de forêts et de rizières qui s'appelle la province de Gia-dinh ou de Saïgon, furent parcourus incessamment par les gros bâtiments et les navires de flottille. Le contre-amiral Page tenait le Don-naï et bloquait Bien-hoa. Le capitaine de frégate Bourdais surveillait les deux Vaï-co, observait l'arroyo de la Poste. Il était de sa personne dans le Vaï-co occidental, avec le *Monge* et le *Lily* sous ses ordres. Dans le Vaï-co oriental qui remonte jusqu'au Cambodge, se trouvait la canonnière l'*Alarme* qui n'était séparée, dans le sud, des bâtiments du commandant Bourdais que par une bande de terre assez étroite.

Le vice-amiral Charner instruisit les chefs des reconnaissances qui allaient être dirigées par eau et par terre, qu'ils devraient communiquer avec les maires de village et les chefs de canton et leur remettre les proclamations dont ils étaient porteurs :

« Vous leur direz que leurs lois et leurs usages seront respectés; qu'ils peuvent se livrer en toute sécurité à l'agriculture et au commerce, et apporter leurs produits à Saïgon. Ils doivent bien se persuader que le règne des mandarins a disparu pour faire place à celui de la France, et que nous accordons pleine et entière protection à ceux qui reconnaissent notre autorité et nous servent fidèlement.

« Pour faire disparaître toute trace du passé, vous ruinerez les forts que vous rencontrerez sur votre passage, et vous emploierez autant que possible, pour les détruire, les populations environnantes. Vous ferez une guerre impitoyable aux pillards qui désolent le pays par terre, et aux pirates qui inquiètent la navigation des cours d'eau. Mais vous laisserez circuler librement les bateaux qui se livrent à la pêche et au commerce. Enfin vous recueillerez sur le pays tous les documents qui intéressent sa constitution, son état de défense, ses productions et ses moyens de commerce. »

La forteresse de Tay-ninh, sur les frontières du Cambodge, fut réparée, augmentée et fortement armée. Nos relations avec les Cambodgiens furent tracées. Le Cambodge touche à la Basse-Cochinchine au nord et à l'ouest. Par le grand fleuve qui porte son nom il est en relations continuelles avec trois provinces annamites, My-thô, Vinh-long, An-gian. Enfin ses querelles, ses convoitises, ses souvenirs, le portaient vers la Basse-Cochinchine. Le commandant en chef n'oublia rien pour s'en faire un allié. A l'officier qu'il avait institué chef politique de Tay-ninh, il dit :

« Vous serez chargé de la direction politique des affaires, principalement en ce qui regarde nos rapports avec les gens du Cambodge. Vous promettrez et vous assurerez aide et protection à toutes les populations paisibles qui habitent sur notre territoire, et vous vous entendrez à cet égard avec le commandant de la garnison de Tay-ninh. Vous chercherez à établir de bonnes relations avec les chefs du Cambodge. Vous leur direz que nous sommes en paix avec eux et que nous voulons nous y maintenir. En un mot, vous ferez tous vos efforts pour établir le calme et la sécurité autour de vous, et vous aurez soin de me rendre un compte fréquent de la situation de notre nouvel établissement.»

Au roi du Cambodge il fit parvenir, par un officier, des présents et les paroles d'amitié de la France (24 mars 1861):

« Les derniers événements de la Cochinchine sont parvenus à la connaissance de Votre Majesté. Elle sait que les troupes franco-espagnoles ont chassé les Annamites des lignes de Ki-hoa, que Saïgon est dégagé et que l'armée ennemie vaincue s'est dispersée dans toutes les directions. Les populations des environs, à de grandes distances, sont venues faire leur soumission et accepter la protection qui leur était offerte.

« L'intention de la France est de conserver sa conquête, de fonder dans la Basse-Cochinchine une colonie et d'y apporter tous les bienfaits de la civilisation européenne.

« Le Cambodge a toujours eu avec la France des relations d'amitié. J'espère que nos rapports, en devenant plus fréquents, deviendront aussi plus intimes.

« Comme commandant des forces de terre et de mer en Cochinchine, et comme représentant de la France, je viens assurer Votre Majesté de nos meilleures intentions à l'égard du royaume du Cambodge et répondre aux avances de paix et d'amitié que le Roi, votre père, Sire, a souvent faites au représentant du noble Empereur des Français à Saïgon.

« J'ai l'honneur d'informer aussi Votre Majesté que je compte, dans un temps peu éloigné, porter nos forces sur My-thô et m'emparer de cette place, dernière défense des Annamites vers le Cambodge.

« Le commandant de l'aviso de Sa Majesté Impériale, le *Norzagaray,* pourra entrer en communication avec Votre Majesté, si tel est son désir.

« J'offre à Votre Majesté... »

Ces démarches eurent un succès complet. Le Cambodge ne fut jamais, dans la suite, la cause d'un embarras pour la domination française. Le roi répondit par des présents et par l'envoi d'une ambassade considérable (elle se composait de quatre-vingts personnes), qui arriva de Kom-pot à Saïgon par terre. Du reste, il faut dire, ne fût-ce que pour mémoire, que les renseignements communiqués au gouvernement français étaient erronés de tous points, et qu'on n'entendit jamais parler au Cambodge de cette armée de 60,000 Siamois qui devait nous être d'un puissant secours contre les Annamites. — Quelques mois plus tard, un prétendant leva des troupes contre le roi régnant du Cambodge. La politique de l'amiral français, dans cette circonstance, fut la plus simple, et beaucoup de gens, sauf quelques intéressés, la trouvent encore la meilleure : toutes les fois que les chefs cambodgiens voulurent vider leurs querelles sur le territoire que nous occupions, il les en empêcha, et les obligea tout simplement à aller se battre ailleurs.

Le 10 mars 1861, les troupes rentrèrent à Saïgon. Une colonne mobile, avec deux obusiers de montagne, fut laissée à Tong-kéou ; une compagnie d'infanterie de marine et une compagnie annamite à Tay-theuye, dont l'armement fut augmenté d'une pièce de trente de marine. Une compagnie d'infanterie de marine tint garnison à Ki-hoa. L'artillerie vint réoccuper la pagode des Mares. Le corps des marins débarqués s'établit de nouveau dans la Ville Chinoise. Les autres corps d'infanterie s'échelonnèrent jusqu'à l'Avalanche dans des pagodes abandonnées. Ces logements, qui se suivaient presque sans interruption de Saïgon à Cho-leun, reliant ainsi les deux villes, avaient un air agreste et gai. Les petites maisons basses de Ki-hoa, suffisantes pour loger vingt mille Annamites, ne convenaient pas plus à la distribution militaire des corps qu'aux habitudes européennes. Elles furent jetées à bas bien avant que les lignes fussent rasées. Leurs débris, tant de haillons ensanglantés, les cadavres qui se trouvaient çà et là dans les trous de loup, renvoyèrent dans l'air, par une sorte de génération spontanée, des millions de mouches sanguinaires, impitoyables, qui couvrirent l'enceinte de Ki-hoa, comme une nouvelle plaie, et firent de cet ossuaire un lieu inhabitable. Quand tous ces restes furent devenus de la poussière, le nuage immonde disparut et les corbeaux s'éloignèrent. — Les fortifications de Ki-hoa furent rasées, à l'exception d'un des forts situés sur la route de Saïgon, qui fut appelé le fort Testard, du nom du lieutenant-colonel Testard, tué dans la journée du 25 février. De ces lignes immenses, qui paraissaient avoir été élevées par un de ces empereurs d'Égypte qui remuaient des multitudes, il ne reste rien aujourd'hui qu'un fort isolé dont le nom rappelle la mort glorieuse d'un homme brave et bon.

Les marchés de Saïgon et de la Ville Chinoise étaient abondamment pourvus. Toute la province affluait, et la solde de Paris, attribuée aux troupes par une décision du commandant en chef, leur donnait la jouissance, si précieuse pour le soldat, d'avoir quelque argent de poche. Ce supplément était suffisant pour améliorer l'ordinaire de chaque escouade: les marchands annamites, du reste, comme il arrive partout, s'étaient réglés sur les ressources des acheteurs. Plus d'un soldat, revenu en France; plus d'un matelot, remis à la portion congrue, se souvient sans doute, avec un mélange de plaisir et de regret, du temps où la broche tournait sans cesse sous les palmiers araquiers de Cho-quan et de Cho-leun.

L'armée expéditionnaire, dans l'espace de quinze jours, avait livré cinq combats, fourni douze reconnaissances, marché sous un ciel d'airain, malgré des influences meurtrières, vécu de biscuit, bu de l'eau souvent gâtée ; veillé la nuit presque toujours, à cause des piqûres empoisonnées des moustiques et des *fourmis de feu*. Elle avait besoin de repos. Le moment n'était pourtant pas arrivé où ce repos lui serait accordé d'une manière absolue.

Dès le lendemain du jour où l'amiral remit son pavillon sur la frégate l'*Impératrice-Eugénie*, mouillée devant Saïgon, il ordonna, le 12 mars 1861, que les approches de Bien-hoa et de My-thô seraient reconnues. Une tête de pont, Fou-yen-mot, fut solidement établie sur la rive gauche du Don-chaï, au passage d'une des deux routes qui mènent à Bien-hoa. Le chef de bataillon Comte, des chasseurs à pied, reconnut les approches de cette place en passant par Fou-yen-mot. Dans le même temps, une commission composée du capitaine de vaisseau du Quilio, du chef d'escadron d'état-major de Cools et du chef de bataillon du génie Allizé de Matignicourt, se rendit dans le Vaï-co occidental, à l'embouchure de l'arroyo de la Poste. La reconnaissance, qui ne put être poussée bien loin, constata que l'arroyo était barré et que la route de la Poste, qui menait à My-thô, était coupée par de nombreux cours d'eau secondaires dont les ponts étaient détruits. Les chemins qui traversaient ce terrain de rizières étaient d'étroites chaussées où un homme seul pouvait passer de front. Cette commission fut unanime à conclure qu'il fallait un travail de vingt-cinq jours au moins pour rendre la route de la Poste praticable à l'artillerie.

A cette époque, des chefs que leur valeur et les preuves qu'ils en avaient données; l'estime où l'amiral se plaisait à tenir publiquement leurs services, autorisaient à se faire entendre, s'adressèrent officiellement au commandant en chef, et lui dirent « que l'armée était fatiguée; que les forces humaines avaient leurs bornes ; que cette campagne ne ressemblait à aucune autre, pas même à celle qu'ils venaient de faire en Chine, où le climat épargne les hommes. Que deux évacuations successives n'avaient pu enlever les malades des hôpitaux de Saïgon et de Cho-quan. »

D'autres firent entendre « que l'on avait eu une belle affaire et qu'il ne fallait pas la gâter. Que l'enlèvement des lignes de Ki-hoa était un fait d'armes remarquable et qu'on devait s'y tenir. Où voulait-on porter la guerre maintenant ? A My-thô; et les pluies dont la saison s'avançait ? A Bien-hoa ? N'avait-on pas à organiser la conquête, à gouverner une population abandonnée de ses maîtres et qui était tombée dans un état complet d'anarchie? »

Ceux-ci, plus tard, changèrent de langage.

Il est notoire que, dans le courant du mois de mars, les reconnaissances qui furent poussées sur Bien-hoa, les communications du mandarin qui commandait la place, tout montra qu'il suffisait de marcher sur elle pour qu'elle tombât comme Tong-kéou, comme Tay-theuye étaient tombés.

L'amiral jugea qu'il ne devait pas prendre Bien-hoa, et il décida qu'il prendrait My-thô. En conséquence, et se hâtant à cause de la saison des pluies qui s'avançait, il fit reconnaître les passes du Cambodge, et en même temps rechercher si on ne découvrirait pas du côté de terre, entre le Vaï-co occidental et le Grand Fleuve, un chemin praticable pour l'artillerie, un arroyo où les canonnières pussent s'engager. Il exprima dans les termes suivants ses instructions au lieutenant de vaisseau Lespès, capitaine du *Norzagaray*, qu'il désigna pour explorer le Cambodge : « La reconnaissance qu'il avait déjà faite sur ce point lui avait appris les dangers à redouter. Il profiterait donc d'un beau temps pour sonder la passe et pour prendre à terre des marques qui pussent diriger sa route. S'il trouvait des pêcheurs, il tâcherait d'obtenir d'eux tous les renseignements possibles. Il ne s'agissait pas seulement de connaître la profondeur et la nature du fond, il fallait aussi tâcher de savoir quels seraient les obstacles que l'on aurait à surmonter en approchant de My-thô. Ainsi, il chercherait à savoir à quelle distance se trouvaient les barrages pratiqués par l'ennemi, et quelle était la nature de ces obstacles. — La passe est-elle large ou étroite? Est-elle sinueuse ou droite? Quelle est son orientation par rapport aux forts qui la défendent? Quel est l'armement de ces forts et à quelle distance sont-ils de la citadelle ? La côte est-elle d'un accès facile pour débarquer ? Enfin, que se passe-t-il à My-thô ? La garnison est-elle nombreuse ? Paraît-elle disposée à se défendre ? — Il était douteux que les gens qu'il interrogerait pussent répondre à toutes ces questions ; mais il importait d'avoir le plus de renseignements possible. »

Le capitaine du *Norzagaray*, qui était un officier entreprenant et un habile hydrographe, revint cependant sans avoir trouvé la passe[1]. Quelques renseignements, mais incertains et entremêlés de fables manifestes, donnaient à entendre qu'il existait pendant l'hivernage, un passage situé à l'ouest de l'ancien, et praticable pour des bâtiments de flottille munis d'une forte artillerie. Enfin, si l'on ne pouvait entrer dans le Cambodge, faute d'eau ; si l'on ne pouvait, après avoir brisé les estacades, se porter devant la face méridionale de My-thô, on essayerait de presser la place en jetant un corps de débarquement sur la terre ferme ou sur l'île qui forme la passe du nord. Il fut donc résolu qu'on tenterait une seconde exploration du Cambodge. Le *Lily* et le *Sham-Rock*, deux avisos, se rendirent, le 26 mars, sur les mêmes lieux que le *Norzagaray* avait explorés huit jours auparavant. Leurs capitaines, les lieutenants de

---

1. Il fut envoyé, le 24 mars, en mission vers le roi du Cambodge, à Kom-pot.

vaisseau Franquet et Rieunier, étaient en Cochinchine depuis quatre ans. L'ingénieur hydrographe Manen continuait à faire partie de cette reconnaissance. — Cette fois encore, la passe ne fut pas trouvée. Quant aux points de débarquement, ils étaient médiocres; les forts de l'ennemi battaient un grand espace.

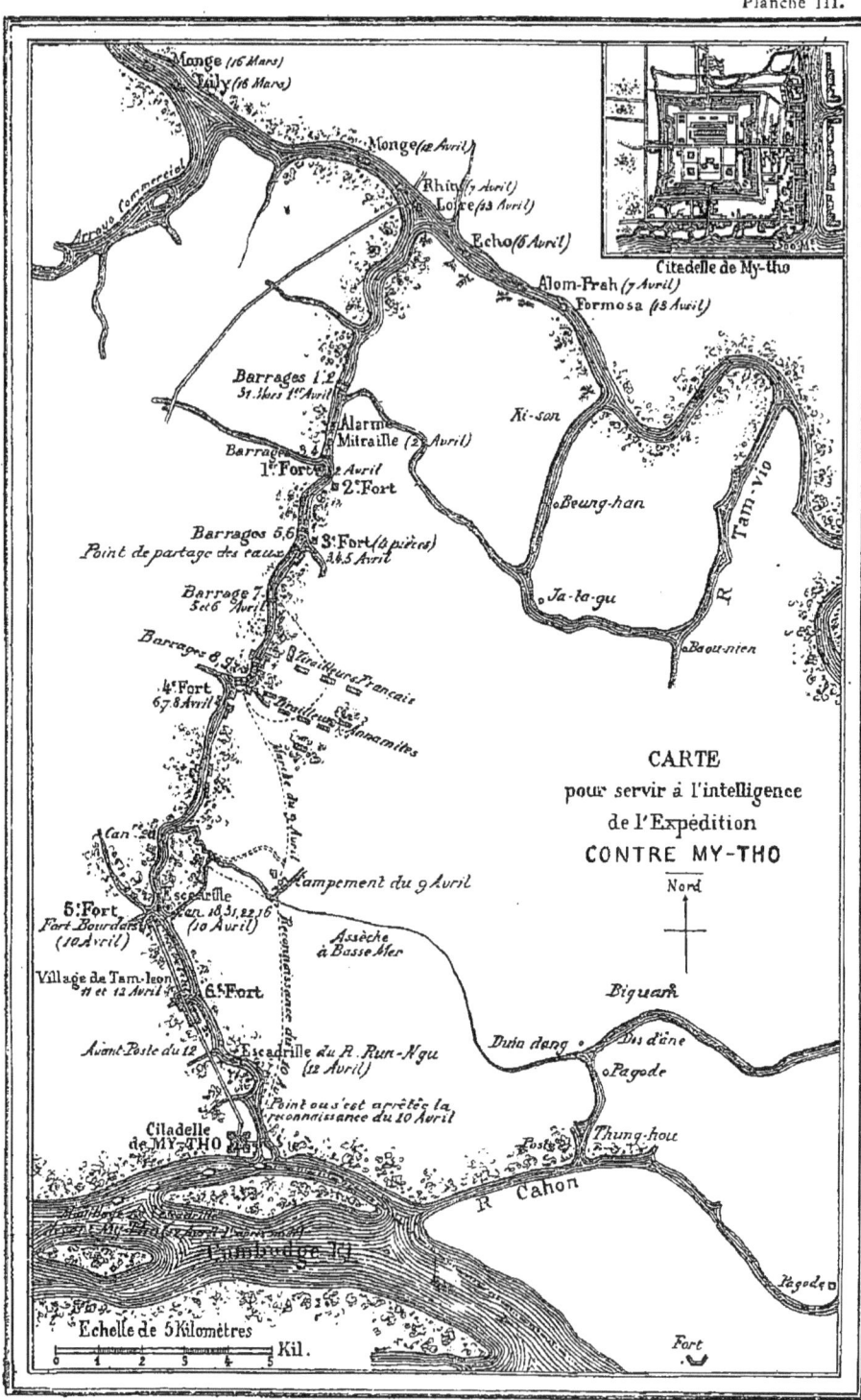

CHAPITRE VII

ARGUMENT

Expédition de My-thô. - Plan d'attaque. — La forteresse sera pressée par terre et par le Cambodge. — Ce plan est exécuté malgré le choléra, la fièvre, la dysenterie, des obstacles naturels ou artificiels; une navigation incertaine, des estacades d'une lieue; des forts puissamment armés et bien servis. — La saison des pluies se déclare avec violence le surlendemain de la chute de My-thô. — Les opérations militaires sont suspendues.

Pendant que le Cambodge était sondé presque à chaque heure, les approches de My-thô étaient reconnues du côté de terre, par la marine, le génie, l'artillerie et l'état-major.

Deux cours d'eau mènent du Vaï-co occidental à My-thô. L'un y conduit directement; c'est l'arroyo de la Poste, qui figure dans les rapports du temps sous le nom annamite de Rach-run-ngu[1]. L'autre est l'arroyo Commercial. Il suit un cours plus arrondi que le premier et va déboucher dans le Cambodge, à huit lieues environ au-dessus de My-thô, sur la ligne de retraite de la place. Il prolonge la grande artère de l'arroyo Chinois et forme avec lui cette route commerciale

---

1. Sur les dernières cartes, Rach-vung-ngu.

qui traverse les parties les plus fertiles des provinces de My-thô et de Saïgon. Comme ligne stratégique contre My-thô, l'arroyo Commercial est préférable à l'arroyo de la Poste. Il ne va pas aboutir, comme celui-ci, droit à la place, par une route étroite qui force les petites canonnières à découvrir leurs flancs juste au moment critique, celui de l'apparition devant la forteresse. Quelques légers navires de guerre débouchant par l'arroyo Commercial auraient coupé à l'ennemi sa ligne de retraite qu'une attaque par l'arroyo de la Poste laissait libre. L'arroyo Commercial n'était défendu ni par des barrages, ni par des forts ; mais son peu de profondeur, les herbes qui l'encombraient, le rendaient inaccessible à nos moyens d'action.

Restait l'arroyo de la Poste. Le soin que l'ennemi avait mis à le défendre et à le barrer, montrait que c'était la route fluviale la plus profonde et la seule où les canonnières en fer pussent s'engager. Les reconnaissances et les rapports de quelques espions apprirent que les barrages étaient nombreux, les forts bien armés et qu'on devait s'attendre à une résistance sérieuse. Quant au tronçon de la route impériale qui reliait par terre le Vaï-co occidental à My-thô, on savait que les Annamites l'avaient rendu impraticable en détruisant les ponts des arroyos secondaires. Cette route traverse sept petits cours d'eau et forme un arc de cercle dont l'arroyo de la Poste serait la corde.

Ainsi tout se réunissait sur terre, sur les cours d'eau intérieurs, et sur la mer, pour représenter cette entreprise comme difficile et hasardeuse. Cependant en détruisant les barrages, en réduisant les forts qui les appuyaient, il n'était pas impossible de déblayer l'arroyo de la Poste et d'y faire pénétrer les canonnières en fer. Leurs pièces rayées s'avanceraient à la façon d'une artillerie montée que l'infanterie appuierait sur les côtés. Et lorsque la colonne expéditionnaire s'approcherait enfin de My-thô, une crue subite du Cambodge, une dernière recherche plus heureuse, permettrait peut-être à une escadrille de venir presser la forteresse sur son front et sur son flanc[1].

Ce plan fut arrêté, et le 26 mars le capitaine de frégate Bourdais, qui bloquait depuis quinze jours l'entrée de l'arroyo de la Poste, reçut l'ordre de commencer les opérations contre My-thô et de détruire les premiers barrages. La grande canonnière la *Mitraille*, capitaine Duval; la canonnière n° 18, capitaine Peyron; la canonnière n° 31, capitaine de Mauduit Duplessix; la compagnie de débarquement du *Monge*, capitaine de la Motte-Rouge; 200 marins débarqués (2ᵉ et 5ᵉ compagnies, capitaines Prouhet et Hanés); 30 Espagnols commandés par le lieutenant Maolini; 1 obusier de montagne servi par dix hommes de l'*Impératrice-Eugénie*, furent mis à la disposition du commandant

---

[1]. Le vice-amiral Charner au commandant de l'expédition de My-thô.

Bourdais. Le capitaine du génie Mallet et le capitaine d'état-major Haillot furent détachés pour le service de cette petite colonne.

L'amiral, en envoyant ses instructions au capitaine de frégate Bourdais pour la conduite des opérations militaires, lui fit connaître l'accueil qu'il devait faire aux ouvertures du vice-roi annamite : « Dites au vice-roi de My-thô dont vous m'avez fait parvenir la lettre, qu'il faut qu'il nous laisse sans difficulté occuper cette place ainsi que le quadrilatère formé par le Vaï-co occidental, l'arroyo de la Poste, l'arroyo Commercial et le Cambodge ; qu'il n'aura ni repos ni trêve jusqu'à ce que nous ayons obtenu ce résultat.

« S'il veut venir à Saïgon, je vous prie de lui donner un laisser-passer. Il sera traité avec les plus grands égards. S'il veut passer à notre service, il conservera son rang, mais dans le civil. S'il désire se retirer sur le territoire annamite, on lui en fournira les moyens.

« Soyez circonspect dans vos reconnaissances et dans vos progrès vers My-thô. N'oubliez pas que ce serait un échec pour nous si un seul de nos hommes était fait prisonnier par l'ennemi ; s'il tombait entre ses mains, mort ou vivant. — Ne perdez pas de vue, en accueillant les ouvertures du vice-roi, le but final qui est l'occupation de My-thô (27 mars 1861). »

Le 27, le 28, le 29 et le 30 mars furent employés par le commandant Bourdais à essayer de passer par l'arroyo Commercial. Les canonnières en fer s'engagèrent dans la vase et dans l'herbe ; mais, les difficultés augmentent de plus en plus, il fallut reconnaître que cette voie était impossible. Tous les moyens dont disposait le commandant de l'expédition furent alors dirigés vers l'arroyo de la Poste. Le 1er avril, ils s'y trouvaient réunis.

La *Mitraille*, pendant la dernière exploration de l'arroyo Commercial, avait reçu l'ordre de s'engager dans l'arroyo de la Poste. Elle y avait détruit les deux premiers barrages. L'enseigne de vaisseau Gardoni, deux nuits auparavant, s'était avancé jusqu'au troisième barrage, et avait reconnu l'existence de deux forts placés de chaque côté de l'arroyo, et dont les feux croisants barraient le passage.

Le 1er avril, deux reconnaissances dirigées par terre déterminèrent complètement la position de ces deux forts. Ils furent canonnés immédiatement : la distance était de douze cents mètres. Le lendemain, 2 avril, la *Mitraille* s'avança, suivie de l'*Alarme*; mais elle s'échoua à quatre cents mètres du premier fort, et barra la route de l'*Alarme*. Un espace restait cependant, assez large pour livrer passage aux canonnières n°s 18, 31 et 20. Ces trois canonnières s'avancèrent, vinrent mouiller à portée de pistolet de l'ennemi et le réduisirent en quelques minutes.

Ces forts (le premier et le deuxième), établis dans la vase, étaient entourés de fossés remplis de deux mètres d'eau. Chacun d'eux était percé de douze embrasures. Leurs défenses accessoires, les chevaux de frise, les piquets et surtout le terrain vaseux de leurs approches, les rendaient presque imprenables par un assaut direct. Ils furent immédiatement occupés et l'on commença de détruire les deux barrages (le troisième et le quatrième) qu'ils enfilaient de leurs feux. — Dans cette affaire, le capitaine de frégate Bourdais avait son guidon sur la canonnière n° 18. La *Mitraille* et l'*Alarme,* quoique l'une échouée, l'autre empêchée, concoururent par le feu de leurs pièces, au succès du 1er avril.

Le 2 et le 3 avril furent employés à la destruction des estacades. Les paniers de pierres furent enlevés, les pierres une à une. Les pieux, les araquiers, enfouis profondément dans le lit de l'arroyo, furent tirés souvent à coups de palans. Il fallait établir des points fixes sur la rive, passer les poulies dans l'eau fangeuse. Et ce travail se faisait, la moitié du corps dans la vase, le reste exposé au soleil. Le choléra fondit sur le corps expéditionnaire. Presque tous ceux qu'il n'atteignit pas furent pris de la fièvre et de la dysenterie. A les voir ainsi courbés, grelotter sous ce ciel torride, et jour et nuit, dès que la canonnade avait cessé, s'acharner à frayer un passage dans cette terre homicide, on eût dit qu'ils étaient animés de la volonté opiniâtre qui avait décidé que l'on prendrait My-thô. Les malades étaient embarqués, à mesure qu'ils tombaient, dans les chaloupes à chevaux, et envoyés sur les canonnières la

Mitraille et l'*Alarme* que leur tirant d'eau tenait éloignées depuis le 2 avril.

Le 3 avril, le passage fut libre, les trois canonnières en fer s'avancèrent, et au bout de vingt minutes, engagèrent le feu avec un fort (le troisième) situé sur la rive gauche. Le commandant annamite, dès le début de l'action, eut une épaule emportée. La résistance mollit aussitôt, et le fort étant réduit et évacué, la deuxième compagnie l'occupa. Il avait quatre embrasures et commandait deux estacades (la cinquième et la sixième), entre lesquelles il se trouvait compris. Le premier de ces barrages était formé, comme les précédents, de pieux, de bambous et de troncs de palmiers aracs; l'autre, le plus éloigné, était une grande jonque mandarine remplie de terre et coulée. L'intervalle qui séparait le cinquième barrage du sixième, était rempli par vingt-cinq radeaux chargés de soufre et d'étoupes. On était alors arrivé au point où les courants du Vaï-co et du Cambodge se rencontrent et accumulent les vases : c'est l'endroit le moins profond ; il ne s'y trouve, à marée haute, qu'un mètre cinquante centimètres d'eau. La jonque mandarine était justement coulée au point de partage des eaux.

Le jour où le troisième fort tombait, le commandant Bourdais, se conformant aux instructions qu'il avait reçues, envoya le capitaine Duval, de la *Mitraille,* prévenir le commandant en chef des succès du corps expéditionnaire. Il lui fit dire qu'il avait pris trois forts, détruit cinq barrages; que le 5 avril, au plus tard, il en aurait détruit six; qu'il pousserait alors en avant; qu'il avait déjà franchi la moitié de la distance de Vaï-co au Cambodge. — L'officier chargé de transmettre ce rapport sommaire parvint à Saïgon, mais non sans quelque difficulté. Tous les cours d'eau qu'il dut suivre sont soumis à l'action des marées, et, à la fin du reflux, plusieurs bras restent à sec.

Si les trois canonnières continuaient leur marche audacieuse en avant, sans être soutenues au moins sur un de leurs flancs par l'infanterie, elles pouvaient être compromises. Leurs bords touchaient souvent les rives boisées; le pays était inconnu; l'ennemi augmentait ses forces. On était dès lors entré dans la période hasardeuse de l'expédition de My-thô. Le 4 avril, un renfort fut formé et envoyé en toute hâte par l'aviso l'*Écho,* capitaine de Vautré. Il comprenait 200 chasseurs, capitaines Lafouge et Azières; 100 marins, 2 compagnies d'infanterie de marine, 2 pièces de 4 rayées, 2 obusiers rayés de montagne, munis de coffres et de caissons, mais non attelés, sous le commandement du capitaine Amaudric du Chaffaut; un détachement du génie composé de 50 hommes, et commandé par le capitaine Bovet, qui eut sous ses ordres l'enseigne Amirault, détaché au génie; enfin une section d'ambulance. Le sous-lieutenant Mathieu, de l'artillerie, partit en même temps avec une réserve de 20,000 cartouches d'infanterie. L'expédition, devenant considérable, fut placée désormais sous le commandement du capitaine de vaisseau Le Couriault du Quilio, premier aide de camp de l'amiral. Le chef de bataillon du génie Allizé de Matignicourt fut adjoint comme chef d'état-major au nouveau chef de l'expédition. Deux jours après, le 6 avril, d'autres renforts conduits et commandés par le capitaine de frégate Desvaux, furent envoyés de Saïgon dans le Rach-run-ngu¹. L'ordre fut donné en même temps au lieutenant d'artillerie Guilhoust, à Fou-yen-mot, de s'embarquer avec 3 obusiers de montagne et de se diriger sur My-thô.

Le vice-amiral Charner traça, le 4 avril, au nouveau commandant de l'expédition, ses instructions dans les termes qui suivent : « Je vous ai désigné pour le commandement de l'expédition destinée à agir contre My-thô... Après avoir reconnu la situation des navires engagés dans l'arroyo, ainsi que celle des abords de la place vous verrez si vous êtes assez fort pour prendre My-thô, ou si de nouveaux appuis vous sont nécessaires. — Agissez avec calcul et prudence et ne livrez rien au hasard. — D'après les renseignements donnés par les Annamites, la citadelle est entourée de maisons

---

1. Une compagnie de marins débarqués, la 7ᵉ, capitaine Galache ; 2 mortiers de 16ᶜ approvisionnés à 200 coups, sous le commandement du lieutenant d'artillerie de Savilly ; des fusées de campagne ; 1 chaloupe armée d'un obusier de 15ᶜ et commandée par l'enseigne Vicaire ; des pétards pour faire sauter les estacades ; des plaques pour réparer les avaries de boulet dans les canonnières en fer. Le lieutenant de vaisseau Delassaux, qui remplissait les fonctions d'adjudant-major du corps des marins débarqués, s'embarqua avec le commandant Desvaux.

qui pourront abriter vos travailleurs et une batterie de brèche s'il est nécessaire. — Si le fossé qui entoure la citadelle peut être mis à sec au moyen d'une saignée, je crois qu'on pourra la pratiquer pendant la nuit sans de bien grandes difficultés. C'est une question à étudier sur les lieux. — Si le vice-roi vous propose des pourparlers, répondez-lui qu'il faut tout d'abord qu'il laisse occuper la citadelle. Ne perdez pas de vue, un instant, que vous avez affaire à un *renard* qui veut vous tromper. »

Et le 6 avril :

« Vous reconnaîtrez, par la disposition des lieux, s'il est possible de faire déboucher les petites canonnières en fer dans le fleuve du Cambodge; il est probable que vous aurez encore des barrages à détruire, ainsi que des jonques coulées à démolir. Il est possible aussi que les petites canonnières flottent difficilement dans toute l'étendue du parcours qu'elles auront à suivre. Cependant, comme le fond est de vase, elles pourront le labourer à la profondeur d'un pied.

« On m'assure qu'il existe à My-thô de belles jonques mandarines. Peut-être les Annamites vous en opposeront-ils quelques-unes. Prenez vos précautions en conséquence. Il serait fort heureux de pouvoir les détruire, mais il vaudrait mieux encore les capturer, afin de couper la retraite à l'ennemi.

« Le *Lily* et le *Sham-Rhock*, absents depuis huit jours, ne rallient pas. *Mon intention, après les avoir ravitaillés, est de leur adjoindre deux canonnières, afin de forcer l'entrée du fleuve.*

« Veuillez aussi faire étudier ce que l'on pourrait tenter pour conduire la *Mitraille* et l'*Alarme* dans le Cambodge. Voici les marées qui rapportent. Ne réussirait-on pas à soulager les canonnières d'une quantité suffisante au moyen de deux jonques plates qui serviraient de chameaux ? »

Cependant, le 5 avril, l'escadrille du commandant Bourdais, qui se trouvait encore placée sous son commandement et qui venait d'être renforcée de la canonnière n° 16, capitaine Béhic, après avoir ouvert le cinquième et le sixième barrage (3, 4, 5 avril), s'avança jusqu'à un autre obstacle (le septième), qui se trouvait à une distance de mille mètres. Pour la première fois, cette marche fut inquiétée sur les flancs ; les canonnières ripostèrent et les tirailleurs disparurent. Mais l'avertissement était donné. On retrouva dans la plaine un cadavre et des traces de sang. Une compagnie de marins débarqués (la 2ᵉ) fut laissée au point de partage des eaux ; elle y resta pendant la marche en avant du corps expéditionnaire, lui servant de corps de soutien et repoussant quelques attaques nocturnes des Annamites.

Jusqu'à présent, l'infanterie d'ailleurs bien réduite, occupée aux durs travaux des estacades, affaiblie par la dysenterie, le choléra et la fièvre, n'avait pu soutenir les canonnières sur les flancs. Le petit corps attendu de Saïgon devait protéger leur marche, les éclairer par de fortes reconnaissances, déterminer la position des forts et éviter ainsi les guets-apens. C'était là du moins son rôle : la nature du terrain, les mensonges des espions, l'impossibilité souvent de se faire comprendre, rendirent cette tâche difficile, quelquefois impossible.

Les renseignements fournis par les Annamites (ils se trouvèrent exacts) firent connaître que la rive gauche n'était coupée que par un arroyo secondaire, tandis que sur la rive droite, cinq cours d'eau, grands et petits, venaient rejoindre le Rach-run-ngu. A deux mille mètres de la place, la route royale côtoyait l'arroyo et pouvait être facilement rendue praticable. En conséquence, il fut décidé que l'infanterie suivrait d'abord la rive gauche, et qu'arrivée près de My-thô, elle passerait sur l'autre rive.

Les premiers renforts partis de Saïgon sur l'*Écho*, avaient débarqué, le 5 avril, dans la matinée, au confluent du Vaï-co et du Run-ngu; ce point était gardé par le *Rhin*. Le lendemain, la 2ᵉ compagnie de chasseurs à pied et une compagnie d'infanterie de marine s'embarquèrent dans des chaloupes que la canonnière n° 22 remorquait ; cette navigation fut souvent retardée par les débris de barrages restés dans l'arroyo de la Poste et qui formaient autant d'écueils. Arrivée au dos d'âne, la canonnière fut obligée d'abandonner les chaloupes : l'eau lui manquait. Les embarcations se laissèrent aller à la dérive ; malgré de nombreux échouages, les chasseurs et les soldats d'infanterie de marine arrivèrent vers trois heures devant le huitième barrage. Ils furent immédiatement débarqués et mis en marche sur la rive gauche, sous le commandement du chef de bataillon Allizé. La 10ᵉ compagnie de marins et 50 Espagnols, commandés par le lieutenant Maolini, faisaient partie de cette petite colonne. Dans ce sol mou, marécageux, encombré de plantes flexibles et épineuses, où les chevaux et les mulets n'auraient pu avancer, les obusiers de montagne suivaient la colonne, manœuvrés à épaules d'hommes. Quatre coolies portaient l'obusier, quatre autres l'affût, deux autres une caisse de munitions. Ils marchaient ainsi très vite.

Les canonnières étaient restées en arrière d'une centaine de pas : au bout de 500 mètres, elles furent obligées de s'arrêter devant des troncs d'araquiers jetés en travers de l'arroyo. En même temps, un fort invisible (le quatrième) les couvrit de projectiles.

C'est ici que l'ennemi a accumulé tous ses moyens de défense. Sur l'arroyo, ce sont des obstacles gigantesques. A terre, il est déployé en bataille sur une ligne d'un kilomètre, précédé de ses tirailleurs, soutenu par des batteries de fusils de rempart et par de fortes réserves. — Les chasseurs, les marins, les Espagnols, l'infanterie de marine, débouchent en plaine. Les chasseurs sont en tirailleurs, soutenus à droite par les marins et les Espagnols, à gauche par l'infanterie de marine. L'action s'engage entre les tirailleurs français et annamites. Deux feux de peloton de l'infanterie espagnole, dirigés avec un grand sang-froid par le lieutenant Maolini, brusquent l'affaire; l'ennemi se replie et, contre son habitude, abandonne ses morts. Le fort est occupé par un détachement d'infanterie. Le reste de la colonne établit ses campements dans un village situé en avant du fort.

Les canonnières sont restées devant les obstacles qui les ont arrêtées au commencement du combat. Ces obstacles ont pris des proportions formidables. Un solide barrage (le huitième) remplit l'arroyo sur une longueur de quatre-vingt-dix mètres. Il est formé de trois rangées, et chaque rangée comprend neuf jonques pleines de vase et coulées. L'espace qui le suit est couvert, sur une longueur de onze cents mètres, de troncs de palmiers aracs jetés en travers ou pressés les uns contre les autres comme des arbres dans une pépinière. Cette plantation aboutit à un barrage (le neuvième) situé en avant du fort qui vient d'être pris et en face du village où la colonne est campée.

Le 7 avril, on se mit à l'œuvre. Il fallut rejeter, à marée basse, la vase dont les jonques étaient remplies; ces barques avaient été sabordées trop haut par les Annamites; quand on fut parvenu à les vider et que le flux se fit sentir, elles flottèrent et s'en allèrent au courant. Ce travail fut encore plus pénible que celui des jours précédents, où les hommes étaient dans l'eau jusqu'aux épaules, la tête sous un soleil ardent. Les premiers cas de choléra se déclarèrent chez les chasseurs à pied : il régnait déjà chez les marins depuis plusieurs jours. Les médecins de l'expédition se multipliaient, et les chasseurs n'ont pas oublié le dévouement des docteurs Champenois et Azaïs ; les marins celui du docteur Dugé de Bernonville. Mais déjà, au septième barrage, cent cinquante hommes avaient été évacués : chacun de ces malades réclamait des soins particuliers ; les infirmiers manquaient, et c'étaient des coolies chinois qui frictionnaient les cholériques. Les chaloupes *grises* défoncées sous les pieds des chevaux au Peh-tang, et la plupart des jonques capturées, faisaient de l'eau. Les cadavres de ceux qui expiraient, noircis par le fléau, étaient déposés, dans le premier moment, au fond des barques ; souvent un coup de roulis les renvoyait sur les vivants. C'étaient là de tristes ambulances. L'enseigne de vaisseau Vicaire, qui commandait la chaloupe la *Loire,* vit expirer, dans l'espace de quelques heures, cinq hommes sous ses yeux. Les matelots du *Monge,* qui se trouvaient placés sous les ordres directs de leur capitaine et de leurs officiers, étaient des premiers et des derniers dans ce travail de destruction des barrages. Cet équipage fut plus que décimé, et ceux qui survécurent ne se remirent pas dans la suite. Le commandant Bourdais avait la fièvre ; on remarqua que son énergie en revêtit le caractère pendant ces derniers jours. Il était sans cesse dans une légère embarcation ; quelquefois les baleiniers s'arrêtaient, tombant de fatigue ; alors il se tournait vers le patron par un geste qui lui était particulier, et lui disait: « Toi, je te ferai décorer. » C'est ainsi qu'il les faisait marcher, au delà de leurs forces. Tous sont morts, le commandant, le patron et les cinq baleiniers. Dans cette extrémité cependant, un soir, comme le neuvième barrage venait d'être détruit, quelques Français et quelques Tagals se plaignirent.

En deux jours, au prix de fatigues et de pertes cruelles, le passage fut frayé, et le 8 avril au soir, les canonnières en fer purent mouiller en face de l'infanterie. L'arroyo de la Poste dévie en cet endroit par une ligne brisée, irrégulière. Un premier coude tourne brusque à angle droit; puis, à quelques centaines de mètres, un autre coude aussi prononcé fait reprendre au Rach-run-ngu son cours du nord au sud.

Les espions qu'on avait pu interroger annonçaient qu'il existait encore avant My-thô un fort important sur l'arroyo de la Poste. Il fut arrêté que la petite armée, après avoir déterminé la position de cet ouvrage, le prendrait à revers avec quelques pièces d'artillerie portées par des coolies, tandis que la flottille l'attaquerait de front. Le 9 avril, le reste des renforts ayant rejoint le corps expéditionnaire, les canonnières n°s 18, 31, 16, la canonnière n° 20 (capitaine Gougeard), qui venait de rallier, marchèrent en avant. L'infanterie devait côtoyer l'arroyo de la Poste : le point de ralliement était l'embouchure d'un petit bras perpendiculaire au Rach.

Les canonnières y arrivèrent promptement. Mais le corps expéditionnaire perdit sa route. Le guide le trompa ou se trompa, ou ne comprit pas ce qu'on exigeait de lui. La marche fut pénible ; elle se fit au milieu d'un pays de rizières, coupé de canaux et semé de bois[1]. Près des canaux, les terres étaient détrempées par l'effet de la marée haute, et là tout était mou ; dans l'intérieur, à une certaine distance des rives, les racines des araquiers étaient baignées par des rigoles, suivant la coutume annamite, et là encore, la marche était souvent impraticable. L'infanterie suivit sans s'en douter une ligne qui, s'écartant de l'arroyo de la Poste, faisait avec lui un angle de trente degrés, et vint se présenter devant un village occupé par un grand nombre de soldats annamites. Elle faisait ses préparatifs d'attaque quand l'ennemi évacua la position. Les Français l'occupèrent sans coup férir. Ce village était bâti sur le petit cours d'eau dont on cherchait l'embouchure ; il était rempli de fusils, de lances et d'effets militaires. On était alors séparé du point de ralliement par une distance difficile à apprécier ; le guide avait trompé, et les embûches étaient à craindre. Cependant le corps expéditionnaire s'avança dans l'espérance de trouver un campement convenable. Il arriva ainsi sur un terrain marécageux, coupé de fossés, rempli d'herbes inextri-

---

1. Voyez la planche n° 3 : les arbres sont dessinés, tout le reste est pays de rizières.

cables; lieu dangereux, qui présentait le grave inconvénient de faire cesser la protection que la colonne avait mission de fournir aux canonnières.

Les Français se trouvaient alors, sans le connaître, à portée du fort qu'ils cherchaient; des espions le firent entendre ; le commandant Allizé semblait en avoir le pressentiment. Le corps rétrograda et vint camper dans le village. Là du moins, par la voie d'un petit cours d'eau, il rétablissait ses communications avec le reste de la flottille. Les troupes étaient à peine campées, quand la 3ᵉ compagnie, capitaine Sénez, reçut l'ordre de partir et d'escorter un convoi de vivres; elle resta en marche pendant une partie de la nuit.

Vers onze heures du soir (le 9 avril), les cris de veille et d'alerte se firent entendre. Une grande lueur s'avançait sur l'arroyo de la Poste. L'enseigne Joucla, de l'*Écho*, qui commandait le convoi chargé des munitions de guerre et de bouche, se jeta dans une baleinière et passant en poupe des canonnières, les prévint du danger qu'elles couraient. Puis il se dirigea vers le bord de l'arroyo où tout le convoi se trouvait rassemblé, et le fit appareiller en hâte; le courant, qui était fort, facilita le mouvement. Il partit ensuite en avant et prit un des brûlots à la remorque. L'enseigne Besnard, envoyé en reconnaissance par le commandant Allizé, prit l'autre brûlot et l'éloigna. C'étaient deux jonques remplies de matières grasses ; elles furent détournées avec bonheur et habileté et conduites dans l'arroyo tributaire du Rach-run-ngu, où elles brûlèrent jusqu'au ras de l'eau : les herbes et les arbres furent roussis sur une grande étendue. Cette manœuvre fit honneur aux enseignes Joucla et Besnard.

Le courant était de deux nœuds; le danger pressant. Les canonnières avaient dû filer leurs amarres. — Une estacade fut établie le soir même, et dans la suite, le commandant de l'expédition, fit barrer l'arroyo chaque nuit avec des chaînes.

Le 10 avril, dès le matin, on se met de nouveau à la recherche du fort.

Une reconnaissance commandée par le capitaine d'artillerie du Chaffaut (infanterie espagnole, 1 compagnie de chasseurs, 1 compagnie de fusiliers-marins) s'avance à travers champs. Le guide annamite la fait d'abord obliquer sur la droite; mais pressé, puis violenté, il change la route et fait déboucher la colonne droit en face de My-thô. Un grand tumulte se produit dans la place; quelques coups de fusil sont échangés entre les Tagals espagnols et une jonque annamite. La reconnaissance revient; elle essuie le feu d'une pièce invisible[1] : quelques-uns croient que ces coups de canon marquent la position du fort, d'autres doutent. L'enseigne Amirault (du génie) propose de descendre le Rach-run-ngu sur une jonque. Il essuiera une bordée,

---

1. On sut plus tard que cette pièce de canon était établie dans les cales de construction de My-thô.

reconnaîtra le fort et rebroussera chemin. Cette reconnaissance paraît trop risquée et n'est pas autorisée. Quelques paysans font entendre que l'arroyo est libre; que les forts sont évacués.

Tous ces renseignements sont bien vagues. Cependant il faut marcher. Dans cet état, ne sachant où se trouve le fort, et supposant que s'il n'est évacué, il y reste peu d'artillerie, le commandant du Quilio ordonne au commandant Bourdais d'attaquer. La plus grande prudence lui est recommandée; on lui signale le coup de canon qui a été tiré le matin. Trois compagnies de renfort, chasseurs, marins, soldats de marine, en tout trois cents hommes, lui sont envoyées. Il poussera jusqu'à deux mille mètres de My-thô, et là il attendra le corps expéditionnaire. A trois heures de l'après-midi, les troupes sont dans des chaloupes à la suite des canonnières : l'escadrille se met en marche, la canonnière 18 en tête, portant le guidon du commandant Bourdais; ensuite les canonnières 31, 22, 16. La canonnière 20 reste au mouillage. — Bientôt le fort (le cinquième) que l'on a cherché pendant deux jours, commence à tirer: les canonnières répondent au jugé et continuent d'avancer. Le fort est resté invisible. Tout à coup, à quatre cents mètres, à un détour, il paraît droit en face. La canonnière 18, qui tient la tête et qui porte le guidon du commandant Bourdais, envoie un boulet. Le fort annamite riposte par trois coups qui portent. L'un atteint le bord, l'autre blesse un homme ; l'autre enlève le cœur et le bras gauche du commandant Bourdais. Alors la canonnière 18 s'élance. Elle est suivie de la canonnière 31. Toutes les deux sont appuyées par les canonnières 16 et 22 qui se mettent en ligne. Quatre canons rayés de 30 font rouler le fer sur le fort annamite qui, défoncé, troué d'entonnoirs qui le rendent intenable, est évacué par ses défenseurs. Les troupes françaises l'occupent immédiatement. — Désormais l'arroyo de la Poste est libre.

Ainsi fut déblayé le chemin de My-thô et mourut le capitaine de frégate Bourdais. Le sentiment de l'armée associa ce succès et cette perte : il faut les laisser unis. On assure qu'il eut la force de prononcer le nom de Dieu ; puis il tomba. On jeta un pavillon sur son corps pour lui faire honneur, peut-être pour ne pas gêner par une vue horrible ceux qui continuèrent à combattre. Quand on rassembla ses restes, on retrouva le bras, mais jamais on ne put retrouver le cœur. Pendant huit jours, et chaque jour, il avait ou pris un fort ou détruit un barrage. Il avait marché, écartant d'un geste fébrile, les obstacles accumulés devant lui, sans que la vue de tant de morts et de mourants l'eût troublé ou attendri. C'était l'image de sa vie. Il avait à peine quarante ans ; il allait être glorieusement nommé capitaine de vaisseau, à l'âge où presque tous ses compagnons d'armes étaient encore subalternes. Il n'y eût pas eu d'insuffisance de cadres, de raisons parisiennes qui tinssent : la voix du commandant en chef et du corps expéditionnaire lui donnait ce grade. Mais il tomba quand il voyait le but, en trébuchant dans le sang. Il faut vivre. Il n'est plus. Il n'est rien.

Le capitaine de frégate Desvaux reçut le commandement des canonnières, en remplacement du commandant Bourdais. Le corps expéditionnaire arriva dans la matinée du 11 devant le cinquième fort : l'embarquement des troupes s'était fait avant le jour, dans l'arroyo tributaire, avec une promptitude et un ordre remarquables. Deux reconnaissances furent poussées en avant. On abandonna désormais la rive gauche, et on suivit la route royale qui côtoie la rive droite du Rach-run-ngu et mène directement à My-thô. La première de ces deux reconnaissances annonça que le fort de Tam-léon (le sixième) était évacué : deux compagnies d'infanterie de marine l'occupèrent immédiatement. Tam-léon est un village situé à trois mille mètres de My-thô, à cheval sur un petit arroyo. L'autre reconnaissance, commandée par le capitaine Bovet, du génie, et composée de l'infanterie espagnole et d'une compagnie de chasseurs, traversa les trois petits arroyos qui coupent la route impériale et poussa jusqu'à deux cents mètres de la place. Ainsi que la colonne qui, le 10 avril, s'était présentée devant My-thô, le détachement commandé par le capitaine Bovet occasionna un grand tumulte : des voix confuses se firent entendre. Le reste de cette journée du 11 avril fut employé à rendre au commandant Bourdais les derniers devoirs[1]. Le sentiment qui fit interrompre les opérations militaires pour honorer un compagnon d'armes, fut apprécié du corps expéditionnaire : mais il lui fit perdre l'avantage d'entrer le premier dans My-thô. Ce retard de quelques heures fournit l'avance au contre-amiral Page.

Dans la nuit du 11 avril, de nouveaux renforts expédiés de Saïgon rejoignent le corps expéditionnaire : on ignore encore si l'on pourra enlever My-thô par un coup de main ou s'il faudra en faire le siège. Ces renforts se composent d'une section de canons de 12 avec ses chevaux; des chevaux et des corps de caisson de la section de 4 où jusqu'alors on a remplacé les chevaux par des hommes. Le 12 avril, tout le corps expéditionnaire se porte au village de Tam-léon; les avant-postes sont poussés jusqu'à quinze cents mètres; cinquante chasseurs sous le commandement du lieutenant Aigueparses occupent la lisière d'un bois d'araquiers et de cocotiers dont la faible profondeur les sépare de My-thô. La route est réparée, tous les ponts sont jetés. L'escadrille des canonnières est mouillée un peu en avant de l'armée, à quinze cents mètres de la place. Elle lui envoie sept obus rayés. Vers 11 heures du matin, une grande fumée s'élève de l'entrée de My-thô. — L'expédition est arrivée à

---

[1]. Le fort devant lequel tomba le capitaine de frégate Bourdais prit le nom de fort Bourdais par une décision du commandant en chef. Plus tard les restes du commandant Bourdais furent transportés à My-thô.

son but : augmentée de renforts successifs, elle présente une force de neuf cents combattants. Son artillerie, indépendamment de celle des canonnières et des canots armés, se compose de dix-huit bouches à feu, dont six mortiers. — Le 13 avril, on s'avance en forte reconnaissance : le génie avec ses échelles, les obusiers de montagne, les fusées, quatre compagnies d'infanterie de marine. Toutes les dispositions sont prises pour refouler l'ennemi s'il veut nous attendre en plaine : la 4e compagnie de chasseurs déployée en tirailleurs va reconnaître un point favorable pour l'attaque. S'il le peut, le commandant du Quilio tentera un coup de main. Mais quand la colonne est à portée de fusil de la place, elle y voit flotter le pavillon tricolore. Le corps expéditionnaire n'entra dans My-thô que le lendemain, 14 avril.

L'escadrille du contre-amiral Page, s'avançant par le passage tant cherché, avait forcé d'une manière brillante et hardie les estacades du Cambodge, sous le feu des forts, et s'était présentée, le 12 avril, vers deux heures, devant My-thô. La place était abandonnée, et les équipages de la flottille du Cambodge l'avaient occupée sans tirer un coup de fusil.

La reconnaissance qui, dans la matinée du 10 avril, tomba droit sur My-thô; la marche victorieuse des canonnières ébranlèrent la confiance de l'ennemi; mais quand, le 11 au soir, une nouvelle reconnaissance poussa jusqu'à 200 mètres de la place, et qu'en même temps parurent sur le Cambodge les feux de l'escadrille de l'amiral Page, les Annamites comprirent qu'ils étaient pressés sur leur front et en partie sur leurs revers. Ils se retirèrent.

Cette rencontre heureuse de deux forces qui agissaient avec des moyens si différents, fut cherchée, préparée et prévue. Le 6 avril, le vice-amiral Charner fit savoir au chef de l'expédition de My-thô qu'il pouvait compter sur une action par le Cambodge. « Le *Lily* et le *Sham-Rock*, absents depuis huit jours ne rallient pas; mon intention est de leur adjoindre deux canonnières pour tenter de forcer l'entrée du Cambodge. » — Le commandant en chef ne fut complètement fixé sur la navigation du Cambodge et sur l'état des défenses ennemies que le 8 avril. La marche toujours victorieuse du corps expéditionnaire permettait de compter qu'il déboucherait bientôt sur My-thô. Le moment était venu de chercher à faire coïncider une attaque par mer avec celle que le commandant du Quilio conduisait par un cours d'eau intérieur. Le vice-amiral Charner adressa, le 8 avril, au contre-amiral Page, en station devant Bien-hoa, les instructions suivantes :

« J'expédie à vos ordres le *Lily* et le *Sham-Rock*, qui, après avoir terminé l'exploration du fleuve du Cambodge, viennent de se ravitailler précipitamment à Saïgon.

« Vous arborerez votre pavillon sur celui des navires de votre division que vous préférerez : sur la *Fusée*, le *Lily*, le *Sham-Rock*, ou même sur la *Dragonne*, postée en avant-garde.

« . . . .

« Tout en agissant avec circonspection, vous devrez faire tous vos efforts pour remonter le fleuve et venir attaquer My-thô par mer, tandis qu'une expédition qui approche cette place par l'arroyo du Rach-run-ngu va l'attaquer du côté de terre incessamment.

« Je regrette que le commandement que je vous confie ne soit pas plus considérable par le nombre et la force des bâtiments. Mais il est à mes yeux de la plus haute importance à cause de l'effet décisif qu'il peut produire dans les circonstances où nous nous trouvons. Votre apparition ne peut manquer d'opérer une puissante diversion, de hâter la chute de My-thô et d'amener l'ennemi à composition. »

Le contre-amiral Page quitta le mouillage de Bienhoa, le 10 avril, à dix heures du matin, sur la *Fusée*, capitaine Bailly. Il était accompagné du *Lily* et du *Sham-Rock*. Il traversa les bancs du Cambodge; près de là, se trouvait postée en avant-garde, la *Dragonne*, capitaine Galey; cette canonnière, tenant la tête, montra la route, et vers deux heures, l'escadrille jeta l'ancre à quatre cents mètres environ du premier barrage. Pendant la nuit, qui heureusement fut des plus sombres et qu'aucun astre n'éclaira, une passe fut pratiquée dans l'estacade; les forts, pendant cette opération, tiraient à outrance. Le 11, au matin, l'escadrille remonta le Cambodge par la passe du sud. Elle fut arrêtée à l'extrémité de l'île qui divise le fleuve en deux bras (bras du nord et bras du sud), par un second barrage flanqué de forts armés chacun de 18 pièces. Le 12 avril, la division navale s'était frayé un passage, avait canonné les forts et continuait sa route. A une heure et demie de l'après-midi, elle mouilla en face et à deux cents mètres de la citadelle de My-thô; la place était évacuée depuis trois heures. Les équipages de la flottille, sous le commandement du lieutenant de vaisseau Desaux, y plantèrent le drapeau tricolore et s'y établirent. Les obus qui furent lancés le 12 et le 13 avril par l'artillerie du corps expéditionnaire, heureusement n'atteignirent personne.

My-thô regarde le Cambodge au sud, le Run-ngu à l'est. Il est par conséquent situé sur la rive occidentale de l'arroyo de la Poste. C'est un grand amas de maisons recouvertes, suivant la coutume annamite, de feuilles de palmier nain, qui de loin présentent l'aspect du chaume. La physionomie générale de la ville est assez misérable; mais les bords de l'arroyo de la Poste sont admirablement cultivés; les maisons de campagne se succèdent sans interruption; leurs toits de tuiles se détachent des massifs de cocotiers et d'araquiers et annoncent l'aisance, quelquefois la richesse. On ne peut mieux comparer les bords du Rach-run-ngu, sur toute leur étendue, qu'au beau site de Cho-quan, dans l'arroyo

Chinois. Les cocotiers y sont plus forts qu'aux environs de Saïgon : leurs fruits étanchèrent la soif du corps expéditionnaire de My-thô.

La citadelle est évidemment construite sur un tracé européen. Elle est quadrangulaire et bastionnée. Les fossés qui l'entourent sont larges, remplis d'eau ; les parapets ont un relief et une épaisseur considérables. Sur certains points, des marécages augmentent encore la force de ces défenses artificielles par une défense naturelle. L'armement de My-thô se composait de pièces de gros calibre. Cette place commande le Cambodge et toutes les routes fluviales qui aboutissent à ce grand fleuve. C'est donc un point stratégique important. En outre, My-thô est le grenier de l'empire d'Annam ; il s'y faisait un commerce de riz considérable. Notre situation pendant l'hivernage avec cette forteresse et les trois provinces du Sud contre nous, n'eût pas été tenable.

Le vice-roi des six provinces, avant d'évacuer la place, donna la liberté aux chrétiens, et leur dit : « Allez rejoindre vos amis les Français. » C'est un exemple d'humanité qui plus tard ne fut suivi ni par les Annamites ni par leurs adversaires. — Il fit incendier les magasins publics et les ligatures des chapelets de monnaie de zinc. On sauva fort peu de chose. Le riz à moitié brûlé fut vendu à vil prix et servit à distiller du sam-chou, qui est une sorte d'eau-de-vie annamite. Les sapèques, qui n'ont de valeur qu'autant qu'elles sont rassemblées, ne pouvaient être mises en chapelet qu'avec beaucoup de peine. Il s'en perdit beaucoup. Quelques belles jonques mandarines en bois de teck furent saisies sur les chantiers. Elles furent radoubées, puis armées, et servirent à augmenter la flottille.

Le parti que prit l'ennemi rendit inutile l'arrivée des renforts que le commandant en chef amenait de Saïgon. Toutes les opérations qui venaient de s'accomplir ne paraissaient alors qu'une préparation heureuse du siège de la place. La nouvelle de la chute de My-thô parvint au commandant en chef comme il se rendait avec le général de Vassoigne sur le théâtre de l'expédition. Ce succès lui permettait désormais de distribuer l'armée, presque toute engagée par des envois successifs. La saison des pluies s'était annoncée par quelques averses avant la chute de la place, et cette difficulté, qui allait s'aggraver de jour en jour, parut donner du poids au propos de ceux qui avaient opiné contre l'expédition. Le courrier qui partit à l'époque accoutumée, le 11 avril, emporta sans doute l'expression de ces sentiments. Mais il arriva que la place tomba le 12 ; l'aviso l'*Écho* rejoignit la malle à Singapour, et le même courrier annonça en France qu'on ne prendrait pas My-thô et qu'il était pris.

L'amiral installa à My-thô un officier qui devait le représenter : il lui traça avant de partir ce qu'il avait à faire et ce dont il devait s'abstenir. « Son autorité sera militaire, administrative et politique. Il n'oubliera pas qu'il est en face de l'ennemi : il tiendra en état l'artillerie et l'infanterie. Le quadrilatère compris entre le Cambodge, la Poste, le Commercial, la section du Vaïco occidental, sera occupé par nos armes. Les habitants seront prévenus par une proclamation. Il sera équitable, bienveillant, affable pour le peuple inoffensif. Il le protégera contre les brigands. Il ne cherchera pas à étendre les possessions françaises. Les gens du nord du quadrilatère seront traités plutôt en alliés qu'en ennemis. Les prisonniers seront envoyés à Saïgon. Il détournera le commerce et le dirigera sur Saïgon par l'intérieur du pays. Saïgon est le seul centre commercial. » Ces attributions si considérables furent, au bout de quelques mois, par un effet de la confiance particulière de l'amiral, remises tout entières au capitaine de vaisseau Desvaux. Le vice-amiral commandant en chef, avant de rejoindre son quartier général de Saïgon, régla tout ce qui se rapportait à la défense de My-thô : la garnison de cette forteresse fut portée à quatre cents hommes. Son artillerie fut composée de pièces de marine.

L'artillerie de terre revint tout entière à Saïgon, et l'armée reprit les quartiers d'hivernage qu'elle occupait à la Ville Chinoise et le long des Pagodes. La santé de ceux qui avaient marché contre My-thô resta profondément altérée, et dans la fin d'avril, les hôpitaux se remplirent de fiévreux et de cholériques. Le temps de guerre avait fourni à chacun une vie factice : quand le repos qu'on avait appelé fut venu, tous les germes de maladie morale ou physique que tant de fatigues avaient engendrés, se développèrent : les esprits s'attristèrent et les corps s'alanguirent. La saison de l'hivernage était complètement déclarée, et la Basse-Cochinchine s'était transformée en un immense marécage. Le ciel avait perdu sa pureté : par moments, il s'abîmait en pluies torrentielles. Seule, la verdure tropicale persistait, sans autres changements que les teintes distribuées par l'orage. Les alternatives des saisons de nos climats semblent s'accorder avec les états changeants du cœur de l'homme. Mais le vêtement éternel de la nature, dans ces parties du monde, était bien une image trop sensible de la monotonie de l'existence en Cochinchine. Le choléra n'avait pas encore complètement disparu : ses victimes étaient prises de préférence parmi les restes du corps expéditionnaire de My-thô. Le chef de bataillon du génie Allizé de Matignicourt fut enlevé en deux jours. Ainsi, la dernière expédition coûtait la vie aux deux officiers qui y avaient joué un rôle important. Le commandant Bourdais avait été tué par l'ennemi ; le commandant Allizé, moins heureux, était enlevé par le fléau qui avait fait en quinze jours plus de victimes que les boulets et les balles dans une bataille rangée.

Son enterrement ressembla à des funérailles. Presque tous les officiers du corps expéditionnaire s'y rendirent : génie, artillerie, marins, chasseurs à pied, infanterie de marine, services hospitaliers, avaient envoyé des représentants. Leur foule remplissait le cimetière annamite, maintenant peuplé de Français. Douze fosses toujours prêtes s'étaient remplies pendant la nuit d'une eau couleur de sang que la pluie avait exprimée de cette terre ferrugineuse. La mousson de sud-ouest déchaînée traînait en l'air des nuages couleur de plomb : un demi-jour descendait sur la terre, plus triste qu'un jour d'éclipse. La pluie tombait à torrents : le grain furieux l'amassait et la jetait par paquets sur la terre. — Il y a dans les colonies naissantes des heures de découragements et d'affaissement. Le but s'obscurcit : on se demande à quoi bon tant de vies sacrifiées. Tout manquait autour de nous, le ciel et la terre ; et ces tombes ouvertes et prêtes, celles qui s'étaient refermées sur nos amis, semblaient autant d'appels du Monstre qui nous dévorait. Nous implorions une parole de force et de résistance contre tant de maux. L'un de nous [1] sut la trouver : il s'avança sur le bord de la fosse et parla dans ces termes :

« Messieurs, il semble que cette terre, que nous avons conquise, veuille se venger en dévorant le plus noble et le plus pur de notre sang. C'est ainsi que nous avons vu succomber tous les chefs du corps si distingué du génie militaire, Labbe, Deroulède, Livet ; et voici maintenant une tombe ouverte pour recevoir les restes mortels du commandant Allizé.

---

1. Le capitaine de vaisseau Laffon de Ladébat, chef d'état-major.

« La mort d'Allizé cause ici un véritable deuil public. Ses chefs l'honoraient pour l'étendue de son instruction et son solide courage ; ses inférieurs le chérissaient pour l'aménité de son caractère. Il a payé de sa vie la part glorieuse qu'il avait prise à l'expédition de My-thô : que le sacrifice d'une si noble existence nous fortifie, au lieu de nous troubler ; puisse-t-il féconder l'œuvre que nous avons été appelés à fonder ! »

CHAPITRE VIII

ARGUMENT

Tableau de la Basse-Cochinchine dans les premiers temps qui suivirent la chute de Ki-hoa et de My-thô. — Organisation militaire. — Organisation civile.

Les victoires de Ki-hoa et de My-thô eurent un retentissement extraordinaire dans toute l'Asie. Les aventuriers qui abondent dans les mers de la Chine, — montagnards du Fo-kien, insulaires d'Haynan, Cantonnais, Arabes, Indous, gens des tribus de Karing et de Xong, se dirigèrent vers Saïgon. Les aventuriers européens de Shang-haï, de Hong-kong, de Batavia et de Manille, qui redoutaient un grand déploiement de forces militaires, se tinrent à l'écart et attendirent. Quant aux Annamites, on peut dire qu'ils étaient frappés de stupeur. Ils s'étaient tant de fois vantés dans les cours du Siam et du Cambodge, que les Français ne les battraient pas ; ils avaient si souvent représenté les affaires de Touranne comme des victoires éclatantes, que leur défaite attestée par les passages continuels des bandes fugitives, n'en paraissait que plus désastreuse. Le vice-roi annamite venait de signifier aux mandarins des deux provinces conquises qu'il ne pouvait leur donner des ordres avant d'avoir conféré avec la cour de Hué. Les brigands qui, de temps immémorial, abondent à la moindre secousse dans la Basse-Cochinchine, reparaissaient; les belles provinces de Saïgon et de My-thô étaient menacées d'une véritable dissolution sociale.

Dans cet état, le commandant en chef estima qu'il fallait borner momentanément la conquête, si l'on ne voulait assister à la ruine du territoire qui venait de tomber entre nos mains. L'épuisement des troupes, décimées par le choléra, par la fièvre et par la dysenterie; la saison de l'hivernage qui transforme pendant six mois la Basse-Cochinchine en un marais, parsemé de lacs, étaient sans doute des raisons puissantes pour s'arrêter. Elles venaient cependant après les devoirs que les Français s'étaient créés en enlevant un territoire de trois mille lieues carrées à ses anciens maîtres. « Croyez-vous donc que je puisse rendre la justice de si loin ? » dit un empereur d'Orient à un exarque de l'Asie-Mineure. — « Pourquoi nous avez-vous conquis, si vous ne pouvez nous gouverner ? » Toute la règle des guerres de conquête est dans ce trait de sens commun.

Les opérations de guerre furent donc suspendues, et le territoire des deux provinces fut circonscrit militairement. L'enlèvement des retranchements de Ki-hoa avait donné la ligne admirable du Don-chaï; la prise de la citadelle de My-thô avait donné le Cambodge.

C'étaient de magnifiques lignes fluviales, faciles à dominer par nos moyens d'action; bien tracées. Sans doute les fleuves ne valent pas, comme frontières, des montagnes ou des déserts, surtout dans un pays où la population a un vif penchant pour la vie batelière. Mais cette Mésopotamie ne se relève que dans la province de Bien-hoa, et la frontière montagneuse qui forme la barrière naturelle entre la Basse-Cochinchine et l'Annam ne peut être obtenue qu'au prix de la conquête d'une province entière. Or cette conquête immédiate était impossible pour les trois causes citées plus haut : l'épuisement, l'hivernage, l'anarchie.

C'est à cette époque que fut examinée la question de savoir si l'on devait prendre la forteresse de Bien-hoa, et s'il y avait quelque utilité à rompre la ligne du Don-chaï et du Don-naï par cette tête de pont jetée sur le territoire ennemi. L'enlèvement de cette place, ouverte du côté du nord, et que les Annamites offraient alors de céder, demandant seulement qu'on les prévînt, était à cette époque une opération de guerre insignifiante. Une fois qu'elle était accomplie, deux partis se présentaient : la destruction de la place et une occupation. Le premier était d'un effet nul ; le second d'un effet nuisible.

Qu'était en effet Bien-hoa ? Une place frontière. Qu'on la suppose détruite ; les Annamites s'établissent en arrière sur la route de Hué, hors de portée de nos moyens d'action. La saison est favorable pour remuer la terre. On peut compter qu'ils improviseront un camp retranché, entouré de ces défenses accessoires dont ils sont si prodigues. Rien n'est changé.

Qu'on suppose cette place occupée. Comme tête de pont jetée sur le territoire ennemi, c'est une place isolée. Si on ne veut pas qu'elle soit bloquée au bout de peu de temps, comme l'était Saïgon, il faut cinq cents hommes, des petits postes pour la relier à la province de Gia-dinh, des canonnières pour dominer le bras de Bien-hoa. Et tout cela pour refouler les Annamites de quatre ou cinq lieues sur la route de Hué, sans profit pour la colonie !

Dans ces conditions, et d'après cette idée commune, de principe à la guerre, qui veut que l'attention se porte sur l'ensemble et non sur une face d'une question, il n'y avait pas lieu de diriger une expédition contre Bien-hoa. Le cours du Don-chaï fut signifié comme la ligne provisoire de frontière ; la rive droite fut à nous, la rive gauche aux Annamites, à l'exception de deux points : un village chrétien qui se trouve en face de Saïgon, et Fou-yen-mot, point solidement fortifié, qui domine naturellement le pays. Le village chrétien nous avait été fidèle ; il était juste et politique de le protéger. Fou-yen-mot permettait d'observer le pays, il assurait notre commerce de bois ; c'était en outre un excellent point de départ pour tourner Bien-hoa par le Nord quand le moment serait venu d'en effectuer la conquête.

L'occupation militaire de la province fut réglée de la manière suivante :

Le fort Testard, les forts de Tong-keou, d'Oc-moun, de Tay-theuye et de Tay-ninh, formèrent une ligne solide, dont les points intermédiaires se commandaient les uns les autres, et qui se dirigeait de Saïgon vers les limites de la Cochinchine et du royaume du Cambodge. Le Don-chaï, qui est profond et accessible aux plus grands navires jusqu'à soixante lieues de la mer, fut parcouru sans cesse par des bâtiments de toute espèce, grands et petits transports, avisos et canonnières. En sorte que sur la province de Saïgon et en face de la province de Bien-hoa, il y eut deux lignes armées, l'une soutenant l'autre, et séparées entre elles par un intervalle de cinq à huit lieues. La première était composée de forces mobiles, douées pour ainsi dire d'ubiquité ; elle présentait ses canons en cent endroits et elle rappelait à l'ennemi que toute tentative d'insurrection serait réprimée par un rapide envoi de troupes. La seconde ligne, composée de forteresses, reproduisait parallèlement sur le terrain la domination exercée sur le Don-chaï. Vers le fleuve du Cambodge, My-thô, avec une garnison considérable et une escadrille, occupait fortement la lisière du quadrilatère oriental[1] et du quadrilatère occidental, tenait le débouché de tous les cours d'eau et commandait le

---

1. Compris entre la mer, le Vaï-co, la Poste et le Cambodge.

Cambodge. L'effectif des troupes employées hors de Saïgon montait à 1,425 hommes, et l'on avait pris alors autant de pays qu'on en pouvait garder.

Les dispositions dont on vient de tracer l'exposé étaient suffisantes pour arrêter une attaque en force dirigée par les Annamites, en supposant qu'ils eussent l'audace de la tenter. Refoulé à Bien-hoa, rencontrant devant lui, sur quelque point qu'il voulût se porter, des forces qui pouvaient se concentrer rapidement, l'ennemi eût terminé cette entreprise dans un désastre. Mais dès à présent, il convient d'établir que ces barrières n'étaient pas capables d'arrêter les allées et venues des agents de Hué. Une frontière naturelle existe entre la Basse-Cochinchine et l'Annam : c'est la chaîne qui part des montagnes Vi. Une possession européenne, adossée à cette barrière de pierre, ayant au sud le fleuve Cambodge pour limite, c'est-à-dire les trois provinces méridionales en face, n'aura rien à craindre des entreprises du Nord ; elle sera cependant dans de mauvaises conditions pour être pacifiée. Les Annamites ne lui laisseront ni paix ni trêve, et l'infesteront de tous les brigands de la Basse-Cochinchine. Les provinces d'Ha-tien, d'An-gian, de Vinh-long, sont admirablement fertiles et peuvent vivre par elles-mêmes. Quelques ordres impériaux, quelques proclamations, il n'en faut pas davantage pour entretenir leur fidélité, et l'on peut compter que ces pièces traverseront la colonie française. La difficulté de faire sentir l'autorité du conquérant provient ici surtout de la nature du pays qui est couvert de milliers de routes fluviales et qu'on a pu comparer à une Kabylie aquatique. C'est un réseau dont les mailles sont trop grosses pour ne pas laisser passer des hommes. La destinée de notre entreprise est la conquête des six provinces.

Lorsque le vaste territoire qui s'étend des bords de la mer de Chine aux confins du Cambodge tomba entre nos mains, les fonctionnaires nommés par la cour de Hué, les gouverneurs, les *phou* et les *huyen* s'enfuirent ; mais les chefs de canton, les maires et les officiers municipaux restèrent dans leurs villages. Les proclamations qui furent adressées aux Annamites, dans les mois de mars et d'avril 1861, leur garantirent leurs lois, leurs usages et leurs mœurs. Moins pressé de leur appliquer des recettes merveilleuses venues d'Occident que de conserver le bien qui existait, on chercha à les éloigner de vices qui leur étaient inconnus et à les conserver tels qu'ils étaient, c'est-à-dire semeurs de riz et pêcheurs. Certes, si jamais une idée mère était indispensable, qui pût servir de guide, c'était après la conquête des provinces de Saïgon et de My-thô. Le commandant en chef français se trouvait chargé d'un peuple dont les lois, les usages étaient inconnus, qui parle une des trois langues chantantes de l'univers. Les interprètes manquaient, l'administration annamite était disloquée, la moitié de ses agents étaient en fuite.

Enfin on avait représenté un peuple foulé par ses maîtres, aspirant à l'indépendance, prêt à défendre la foi chrétienne, et il fallait reconnaître, dès les premiers pas qu'on faisait dans l'intérieur de la Basse-Cochinchine, que les populations étaient façonnées au despotisme patriarcal de l'Asie. Déjà on pouvait pressentir que les mandarins cochinchinois étaient bien différents de ces administrateurs lâches et prévaricateurs dont on avait fait le portrait. Quant aux chrétiens, un grand nombre d'entre eux s'étaient cachés d'abord; ensuite pendant l'expédition de My-thô, à mesure que la marche victorieuse des canonnières rendait de moins en moins probable la domination annamite dans les quadrilatères, ils s'étaient montrés et avaient réduit les païens dans une sorte d'esclavage. Les soldats de Ki-hoa et de My-thô, qui n'avaient pas rejoint la province de Bien-hoa et les provinces au sud du Cambodge, s'étaient faits brigands pour vivre avant de redevenir soldats, et augmentaient encore la confusion. De moindres secousses suffisent pour altérer les mœurs d'un peuple, et celui de la Basse-Cochinchine n'est que trop disposé au brigandage. Cependant dans les premiers jours qui suivirent le coup de foudre de Ki-hoa, un seul sentiment domina chez les Annamites, la stupeur. L'horreur, si bien entretenue, chez eux, de l'occupation européenne, se tut; les villages firent leur soumission et réclamèrent un maître. Devant le quartier général, ce fut un défilé non interrompu de maires et de chefs de canton.

Agenouillés et prosternés dans ces poses d'adoration usitées dans l'Asie et qui choquent si fortement les idées des Européens sur la dignité humaine, ils exposèrent en tremblant et sur le ton de la psalmodie annamite l'abandon de leurs peuples et exprimèrent la crainte du brigandage.

Ces circonstances si particulières indiquaient clairement les mesures qu'il fallait prendre. On avait devant soi toute une organisation municipale : on la conserva précieusement. Quant aux représentants du pouvoir de Hué, que nous appelons gouverneurs, préfets et sous-préfets, ils avaient fui par crainte des Français et par fidélité envers l'empereur annamite. Le commandant en chef installa dans les places qu'ils avaient laissées vacantes, des officiers qui furent ses délégués directs auprès des populations annamites. Ces envoyés français eurent les attributions des administrateurs annamites, et leur position au milieu des peuples nouvellement conquis présenta quelque analogie avec celle des délégués du huitième siècle, connus sous le nom de *Missi Dominici*. Les uns reçurent les attributions des *phou*, les autres furent nommés *huyen*. Ils furent munis du cachet annamite, ce qui est d'une grande importance aux yeux des Asiatiques. Leurs attributions étaient purement civiles ; mais ils pouvaient requérir la force militaire placée à côté d'eux pour les soutenir et pour assurer leur autorité. Ainsi il y eut dans chaque préfecture et dans chaque sous-préfecture un chef militaire et un agent civil. Les *phou* et les *huyen* devaient correspondre tous les huit jours avec le commandant en chef et lui transmettre leurs observations sur l'état du pays. Les divisions territoriales avaient été respectées et les attributions de ces chefs de bureau annamites ne dépassaient pas le cercle des circonscriptions par villes et par villages.

Mais c'était peu d'avoir établi des représentants de l'autorité française depuis le quadrilatère oriental que borde la mer jusqu'aux confins de la Cochinchine et du Cambodge; s'ils ignoraient la langue annamite, ils allaient être livrés à l'infidélité et à l'insuffisance des interprètes.

L'annamite et le chinois, dont la connaissance est indispensable dans ce pays pour les relations parlées et les relations écrites, sont des langues impénétrables. Un réformateur qui introduirait dans l'Asie les vingt-quatre lettres de l'alphabet répandrait une subite clarté dans ce monde mystérieux où l'on peut mentir à l'aise, où tout est détour, circonlocution. De toutes les barrières que l'Asie nous oppose, son écriture est la plus solide. Tout Européen s'arrête devant ces signes repliés, qui semblent avoir faussé par contre-coup l'esprit humain dans cette partie du monde. Les livres que l'on possédait en 1861 sur la langue annamite se réduisaient à un dictionnaire, d'un prix assez élevé, et à quelques vocabulaires en quatre langues : ils supposaient la connaissance du latin, et par conséquent ils étaient impropres à répandre la langue annamite parmi tous ceux qui savaient lire. Le commandant en chef fit rédiger en hâte un vocabulaire français-annamite et annamite-français : le système des signes inventés par le père Al. Rhodes, qui permet de marquer sans le secours des notes, toutes les modulations d'une langue chantante, fut conservé sur le nouveau vocabulaire. L'impression de ce livre ne put s'exécuter que dans l'Inde : les signes conventionnels étaient une grande difficulté. En attendant qu'il fût répandu à Saïgon, deux écoles furent instituées, l'une pour former des interprètes, l'autre pour enseigner le français aux enfants annamites. La première fut dirigée par un prêtre [1] d'une grande condescendance, qui savait l'annamite, ce qui est rare même parmi ceux qui le parlent. Il dut improviser une méthode différente de celle qui lui avait servi, et il le fit heureusement. Son auditoire se composait de quelques officiers et surtout de marins et de soldats qui obtinrent des dispenses spéciales, et qui résolurent de rester dans le pays. La plupart de ces Français persévérèrent dans leur projet et devinrent des interprètes auxquels on put accorder quelque confiance. L'école annamite contribua à purger l'administration française de ces catéchistes renvoyés par leurs évêques pour inconduite, et qui, sous un nom latin, présentaient l'abrégé de la ruse, de la prévarication et de la corruption de l'Asie.

---

1. Le Père Croc.

Cette école répandit encore un autre bien. C'est la connaissance de la langue qui fait le mieux découvrir les mœurs d'un peuple : pour expliquer des mots ou des tours particuliers de langage, il fallut expliquer les circonstances qui pouvaient les rendre utiles. Les plus simples entrevirent derrière cette multitude d'aspect chagrin tout un monde d'idées : on sut que derrière les Annamites il y avait aussi des hommes, et la brutalité s'atténua. Il est assez ordinaire qu'on s'intéresse à ceux qui nous ont coûté quelque peine. Quand on sut un mot, on voulut le répéter ; on prit en considération un peuple à qui l'on pouvait parler et dont la langue était si difficile. Enfin cette singularité d'un Français qui avait quitté son pays pour vivre au milieu d'un peuple éloigné, qui devait mourir au milieu de lui, pour qui ce temps d'exil était le but de la vie, pénétra quelques cœurs et les échauffa d'un peu de charité chrétienne.

Une autre école eut pour objet d'enseigner le français aux enfants annamites. Cet enseignement était une nouveauté dans l'Annam : jusque-là les Annamites n'avaient appris d'autres langues étrangères européennes que le latin et l'anglais. Les catéchistes qui vivaient dans les provinces parlaient le latin. Les quinze jeunes Annamites que l'empereur Tu-Duc était dans l'habitude d'envoyer chaque année à Singapour y apprenaient l'anglais.

En même temps que les langues annamite et française étaient professées, le jeu des intérêts et cette sorte de niveau que la conquête passe sur toutes choses créaient un langage commun, pareil à celui que les Italiens ont porté en Turquie et qu'on appelle *sabir*. Mais il faut dire que les Chinois, plus actifs que les Annamites, en furent les principaux formateurs. Chaque soir, les marchands de Saïgon et de Cho-leun, après avoir mis leurs livres de commerce au net, répétaient à tour de rôle ce qu'ils appelaient une leçon de langue française. Les expressions de convention, quelques mots malais revenaient assez souvent, comme des jalons, dans ces dialogues qui toujours avaient un but qu'on indiquait d'avance. L'occupation de Canton, la vie commune de quinze cents coolies avec l'armée française dans le nord de la Chine, avaient déjà créé des signes qui permettaient de s'entendre. Et comme chez ces peuples formalistes, la politesse est une science sociale, ces marchands venus de tous les points de la mer de Chine étudiaient gravement la façon de parler, de rire, de saluer des marins et des soldats, les seuls initiateurs aux coutumes européennes qu'ils pussent fréquenter. Les peuples de l'Asie ont la passion de l'unité ; il n'y avait point un petit commerçant de Saïgon qui ne crût pouvoir juger la nation française par un seul de ses représentants ; en d'autres termes, qui ne s'imaginât qu'un caporal ne se conduisît comme un général.

Ainsi naissait et se formait une langue commune qui, malgré l'influence anglaise jusqu'alors toute-puissante, attestait le passage en Chine de vingt mille

Français et l'établissement de la France dans l'Annam.

Quelques officiers parmi ceux qui furent chargés de fonctions civiles, apprirent la langue des Annamites et étudièrent leurs mœurs. Mais ces études, faites au lendemain d'une commotion violente, ont été nécessairement bornées. Ensuite l'esprit analogique est rare, et il faut chez un Européen une disposition peu commune pour qu'il condescende à regarder ce qui se passe chez un peuple réputé barbare; pour qu'il fasse le sacrifice de ce bagage d'idées préconçues que nous portons avec nous. Au dix-septième et au dix-huitième siècle, des hommes de grand savoir et de grande énergie, Pallu du Ruault, évêque d'Héliopolis, Pigneau de Behaine, évêque d'Adran, Victor Olivier, colonel du génie, ne crurent pas dépenser inutilement leur vie en cherchant à éclairer les Annamites. Quels hommes que ces Français dont l'œuvre est encore vivante, dont les traces se retrouvent depuis la mer de Chine jusqu'aux limites de l'empire! Ils surent faire taire l'orgueil du peuple le plus remuant et le plus belliqueux de l'Asie. On les écouta. Mais les observations qu'ils recueillirent disparurent avec eux. Les tentatives que répétèrent à d'autres époques les Hollandais et les Anglais furent toujours infructueuses: témoin Crawfurth et Mackensie. Les Annamites, jusqu'à ces derniers temps, étaient presque inconnus au point de vue ethnographique. En pénétrant et en s'établissant dans leurs villages, au milieu de leurs rizières et de leurs forêts, on surprit quelques traits de leur caractère; on connut surtout le mécanisme de leur administration communale et de leur administration officielle, et ce tempérament si bien fait pour des populations asiatiques, où l'existence du village est respectée, où l'autorité du Prince est cependant toujours présente. Les quelques traits que l'on a rassemblés sur la physionomie et le caractère des Annamites sont loin de composer leur figure dans son entier; mais ce sont, à vraiment parler, les seuls qu'il soit permis de fixer avec quelque chance de certitude. Il semble qu'il y ait une sorte de convenance dans l'inachèvement de certaines parties d'un pareil portrait; en essayant de le terminer avec plus de précision, on serait amené bien vite à affirmer ce que l'on ignore. Ces recherches sur les caractères physiques et moraux des Annamites n'ont pas paru hors de propos dans une relation des guerres de Cochinchine : la véritable connaissance des aptitudes et des mœurs de ces peuples fournirait le commentaire le plus éloquent des difficultés que les Français ont rencontrées.

CHAPITRE IX

ARGUMENT

Caractères physiques des Annamites. — Caractères moraux. — Despotisme patriarcal.

Les Annamites appartiennent à la variété de l'espèce humaine que les anthropologistes désignent sous le nom de race mongole. Ils paraissent petits. Ils ont les membres inférieurs bien constitués, le bassin peu développé, le buste long et maigre, les épaules assez larges, la poitrine en saillie, les muscles du cou de même, la tête d'une grosseur proportionnée avec le reste du corps, les mains étroites et longues avec les doigts noueux. Leur teint varie beaucoup, suivant l'éducation, le rang ou les travaux, depuis la couleur de la cire d'église jusqu'à celle de la feuille morte et de l'acajou. Le front est rond, évidé vers les tempes, les pommettes sont très proéminentes; les yeux noirs, assez peu bridés, ont une expression douce, chagrine et timide. Le nez est trop large vers le haut et produit l'effet des pièces anatomiques rapportées après coup: c'est le trait distinctif du visage asiatique. Les Annamites sont imberbes jusqu'à l'âge de trente ans environ ; même alors leur barbe est peu fournie et ne vient que sur les lèvres et au menton. Ils portent les cheveux longs : ainsi les portaient les Chinois avant l'invasion tartare, et les portaient encore il y a soixante ans quelques montagnards du Fo-kien qui résistaient à l'obligation imposée par le vainqueur de se raser la tête. Les hommes de l'Annam rassemblent cet ornement, auquel ils tiennent beaucoup, de façon à laisser les oreilles découvertes. Les riches enveloppent leur chignon avec un crêpe de Chine artistement plissé et qui produit l'effet d'un turban ; mais les pauvres marchent le plus souvent tête nue, et on les voit, lorsque leurs cheveux sont déroulés, les étaler en secouant la tête, le cou tendu avec le geste qui est particulier aux femmes. Les Annamites ont quelque chose d'étrange et d'aisé dans la démarche : la tête surtout a un port singulier qui provient sans doute de la mode du chignon et du mouvement particulier dont elle est cause. Il faut remarquer en effet que le port des cheveux entraîne celui de la tête, et que les Chinois, les Annamites, les Européens, ont une manière différente de tenir la tête et le cou. Mais de toutes les coutumes qui peuvent surprendre un Européen dans cette partie de l'Asie, celle de teindre les dents en noir est la plus déplaisante : à une certaine distance, les plus jeunes visages paraissent édentés. Les Annamites, ainsi que tous les peuples de la Malaisie, mâchent constamment une composition dans laquelle il entre du poivre-bétel, de la noix d'arac, du cardamome, de la chaux, et quelquefois du tabac. Cet aromate a une saveur agréable quoique très mordante, et il exerce l'influence des narcotiques. C'est par erreur qu'on attribue la couleur noire des dents chez les Annamites à l'usage du bétel : leurs dents sont noircies avec une drogue de composition chinoise. Les femmes européennes, à Macao, mâchent le bétel, en cachette, et leurs dents restent blanches.

Le costume, chez un peuple, est en quelque sorte réglé par sa constitution physique. Celui des Annamites se compose d'une blouse boutonnée sur le côté, d'un pantalon coupé à la mode chinoise, qui est plus décente que la nôtre, et de sandales de cuir rouge. C'est là le costume des Annamites en place et des riches ; mais la plupart des hommes du peuple, paysans ou bateliers, ont pour tout vêtement une pièce d'étoffe qu'ils relèvent au moyen d'une ceinture et qui s'appelle *le can-chian*. Les enfants vont nus absolument. Quelques-uns cependant portent un ornement en forme de cœur qui recouvre les parties sexuelles. Ils ont la tête rasée, sauf quelques touffes en certains endroits. Le costume des femmes ne diffère pas sensiblement de celui des hommes : une robe de soie et un pantalon. C'est une grande élégance de porter des pantalons de quatre couleurs éclatantes, disposées en bandes verticales. Leur démarche est singulièrement décidée. Parmi ceux qui les ont vues dans les rues de Saïgon, qui ne se les représente encore une perruche verte sur l'épaule, s'avançant les bras ballants comme pour marquer la cadence du pas? La soie, qui modèle exactement leurs formes, les montre telles que la nature les a faites. Il y a de jolies femmes annamites: une figure ronde, des yeux veloutés et bien fendus, une pâleur mate et une sorte de délicatesse enfantine, composent un type qui ne s'éloigne pas de nos idées sur la beauté et qui serait remarqué en Europe.

Les femmes dans l'Annam ont la passion des bijoux à un degré qui les distinguerait même dans les pays de l'Occident. Ceux qu'elles portent à la tête, au cou, aux bras et aux pieds, sont, suivant leur fortune, en or, en jade, en argent ou en verre. Ces bijoux sont d'un dessin très pur et leur ensemble n'offre point l'amoncellement disgracieux qui choque le voyageur dans l'Inde ou dans l'Arabie. On compte trois sortes de bracelets qui sont portés par les femmes dans trois états différents de leur vie: quand elles sont nouvelles mariées, après le premier enfant, plus tard dans la vieillesse. Ces bracelets représentent quatre ou huit animaux chimériques et symboliques. Les femmes annamites portent aussi des colliers d'argent, larges et plats, et des anneaux autour de leurs jambes, près du cou-de-pied. Les bagues sont de trois formes: plates, à facettes ou à fleurs. Les nervures de ces fleurs sont imitées avec une grande perfection. Les orfèvres annamites sont habiles: eux-mêmes fondent l'or et le battent. Les procédés qu'ils emploient lasseraient un Européen.

S'il est vrai que le caractère d'un peuple se manifeste

dans son mode d'habitations, on peut dire que les Annamites réservent leurs soins et leurs idées d'ornement pour les maisons qu'ils habitent après leur mort. Leurs tombeaux sont des constructions assez compliquées où la forme arrondie domine, et qui sont enluminées de couleurs rose et lilas, d'une expression tendre et agréable. Mais leurs maisons ont quelque chose de sombre, de retiré et de triste. Elles sont bâties en quinconce, et n'ont qu'un rez-de-chaussée. Le toit s'arrête à quelques pieds seulement du sol, ce qui rend l'intérieur obscur même en plein jour, mais ce qui produit une fraîcheur agréable dans les plus grandes chaleurs. Les maisons des pauvres sont couvertes avec des feuilles de palmier nain qui se tassent entre elles comme le chaume; ce toit est supporté par des bambous, et il ne faut pas plus de deux ou trois jours à un Annamite, aidé de ses parents et de ses amis, pour élever une maison. Les habitations des riches sont recouvertes de tuiles rouges, et la charpente est faite en bois de fer qui est noir et susceptible d'acquérir un beau poli. Sur le seuil des maisons annamites, comme sur l'avant des jonques, se trouve une agglomération de pots de fleurs qui contiennent généralement du riz en herbe, une plante bulbeuse et un arbuste qui ressemble au myrte et au grenadier, et dont les branches sont contournées de manière à former des caractères chinois.

Si l'on essayait de composer le portrait des Annamites avec cette sorte de signalement que peut fournir un anthropologiste, on arriverait à former une ébauche, mais on peut affirmer qu'elle serait sans expression et sans vie. C'est peu de détailler les traits d'une race; un peu d'attention y suffit; mais pour rendre l'air du visage d'un homme qui pense, qui aime et qui souffre d'une certaine manière, il faudrait suppléer la distance, la chaleur torride des Tropiques, et jusqu'au paysage qui, pour ces peuples, forme le fond de la vie. En un mot, il faudrait aller les voir chez eux. On pourrait alors observer ce qui ne change pas en Asie où les hommes semblent coulés dans le même moule; on verrait l'individu. Mais il serait plus difficile de retrouver aujourd'hui l'aspect général des Annamites assemblés. C'est le spectacle que la guerre modifie le plus profondément. On raconte qu'ils avaient autrefois près de Saïgon des courses, des théâtres, des carrousels. L'une de leurs parades les plus ingénieuses était le jeu d'échecs, dont les péripéties, représentées sur un terrain immense, ressemblaient aux passes d'armes de la chevalerie. Les deux partis combattaient près de la citadelle de Saïgon. Les empereurs étaient à cheval, et portaient le dragon sur la poitrine; les courtisans, les soldats, étaient vêtus d'habits éclatants. Les règles du jeu étaient marquées sur la plaine comme sur un immense échiquier.

Mais aujourd'hui, dans leurs villages, les Annamites,

assis sur la table en bois dur qui se trouve dressée devant leurs maisons, la bouche ensanglantée de bétel, dans une pose contemplative qui fait penser à celle des ruminants, les Annamites semblent établir une comparaison chagrine entre un spectacle que nous ne connaissons pas, et dont ils auraient gardé le souvenir, et celui qui se déroule sous leurs yeux. C'est sur le fleuve que leur naturel se retrouve et se manifeste. Les bateliers s'y croisent en se parlant et se racontant au passage les dernières courses des Français : la pièce d'étoffe bleue ou fauve qu'ils ont sur le corps, la couleur de brique de leur buste toujours découvert, et le noir brillant de leurs cheveux, composent un ensemble de couleurs harmonieux et sobre, et l'on peut dire que les Annamites supportent bien le nu, ce qui ne signifie pas qu'ils aient l'aspect d'une race bien vigoureuse. Mais dans ce costume si simple, exposés sans précautions au soleil qui tombe d'aplomb sur leur front, et qui ne provoque jamais chez eux ces insolations foudroyantes qui emportent les Européens, ils sont bien les fils de leur sol, et ils paraissent à leur place sur la terre.

Les Annamites sont d'un caractère doux, docile quoique avec un fond de résistance, facile à plier mais capable de se redresser ; réfléchi, timide et assez gai.

Ils sont pressés de jouir ; dès qu'ils ont gagné quelque argent, ils le dépensent ; et c'est là un trait qui les distingue nettement des Chinois. Ils n'ont aucun goût, aucune aptitude pour le commerce : les étrangers asiatiques attirés par la fertilité singulière de cette terre, sont dans l'Annam à la tête des affaires commerciales. Les Anglais, les Hollandais ont essayé, il y a déjà longtemps de commercer avec la Cochinchine; mais leurs efforts furent toujours infructueux.

Le principal objet de commerce est le riz : cependant les Annamites, abandonnés à eux-mêmes, ne cultiveraient pas plus de ce grain qu'il ne leur en faut pour vivre. Ils sont agriculteurs et bateliers : deux professions qui s'excluent en apparence, mais qui, en réalité, s'accordent, à cause du retour périodique des saisons favorables pour ensemencer les rizières et piquer les mottes de terre. Cette vie est bien en accord avec leurs goûts, leurs aptitudes. Ils aiment à se promener, sans but, pour se promener. — Que fais-tu ? — *Lam roy,* je cultive le riz. — Où vas-tu ? — *Di doy,* je vais me promener. — Et ces deux actions, contraires en apparence, s'accordent en effet : la distribution des deux saisons leur laisse des loisirs qui ont façonné leurs mœurs.

Ils plantent un peu de canne à sucre; ce qu'il faut pour leurs besoins. Le sucre qu'ils en extraient est bon : on en trouvait sous tous les toits, dans la province de Gia-dinh, pendant la campagne de 1861. Il y a dans le pays quelques plantations d'indigo et de coton. Les cultures qui réussissent le mieux en Cochinchine, en dehors des cultures de jardins, sont celles du riz, de la canne à sucre et du tabac. Mais rien ne s'improvise, et, pour recueillir, il faut des bras qui ensemencent, une succession d'efforts qui s'harmonisent, et la paix.

La fertilité de la Basse-Cochinchine, et la faculté qu'ont ses habitants d'y obtenir un champ, le prêt des buffles entre particuliers, les prêts en argent du gouvernement de Hué, qui par-dessus tout favorisait l'agriculture, — sont autant de causes qui font que les Annamites gagnent facilement leur vie et qu'ils sont peu portés à émigrer au delà des mers. Leur éducation les éloignerait de ce parti, si leur tempérament ne les fixait déjà à leur sol. Les lois de l'empire défendent de franchir les frontières, et il faut ajouter que les Annamites sont fidèles observateurs des lois. On ne rencontre point de gens de l'Annam en Chine, aux Philippines, à Java, dans les Indes anglaises. Il y a seulement dans le Siam quelques *camps* d'Annamites, de ceux qui furent emmenés en esclavage par les rois de Siam, à la suite de leurs guerres avec les empereurs de Hué[1].

Mais ces mêmes raisons qui empêchent les Cochin-

---

1. Un délégué de la Réunion qui vint à Saïgon en 1860, put acquérir la conviction que les peuples de la Basse-Cochinchine ne pourraient donner lieu à un mouvement d'émigration semblable à celui que fournissent les Indes et dont la Réunion profite. La justesse de cette appréciation a été confirmée depuis que la conquête des trois provinces s'est effectuée.

chinois de se faire coolies, la facilité de vivre et de s'abriter, les rendent très enclins à changer de place sans sortir des frontières de l'Annam. Il semble que le lien qui les retient à la terre n'est encore qu'artificiel. Que le riz soit coupé et serré, et les paysans, redevenus bateliers, reprennent le chemin des arroyos qui abondent en Cochinchine. La crainte de l'esclavage ou une pression politique suffira, dans certaines conditions, pour leur faire abandonner toute une province. Ils ne laissent alors que des déserts entre les mains de leurs ennemis. C'est ainsi qu'à la suite d'une des guerres d'invasion portées en Cochinchine par les Cambodgiens, la province de Gia-dinh se dépeupla tout d'un coup.

Ce parti, que du reste ils ne sont que trop portés à prendre, est en accord avec leur tempérament, plus susceptible que celui d'aucun peuple de l'Asie. Se tordre, glisser d'entre les mains qui croient les tenir et à la fin disparaître, ce sont bien là les gestes et les actes qu'ils préfèrent. Quand on les tourmente, ils s'en vont, s'ils le peuvent, et ils n'aiment rien qui sente l'impatience ou la colère. L'ignorance où les Européens étaient de leur langue, surtout dans les premiers temps de l'occupation, la commodité qu'il y a à dépouiller toute contrainte avec un homme jaune qui est vaincu, faisaient que les ordres étaient donnés par les bas subalternes avec de grands gestes et tous les signes de la colère et de la brutalité. La contenance des Annamites dans ces circonstances, l'abandon absolu de toute volonté et de tout examen, la soumission à une force qu'ils jugeaient folle ou aveugle, indiquaient une sorte d'horreur nerveuse et marquaient suffisamment la différence qui sépare les deux races.

Il faut bien convenir que le ramas d'Asiatiques que l'on voyait à Saïgon n'était pas propre à faire naître une idée avantageuse de ces peuples, et en particulier des Annamites. On eût dit que ceux-ci s'étiolaient au contact de notre civilisation, comme si le remède qui leur était présenté n'eût pas été proportionné à leurs forces, ou plutôt à leur tempérament. Qui donc eût pu croire que, dans cette foule au front courbé, que les dizainiers conduisaient au travail, il s'était trouvé des hommes capables de tenir tête pendant une heure et demie à des Français bien armés? Mais ce sont les événements du jour qui frappent et qui saisissent, et, si l'on voulait savoir ce que dure l'impression d'un acte de résistance, il faudrait assister au spectacle d'un peuple qui passe sous le joug. Les Annamites ont cependant une certaine bravoure, et même ils ont du courage dans l'occasion, car leurs passions se rapportent au cœur. Mais l'appréciation qu'on en peut faire est difficile, et les idées qui germent et fructifient dans le cerveau d'un Asiatique sont si absolument différentes des nôtres que les équivalents nous manquent pour en rendre compte, et qu'en cette matière il est plus aisé de certifier des faits que d'énoncer des conclusions.

Dans l'Annam, les hommes passent comme une foule impersonnelle que la dévotion filiale à l'empereur nivelle, qu'aucune tête ne dépasse : il n'y a point là beaucoup de place pour cette émulation qui anime généreusement certaines armées européennes. Les Annamites se battent bien quand ils se croient sûrs de repousser l'ennemi. C'est ainsi qu'une journée heureuse pour nos armes a ébranlé leur confiance dans leurs défenses accessoires ; mais battre en retraite, disparaître comme une volée d'oiseaux, se glisser dans les broussailles à la façon du tigre, n'est point chez eux un déshonneur quand il paraît évident que la résistance est impossible. Ces mêmes hommes se sont avancés dans la plaine des quadrilatères, armés de lances, contre des carabines à tiges. — L'opinion s'était accréditée après les affaires de Touranne et de Saïgon, en 1859 et en 1860, qu'assez solides derrière des retranchements, ils ne tenaient pas ou ne se hasardaient pas en plaine. Les affaires de Go-cung, les épisodes des insurrections de 1861 et de 1862, ont montré qu'ils peuvent non seulement soutenir la lutte sans abri, mais encore qu'ils peuvent venir la chercher.

La guerre que les Annamites ont soutenue pendant près de six ans, a modifié leur système général d'attaque et de défense, mais non leurs instruments de destruction. Il est demeuré visible qu'après l'enlèvement des lignes de Ki-hoa, ils ont perdu toute confiance dans leurs immenses camps retranchés et dans ces défenses accessoires dont ils étaient si prodigues; mais ils ont continué à s'armer de lances, de mauvais fusils à pierre, de fusées portatives et de ces canons de 4 qu'ils manœuvrent à épaules d'homme. Leur artillerie est la seule partie de leur armement qui ait quelque valeur : elle rend difficile la répression de leurs mouvements insurrectionnels. Cette arme leur plaît, et ils savent en tirer parti. Où prennent-ils tant de canons? On en trouve partout : il y en a d'enterrés dans les bois, entre des repères convenus, sous des tas de riz, dans des coffres à effets. Du reste, ils aiment le bruit de la poudre, et ils ont pour les feux d'artifice, pour les détonations de l'artillerie, la passion enfantine des Chinois.

Quant aux combattants eux-mêmes, on peut dire qu'ils se sont aguerris et que les derniers événements ont fait connaître le fond du caractère des Annamites. La dislocation de l'autorité de Hué dans les provinces conquises par les Français, en dérangeant cette règle qui maintenait tous les peuples de l'Annam, permit à quelques hommes énergiques de se donner carrière. Quand ces chefs de partisans eurent mangé *le gan* et bu quelques verres de *sam-chou*, quand ils eurent juré avec une imprécation contre eux-mêmes de faire la guerre aux Français, ils partirent. Un grand nombre périt d'une manière misérable et ignominieuse, mais il ne paraît pas que leur fin ait découragé leurs parents et leurs amis.

Les Annamites ont sur le courage, et sur la manière

dont un chef intrépide peut le transmettre, une superstition effrayante. Quand l'un deux est tué, ils lui ouvrent le corps, lui arrachent le cœur, et le dévorent encore palpitant. Alors ils marchent, rien ne peut les arrêter : ils ont du *gan*. — Un prêtre annamite, qui passait pour un homme très brave et très décidé, se rendait, il y a quelques années, à Hué, afin de poursuivre lui-même un procès : il s'agissait d'un champ dont on voulait l'exproprier. Un chef de bande qui eut connaissance du passage de l'Annamite se présenta dans une maison où on lui avait donné asile. Il s'y trouvait un mort qu'on venait de laver. Les pauvres gens qui le veillaient, afin de donner au prêtre le temps de fuir, dirent qu'il venait de mourir, et ils montrèrent le cadavre. « S'il en est ainsi, nous le verrons bien, dit le chef : il doit avoir un grand *gan*. » Et les bandits arrachèrent, puis mangèrent le cœur du mort. Le prêtre, depuis cette époque, resta tranquille. C'était un homme habile et prudent, qui possédait beaucoup de barres d'or et d'argent, comme on dit dans le pays, et qui s'était tiré de plus d'un mauvais pas.

La coutume qu'ont certains chefs de bandes annamites de manger *le gan,* les supplices usités dans cette partie de l'Asie, donneront sans doute à croire que la nation qui l'habite est inhumaine, et qu'elle est portée à répandre le sang. On peut dire au contraire que les Annamites ont horreur du sang versé. En Europe, le meurtre accompagne souvent le vol : il l'assure ou le facilite; les voleurs annamites dépouillent les gens qui tombent entre leurs mains; mais il n'y avait peut-être pas, avant l'année 1859, trois assassinats par an dans la Basse-Cochinchine. On ne parle pas ici des dernières années, où l'assassinat était devenu un crime politique. Du reste, la loi annamite, en rendant responsable tout un village, comme dans le Siam ou en Chine, empêche que les meurtres ne se multiplient. Un cadavre est toujours dans ce pays un grave embarras, et les Annamites sont ainsi conduits par leurs lois à suivre leur penchant naturel, qui ne les porte pas à tuer.

Cette horreur du sang ne les empêche pas d'être cruels à la façon des Asiatiques, c'est-à-dire de mettre en œuvre, dans les peines qu'ils appliquent, tout ce que des démons échappés de l'enfer pourraient inventer en fait de tortures. On a essayé de démêler la cause de cette horreur du sang versé et de cette cruauté qui semblent s'exclure si fortement l'une l'autre. — La passion de l'esprit de système, le sophisme de l'homme en enfance perpétuelle et la réalité de sa tutelle indéfinie, le goût des théories écrites, le mélange des lois religieuses et politiques, la puissance et le nombre des commis, sont cause que la théocratie dont la tête est à Hué, porte la main sur les ressorts les plus délicats de l'âme humaine, la touche, puis la manie, puis la fane. Après avoir nivelé les âmes, on désarticule les corps qui les enveloppent. D'une opération à l'autre, il existe sans doute quelque enchaînement inévitable, et peut-être n'y a-t-il pas lieu de s'étonner si les agents d'un pouvoir despotique patriarcal cassent, écourtent et démontent l'homme comme un automate.

Le crime irrémissible dans ce pays, celui de la rébellion à l'empereur, est puni du *lan-ti :* le coupable est coupé en cent morceaux, et son cadavre ainsi mutilé est mis dans une jarre à la porte de sa maison. Il faut considérer que, dans les idées de ces peuples, l'insulte faite au cadavre augmente la rigueur du châtiment. Les autres supplices sont très variés, et l'on peut en citer d'horribles : les bambous coupants entre lesquels on laisse glisser la victime, dont le corps se trouve ainsi lacéré comme par mille coups de rasoir ; les tenailles froides ou brûlantes ; les couteaux rouillés, les socs de charrue brûlants, les chaises garnies de clous pointus, et jusqu'à des serpents qu'on introduit dans les pantalons du condamné.

Cependant ces Annamites si habiles à varier les supplices n'ont jamais cherché à se servir des poisons qui abondent dans leurs forêts et qui tuent comme la foudre : malgré les édits de Hué qui les exhortaient à nous exterminer par tous les moyens possibles, ils ont continué à nous combattre avec des armes grossièrement imitées des nôtres. On eût dit que leurs chefs étaient préoccupés de suivre ces coutumes de loyauté dans la guerre dont ils avaient entendu parler confusément, et dans les circonstances que l'on va rapporter, ces barbares ont paru nous donner des leçons.

Un sergent d'infanterie de marine, qui fut pris en 1860[1] et emmené dans le camp de Ki-hoa, y fut bien traité, bien nourri. Il put donner de ses nouvelles. Quand les lignes des Annamites furent rompues, leur armée dispersée et en fuite, il fut mis à mort; mais on lui trancha simplement la tête, et on n'alla pas chercher chez quelque peuple voisin, au Thibet ou dans la Birmanie, un supplice ignominieux qui pût ajouter un air d'opprobre à sa mort. — Une goélette frétée par des négociants de Saïgon, et qui venait de Hong-kong, s'échoua et se perdit dans une anse voisine du cap Ti-wane, en plein pays ennemi. Les populations commençaient à souffrir cruellement de l'interdiction des riz, et la guerre qui leur était faite était sans quartier. Les naufragés furent recueillis, nourris; ils purent donner connaissance de leur état, et quand on vint les secourir, on les trouva mieux traités sans doute qu'ils n'auraient pu l'être sur certaines côtes d'Europe. Ce ne sont pas là des traits d'un peuple sans humanité.

Les Annamites acceptent le dernier supplice d'un air simple, tranquille, admirable : nul geste, nul accent de désespoir, de crainte ou de faiblesse. Sur un assez grand nombre, un seul Annamite a pleuré, et ce n'était pas

---

[1]. Il s'avança dans la ville chinoise, qui à cette époque était un pays ennemi. La foule s'amassa bientôt autour de lui : quelques Annamites lui montrèrent une poule et l'engagèrent à essayer son adresse. C'était une ruse trop sûre à l'égard d'un Français. Le sergent déchargea sa carabine et fut pris aussitôt.

un homme fait. Lorsque, dans le mois de juin 1861, nos têtes furent de nouveau mises à prix, la proclamation de la cour de Hué ne tarda pas à être saisie par les Français; les deux jeunes émissaires qui furent arrêtés porteurs de cette pièce près de Tran-bam, ressemblaient plutôt à des enfants qu'à des adolescents. On les conduisit à Saïgon, puis au quartier général, à bord de la frégate amirale, l'*Impératrice Eugénie*. Pendant qu'ils traversaient le Don-chaï, ils demandèrent comme une grâce, d'un air qui parut si simple et si naturel qu'on ne voulut pas comprendre d'abord l'objet de leurs paroles, la permission de se jeter à l'eau et de se noyer. Tous les Annamites savent parfaitement nager : ceux-ci, en réclamant la mort, espéraient échapper aux tortures; mais il leur paraissait tout naturel qu'étant pris, ils fussent punis du dernier supplice. Leur extrême jeunesse excita l'intérêt, et dans cette circonstance la pitié fut plus forte que la politique.

A quoi faut-il attribuer cette sérénité qui ressemble tant à de la hauteur d'âme? Ont-ils intérieurement quelque image qui les console, comme une promesse ou un souvenir? Mesurent-ils la vie à la mort, et trouvent-ils celle-ci meilleure? Est-ce l'esprit religieux ou le tempérament qui les soutient? Ce n'est pas l'esprit religieux; les Annamites sont sensibles au récit des prédications du dernier Bouddha, mais ces enseignements ne s'élèvent pas jusqu'à l'idée de divinité, et Bouddha n'est qu'un saint docteur. Ce qui rend si fermes les Annamites, c'est le ressort qui caractérise cette race entre toutes celles de l'Asie. C'est surtout chez les faibles que cette élasticité, qui est le fond du caractère annamite, se manifeste. Les femmes et les enfants marquent souvent une audace peu commune.

Les femmes sont plus libres dans l'Annam que dans aucune partie de l'Asie. On en cite qui exercent une grande influence dans les villages. Qu'un simple paysan soit emprisonné injustement, sa femme se rendra au prétoire, son enfant sur les bras : rien ne pourra l'arrêter. Il y a dans les romans annamites, dans les dialogues versifiés qu'on chante à deux au milieu des rizières, et jusque dans les pièces plus simples qu'on chante sur les jonques, un accent de tendresse et de délicatesse qui montre d'une manière plus vive encore la condition exceptionnelle en Asie des femmes annamites. Quoi de plus tendre et de plus ingénu que la plainte de cet amant qui s'adresse au citronnier?

« Je salue et je félicite celui qui a planté le citron-
« nier — dont je voudrais cueillir le fruit délicat. —
« En voyant ses fleurs et ses fruits, je vois son âme ;
« — mais je rencontre des épines, et je suis obligé de
« me détourner. — Les amateurs et les séducteurs
« sont nombreux, — et bien des gens l'entourent
« d'une palissade. — O citronnier ! j'ai voulu arriver
« jusqu'à ton affection : mais tu m'as refusé. — Com-

« ment, cruel, tu t'enorgueillis tant, et tu me mépri-
« ses ? »

Le mariage et les funérailles sont considérés comme les actes les plus importants de la vie, et les pauvres ont dans ces circonstances les privilèges des grands et des riches : ils peuvent porter des robes longues avec les couleurs et les dessins affectés aux mandarins; ceux-ci descendent de cheval et cèdent le passage s'ils rencontrent le cortège du plus simple paysan.

Il y a six cérémonies dans les fiançailles ; mais les Annamites n'en suivent ordinairement que trois, et même seulement les deux dernières, qui sont celles-ci : le jeune homme choisit un intermédiaire qui prévient les parents de la jeune fille et fixe un jour et une heure. Au jour convenu, le jeune homme se rend chez les parents avec l'entremetteur et des témoins. L'un d'eux porte un plateau incrusté de nacre, sur lequel sont disposés des feuilles de bétel, de la noix d'arac, de la chaux, du cardamome, et dans un vase une paire de boutons d'oreilles. Le tout est recouvert d'une pièce d'étoffe de soie rouge. Tout le monde est en robe de cérémonie; le plateau est recouvert d'un parasol. Le jeune homme présente du bétel aux parents, aux témoins de la famille de la jeune fille : il n'offre rien à celle-ci.

La seconde cérémonie ressemble beaucoup à la première. Au jour dit, le fiancé, son intermédiaire, les témoins, se rendent chez les parents de la jeune fille. Sur le plateau est une paire de bracelets, dont les dessins représentent huit animaux symboliques qui conviennent à son état. D'autres assistants portent sur des plateaux trois robes et un pantalon. Ces dons sont recouverts d'une étoffe rouge et abrités par un parasol. On offre aussi un cochon noir.

Les fiançailles sont terminées. Quinze jours après, la noce se fait. Le fiancé se rend chez les parents de la fiancée avec le même cérémonial. Il l'emmène alors chez lui, ainsi que les parents et les témoins, et chacun prend part à un grand dîner, qui se termine vers six heures du soir, car les Annamites ne mangent point pendant la nuit. Les parents de l'épousée se retirent ; mais auparavant, quelque improvisateur prononce des vers, dans lesquels il souhaite aux époux la concorde, le bonheur et des enfants. Quelquefois le jeune homme annonce aux parents que sa maison n'est pas encore prête pour recevoir sa femme, et qu'il faut revenir dans trois jours. C'est un moyen honnête de ne pas montrer trop de précipitation.

Les enfants annamites ont l'humeur enjouée, confiante et agressive. Ils ont le visage ouvert, d'un ovale gracieux : avec l'âge, cette grâce disparaît ; les pommettes s'élargissent plus qu'il ne le faut ; il s'opère chez eux comme une transformation anatomique, et leur visage change d'expression. Il n'était point rare de les voir prendre à partie quelque soldat, qu'ils affublaient d'un nom ridicule, tout en se tenant à distance. Les parents, accroupis sur le pas de leurs maisons, avaient l'air aussi sombre que leurs fils se montraient insouciants. Dans ce contraste éclatait tout ce que le fléau de la guerre entraîne. Ces Annamites, si chagrins et si tristes, avaient perdu une maison, une couple de buffles ou un champ, dans ces courses militaires qui se déroulaient sous leurs yeux depuis quatre ans. Leurs enfants n'en retiraient au contraire qu'un spectacle changeant et animé qui les distrayait.

Les Annamites ont un penchant très marqué pour le jeu. Les manœuvres employés aux constructions dirigées par le génie à Saïgon, n'avaient rien de plus pressé, dès qu'ils avaient touché leur solde composée de quelques sapèques, que de la jouer, la main fermée, à pair ou impair. Leur geste était net, rapide, convulsif. Ce jeu allait fort vite : en un clin d'œil tout passait entre les mains d'un seul gagnant. On empruntait alors sur la solde du lendemain et la partie recommençait. Souvent des gens de la côte, de ceux qui font le cabotage entre My-thô et les caps, partent avec de belles jonques richement frétées et reviennent ruinés par le jeu, avec le *can-chian* qu'ils n'ont pu perdre.

Ces Annamites, si pressés de risquer ce qu'ils possèdent et qui paraissent peu portés à amasser et à s'enrichir, ont un sentiment très vif de la pauvreté. La pièce de poésie qu'on va lire se chante sur tous les arroyos de la Basse-Cochinchine, et n'a pas de nom d'auteur. « Dans l'Annam, ne manquait jamais de répondre le traducteur qui est un Annamite, dans l'Annam on fait beaucoup de choses, mais on ne cherche pas à les faire valoir. »

« Pourquoi, dis-moi, chère pauvreté, pourquoi — me suis-tu pas à pas, sans me laisser un instant de trêve ? — Un jardin désert où ne pousse que l'herbe, — une case soutenue par trois colonnes et qui laisse voir le ciel, — voilà mon lot. A la porte, les créanciers perdent leur voix en exigeant les dettes. — A la maison, les enfants ont faim et pleurent jusqu'à éteindre leur haleine. — C'est notre sort d'être pauvres; mais nous le serons au plus pendant quelques années, — et il est certain que nous ne le serons pas toujours. »

Quand on jette un regard sur les peuples qui habitent les extrémités de l'Asie, il n'est guère possible de ne pas l'arrêter sur les Chinois que l'on retrouve partout à côté des indigènes ou mêlés avec ceux-ci.

Les Chinois sont assez nombreux dans la Basse-Cochinchine : ils formaient environ trente mille familles avant l'invasion française: mais ce nombre a dû augmenter aujourd'hui. Ils sont munis de chartes, d'exemptions, et tiennent tout le commerce intérieur et extérieur du pays. La facilité qu'ils ont de s'assimiler ce qui les entoure, leur esprit d'absorption, se sont exercés dans l'Annam comme dans tous les pays où ils se groupent;

et à quelques milles de Saïgon, à Cho-leun, on retrouve la Chine. Ceux qui sont riches ou aisés se marient, et ils savent faire accepter aux femmes du pays une existence retirée, dans un lieu obscur, au lieu de la liberté et de l'influence dont elles jouissent auprès des maris annamites. Les Chinois payent un droit de capitation et sont exempts du service militaire, à moins qu'ils n'achètent du terrain et ne se fassent inscrire sur les catalogues du roi. Les Annamites subissent leur influence et ne les aiment pas. Ils les appellent *quiet,* ce qui est un terme de mépris; mais quand ils ont recours à eux, ce qui arrive souvent, alors ce sont « les messieurs de la grande clarté ».

Les Chinois pénètrent partout, et, malgré la guerre, la piraterie et tous les risques, ce sont eux qui remontent les petits arroyos, entrent dans les maisons qui sont au bord de chacun d'eux, et traitent, souvent par intimidation, avec le paysan annamite pour sa récolte de riz. C'est ainsi qu'ils composent, de ferme en ferme, de petits chargements qu'ils conduisent soit à My-thô, soit à Cho-leun. Les chargements de navires pour l'Europe ne se font pas autrement dans l'extrême Asie, et à Singapour notamment le procédé est le même. Il s'est produit dans cette ville, comme il se produira à Saïgon, un résultat inévitable. Les Chinois se faisant eux-mêmes leurs courtiers, n'ayant point de frais et amassant leurs profits, ont réalisé de grandes fortunes. Les Européens, — et les Anglais aussi bien que les autres, — passent par les mains des négociants indigènes: les Anglais de Singapour ne sont que des consignataires qui touchent un droit de courtage. C'est parmi les maisons chinoises qu'on rencontre un fonds véritable de richesse, et tel artisan originaire de Canton ou d'Haynan réalise à la lettre le type des nababs. La venue des Européens à Saïgon n'a donc pas fait redouter une concurrence commerciale aux colons chinois. La supériorité de leurs procédés, inaccessibles aux Européens, faisait leur confiance. Si dans les temps difficiles de l'occupation française, ils parurent se tourner et se tournèrent vers les mandarins annamites, c'est que tout simplement ceux-ci, possédant My-thô et les provinces méridionales de l'empire, étaient les plus forts et paraissaient capables de garantir les opérations commerciales.

Le centre principal de l'immigration chinoise dans l'Annam est Cho-leun, situé à deux lieues seulement de Saïgon. C'est tout à fait une ville chinoise. Les habitants sont divisés en sept congrégations : chacune d'elles a un chef qui s'appelle *hong-phoo*, et qui, par tolérance ou usurpation, porte le bouton jaune. — Quand l'affaire des Clochetons, en 1860, eut clairement manqué pour les Annamites et que le marché chinois resta définitivement entre nos mains, les hong-phoo réclamèrent la protection française, qui leur fut accordée.

La population chinoise de la Basse-Cochinchine comprend encore un nombre assez considérable de marins qui arrivent chaque année sur de grandes sommes du Fo-kien, du Kouang-ton ou d'Haynan. Après les événements de Ki-hoa et de My-thô, on vit accourir à Saïgon des gens ruinés par l'opium ou par le jeu, des pirates sans emploi et qui en trouvèrent, mais aussi des travailleurs qu'il eût été bien difficile de démêler d'avec la lie que rejetait la mer de Chine, des gens de métier, — maçons, tuiliers, charpentiers de maisons et de navires, batteurs de fer, — et aussi quelques hommes aisés qui apportaient avec eux des capitaux suffisants pour engager leurs opérations.

Ici s'arrêtent les quelques aperçus que l'on a rassemblés sur les peuples de la Basse-Cochinchine. L'étude du gouvernement qui les régit paraît devoir suivre la recherche de leurs aptitudes naturelles.

Les Annamites révèrent sous le double titre de père et de mère, un empereur, prince ecclésiastique, souverain despotique, mais non point absolu. La forme du gouvernement n'est autre que le despotisme patriarcal de la Chine, et les Annamites y sont façonnés. L'empereur est un père; ses agents sont revêtus du pouvoir du chef de famille; ses sujets sont dans une enfance indéfinie: l'empereur de Hué les appelle ses enfants rouges, *xit-eu*, pour faire allusion à la couleur des nouveau-nés, qu'un père aime d'autant plus qu'ils sont plus faibles. Qu'elle serait touchante cette pensée, si elle ne conduisait pas à un sophisme monstrueux mis en action! L'homme n'est pas un enfant faible et incapable de marcher ou de penser.

L'empereur d'Annam, ainsi qu'on l'a dit, n'est pas un souverain absolu : les membres du conseil privé peuvent lui faire entendre des représentations soit par écrit, soit de vive voix. Les pièces que l'on a trouvées dans le palais d'été de l'empereur de la Chine ont donné quelque idée de la liberté étrange d'expression qu'emploient les conseillers de ces souverains.

Il reçoit une véritable liste civile : tous les mois, le ministre du trésor public lui fait parvenir une certaine somme dont on n'a pu connaître le chiffre ; mais elle ne doit pas être très considérable, si l'on en juge par la dotation de la femme du prince héritier : celle-ci recevait chaque mois cinquante ligatures et cinq rations de riz. Mais l'empereur d'Annam a d'autres ressources, et il passe pour un des princes les plus riches de l'Asie. Comme le roi de Siam, il fait le commerce, et il est en réalité le premier commerçant de son royaume. Ces mœurs ne portent aucune atteinte, en Orient, à la dignité du trône.

L'empereur fait à Hué des promenades d'apparat ; mais il sort aussi de son palais avec une suite peu nombreuse. Dans le premier cas, deux hérauts le précèdent : ils annoncent que l'empereur va paraître, et qu'il faut lui céder le passage. Viennent ensuite des chevaux et des éléphants montés par des mandarins, et puis l'empereur. Derrière lui, une suite considérable de parasols. Le peuple se met à genoux sur son passage : on peut l'approcher cependant et lui présenter des

placets. Un haut personnage à côté de lui les reçoit; souvent c'est le fils de l'empereur lui-même. Les suppliants tiennent une feuille verte entre leurs lèvres. Cette coutume se rattache à une fable très ancienne: un malheureux qui avait été repoussé par tous les hommes mit une feuille verte dans sa bouche et poussa un cri qui fut entendu du ciel. Aujourd'hui les enfants annamites ont l'habitude de faire des sifflets et des *pratiques* avec des feuilles de latanier. On les rencontre sur les routes, poussant des cris aigres ou graves, et s'essayant à modifier leur voix.

L'empereur d'Annam a une femme légitime qui lui a été choisie par sa mère, et qu'il a reçue devant le sénat en se conformant aux rites. Il a en outre sept concubines. Dans la ville impériale qu'il habite, et dont l'aspect représente les accidents de la nature, il n'est servi que par des femmes. Des eunuques gardent les portes de ce palais, où l'empereur reçoit à certains jours les fonctionnaires éminents; mais ce sont là des circonstances exceptionnelles, et on peut dire de l'empereur de Hué qu'il vit au milieu des femmes.

Il y a douze ans seulement, l'empereur des Annamites se rendait à la frontière de Chine et recevait des envoyés de Pékin, avec les vêtements allégoriques, l'investiture de la souveraineté. Mais l'empereur actuel a été investi à Hué.

Quand l'empereur monte sur le trône, il perd son ancien nom et en interdit l'usage, en même temps que celui d'un certain nombre de caractères. Tu-duc s'appelait Haong-giâm : le caractère haong est prohibé dans tout l'empire; on ne peut s'en servir dans les ventes, dans les concours ou dans les actes de la vie civile. — Than, nom de la mère d'un des empereurs annamites, fut un nom interdit à une certaine époque, et tous les royaumes durent prononcer Thiet. La mère de Tu-duc s'appelle Thi : on dit Thim maintenant dans l'Annam. Ce n'est pas que dans les disputes populaires le nom n'échappe; mais dans les occasions importantes, un lettré, un rédacteur de contrat qui l'emploierait, serait bâtonné. Voilà un trait qui blesserait la fibre égalitaire d'un Européen, surtout en France; mais si l'empereur annamite peut fausser la prononciation de tout son peuple, ce n'est point par un acte de fantaisie despotique, et la règle s'accorde ici avec les mœurs.

Les noms ont dans l'Annam une importance très singulière et différente de celle qu'ils ont même en Chine. Il n'y a pas plus d'une quarantaine de noms de famille dans tout l'empire. A chacun de ces noms on en joint un autre qui exprime une qualité, un agrément, ou qu'on emprunte aux saisons, à la nature : *suan*, le printemps; *quê*, la cannelle; *gen-seng*, l'herbe merveilleuse.

Le fonctionnaire annamite porte souvent un nom abstrait qui n'est pas le sien, et qui est alors rapporté à la préfecture, au canton ou au village. Ainsi le village quitte son nom par ordre et en prend un d'une physionomie plus chinoise, plus harmonieuse, ou dans lequel il n'entre aucun des caractères proscrits : scrupule de lettré, ou marque d'obéissance à la loi. A partir de ce jour, le nom officiel paraît seul dans les actes; mais les gens du village emploient l'ancien dans les conversations, jusqu'à ce que, la vie publique s'introduisant dans la vie ordinaire, celui-ci soit laissé de côté, puis oublié, ou bien qu'un nouveau nom tranchant sur le second confirme l'arrivée d'un nouveau fonctionnaire.

On peut sans formalité aucune changer de nom dans l'Annam ; mais il est défendu de prendre ou de donner celui d'un ami, d'une personne que l'on connaît : ce serait un affront. Ces idées sont, comme on voit, bien éloignées des idées chrétiennes ou romaines sur le patronage et l'adoption.

Le père qui va donner un nom à son fils doit avoir grand soin de ne pas prendre celui d'un des hommes du village, ou même de ceux qui sont morts depuis peu de temps. Les Annamites s'étonnent beaucoup que nous donnions des noms de saints à des enfants : « Ces enfants s'injurient ou s'appellent entre eux dans des occasions basses et misérables de la vie, et le nom est méprisé. Cela n'est pas conforme à la raison. »

Les dépositaires immédiats de l'autorité impériale sont, par ordre d'importance, les membres du conseil privé, un grand dignitaire civil et des vice-censeurs, un grand dignitaire militaire et des maréchaux, six ministres et des assesseurs. L'autorité de l'empereur de Hué s'exerce dans les provinces par des fonctionnaires qui sont les délégués directs du gouvernement ; chacune de ces provinces possède aussi une vie qu'elle tire d'elle-même et qui lui est propre. Le fonctionnement de cette double action se rapproche du jeu de nos institutions actuelles plutôt que de l'organisation des anciennes communes françaises ; mais il ne paraît pas qu'on ait fait connaître la différence essentielle qui sépare les institutions annamites des institutions européennes. Voici l'ordre et la proportion de cette administration, et, autant qu'on a pu le discerner, en voici l'esprit.

Chaque province est gouvernée par un gouverneur supérieur ou ordinaire, suivant l'importance du territoire qu'il administre. La Basse-Cochinchine, comme chacun sait, comprend six provinces, trois grandes et trois petites, qui formaient autrefois une vice-royauté sous l'autorité supérieure d'un délégué de Hué appelé *king-luoc*. Le gouverneur annamite est assisté par un collecteur, un justicier, un militaire et un lettré. Puis viennent des *quan-phou* et des *quan-huyen*, placés à la tête des divisions provinciales que nous avons appelées préfectures et sous-préfectures. Il n'est pas hors de propos de faire observer ici que les dénominations traduites par celles de préfet et de sous-préfet ne représentent pas ce que ces termes signifient en France. Un préfet français peut écrire au ministre ; un préfet annamite ne le peut pas. Un sous-préfet, dans ce pays, rend compte très rarement de ses actes à celui que nous appelons un préfet. Il ne lui fait point de présents, ainsi que l'usage l'exigerait s'il était sous sa dépendance.

Les *quan-huyen* terminent la hiérarchie des fonctionnaires purement officiels, provenant des concours et sans attaches bien intimes avec le lieu où ils résident. Viennent alors des fonctionnaires municipaux, nommés par le peuple : parmi ceux-ci, les uns sont responsables aux yeux de l'autorité officielle, et par ce fait, revêtent un caractère officiel; les autres sont des membres de la commune annamite et n'ont de rapport qu'avec le peuple. L'administrateur qui vient le premier après le *quan-huyen* est le *caï-tong*; c'est le chef de canton; il est choisi parmi douze ou quinze maires, et il tire par conséquent son origine de l'élection. On arrive ainsi à la base de cette pyramide dont l'empereur occupe le sommet : cette base est le pays lui-même, personnifié par le village, dont l'organisation est réglée ainsi qu'il suit :

Il y a d'abord le *ong-xa*. C'est « monsieur le maire » : il est muni d'un cachet, est chargé des rapports extérieurs, et répond devant le mandarin. Son élection a été approuvée par l'État. Il exerce ses fonctions pendant trois ans, au bout desquels, s'il a bien administré, il entre dans le conseil municipal.

Puis viennent deux *ly-truong*, deux adjoints. Il y a

de très petits villages qui n'ont pas de *ong-xa,* et qui sont administrés par un *ly-truong,* lequel dépend alors du maire d'un village voisin. Les derniers officiers municipaux sont les *pho-ly* qui assistent chaque *ly-truong,* puis enfin trois ou quatre *ang-huong* pour chaque *pho-ly.*

Tels sont les fonctionnaires qui dépendent à la fois du gouvernement et du village ; mais à côté de cette administration en relation continuelle avec le gouvernement de la province ou avec ses agents, il y a toute une hiérarchie née du village, très puissante, quoique sans caractère officiel, et dont quelques-uns des membres ont la préséance sur le maire.

Le *ong-ca* est un homme âgé qui s'est signalé par ses services ou qui a exercé les fonctions de maire. C'est « le vieillard de la dernière vieillesse ». Les villages qui possèdent plusieurs vénérables en sont fiers et se considèrent comme favorisés d'une manière spéciale. Ce respect, chez les Annamites, s'étend jusqu'aux arbres séculaires, dans lesquels ils voient un signe de prospérité. Le vénérable a le pas sur le maire dans les repas, à la pagode.

Après le *ong-ca* vient le *huong-thanh,* sorte de conseiller municipal qui donne son avis, se présente aux députations. C'est le lettré du village. Le *hong-hao* en est le banquier. Il avance de l'argent quand la récolte est mauvaise, et s'il a une fortune personnelle ou l'humeur généreuse, il n'est pas rare qu'il fasse remise à un pauvre de l'argent prêté. Le maître des rites enseigne aux enfants à saluer, à répondre, à demander. C'est par ses avis que tout se trouve en ordre quand un *phou* ou un *huyen* passe dans le village. — Le *ong-caï-dinh* est chargé de l'entretien des monuments publics et des pagodes. — Les *ap* sont des sortes d'huissiers qui n'ont pas le titre de *ong*. C'est parmi eux qu'on choisit cet homme noir qui marche à la tête de chaque dizaine de travailleurs. Ils fournissent aussi les licteurs. — Enfin il y a dans chaque préfecture un *ong-huong-diong*, gardien des forts, qui est un employé de création nouvelle, depuis la guerre avec les Français. Son rôle est important dans les révoltes.

Le maire juge les légères fautes, les délits; mais pour les fautes graves, pour les crimes, il fait conduire les accusés chez le grand justicier de la province. Il a pour faire exécuter ses ordres un certain nombre de satellites qui sont des licteurs; mais en réalité il a le village; presque jamais de soldats: on n'en voit point dans le règlement des affaires intérieures en Annam.

Les peines que le maire applique en rendant cette justice sommaire sont les châtiments corporels par le rotin. Le patient se couche sur le ventre, l'exécuteur doit frapper sur les fesses, qui sont mises à nu. Si des traces paraissaient sur les reins, le mandarin pourrait être puni, l'exécuteur rotiné à son tour. Souvent des lambeaux de chair volent en l'air. Ainsi ce peuple, à part la cruauté du châtiment, est puni de la même manière que les enfants : les vieillards, comme les plus jeunes gens, passent par les verges. Les tristes coryphées en France de ce triste système n'ont pas vu un homme âgé maintenu d'abord dans cette posture humiliante, se relever en tremblant convulsivement, le visage couvert de larmes. Mais que dire de ceux qui ont assisté à ce spectacle et qui préconisent l'excellence de ses effets, et faut-il croire que certains hommes éprouvent une volupté secrète à faire crier de la chair humaine ?

Le maire craint les coups de bâton. Quelquefois, c'est pourtant un titre d'honneur, un titre à la reconnaissance publique que d'avoir été fouetté. Un maire battu pour ses administrés parce qu'il a défendu leurs droits est choyé, entouré de l'estime de ses concitoyens. On lui en tient compte ; le village lui apporte des ligatures, et si l'on ne craignait de donner un air de plaisanterie à un sujet qui en est si peu digne, on dirait que le maire est alors battu et content.

Souvent c'est une affaire de forme : le chef de canton ou le maire commence par faire administrer une correction aux deux parties qui sont en procès ; ensuite on examine l'affaire. — Lorsqu'un suppliant présente un placet à l'empereur, il reçoit d'abord trente coups de rotin ; c'est une excuse envers la majesté du trône qu'il est censé avoir offensée ; ce qui n'empêche pas l'affaire de suivre son cours et d'avoir souvent une heureuse issue.

Mais ce n'est point assez que les fonctionnaires officiels puissent faire bâtonner le peuple; le vénérable peut également faire distribuer des coups de rotin. Le maire ne s'en occupe point: on aurait tort de se mêler de cette affaire, qui est de famille et d'intérieur. C'est surtout aux époques de l'impôt qu'il y a le plus de coups de bâton donnés et reçus en Cochinchine, parce que beaucoup de gens, tout en recevant des coups, ne payent pas, et qu'il est de leur intérêt d'être battus et de ne pas payer. Cependant il faut ajouter que les paysans annamites étaient loin d'être fouettés autant qu'on l'a dit. Ils vivaient sous un régime assez doux, comme dans une sorte de famille. Les mandarins n'étaient pas cruels, et leur autorité était débonnaire. Il y avait au milieu de ce système détestable comme un cours pacifique qui n'annonçait pas la condition d'un peuple foulé aux pieds.

Toute la vie annamite se manifeste et se concentre dans le village. C'est le refuge où les Annamites peuvent exercer un peu de liberté individuelle; c'est aussi l'institution qui leur permet de se grouper et de se rejoindre. « Voici le village qui arrive » est une expression qui s'emploie lorsque le plus pauvre paysan et sa femme se dirigent vers le prétoire.

L'institution du village a fait les paysans annamites plus habiles que des paysans d'Europe. Ils savent parler de leurs affaires; ils connaissent leurs droits, ils les exercent. Ils savent saluer, s'asseoir, supplier suivant les rites. Ils nomment le maire et les autres agents de l'administration communale. Leur domicile de feuilles de palmier nain est respectable, d'après la loi. Si les satellites d'un *phou* ou d'un *huyen* en franchissaient le seuil, les femmes les attaqueraient.

Mais aussitôt que le système du gouvernement annamite fonctionne, de toutes ces garanties, c'est à peine s'il reste l'ombre ; l'homme devient la partie insensible d'un tout ; il n'existe plus, à vrai dire. Ainsi conduits, les Annamites sont en bride sans paraître s'en douter et sans trop sentir le poids des rênes. Au moindre écart, le fouet les ramène, et sous une apparence de liberté, cette vie communale n'existe qu'autant que le maître le supporte. Le sens politique, l'esprit de satire, d'allégorie ou de parabole, unique ressource des peuples opprimés, est absent chez le peuple de l'Annam, sans doute parce que lui-même ne se trouve point opprimé. Toutes ces aspirations sont contenues par le respect mêlé de crainte qu'ils rendent à l'empereur et, dans un moindre degré, aux représentants de son autorité dans les provinces.

Les mesures qui furent adoptées dans les premiers mois de l'année 1861 procédaient toutes, ainsi qu'on l'a dit, d'une idée morale et juste: éloigner de vices nouveaux et conserver, s'il était possible, la règle qui maintenait les gens de l'Annam et en faisait un peuple docile. Malheureusement il faut bien convenir que les Occidentaux, avec leur tempérament et leurs idées préconçues, sont mal placés pour administrer des Orientaux. Le mélange en toutes choses de l'administratif semble avoir altéré chez nous le caractère national ; on dirait parfois que l'esprit de générosité pour les faibles et pour les vaincus s'est amoindri. Le tempérament était encore un obstacle: les Annamites, habitués aux figures tranquilles, mesurées de leurs mandarins, ne comprenaient rien le plus souvent à nos mouvements de colère, à nos impatiences, à nos éclats de voix, à ces jets de sang qui troublaient nos visages. L'ignorance de la langue compliquait tout et engendrait une foule de maux dont les nouveaux venus n'étaient pas entièrement responsables. Enfin, si l'on considère que dans la fiction ou la réalité du gouvernement annamite, l'empereur est un père et que ses sujets sont ses enfants, on s'expliquera que les châtiments corporels ne dégradent pas les Annamites à leurs propres yeux, puisque leur enfance prétendue leur enlève toute préoccupation de dignité personnelle Les Français ne pouvaient essayer de représenter ce maître patriarcal qui châtie ses enfants ; ils n'y songèrent même pas. Cependant ils conservèrent le mode de réprimer des anciens gouvernants, et ne prirent pas garde que, la base manquant, — la dévotion filiale, — le procédé n'était plus qu'une contrefaçon.

Lorsque vingt peuples différents furent conquis et réunis sous le même sceptre, au huitième siècle, chaque homme eut le droit d'être jugé suivant la loi qu'il voulait choisir. Il est supposable que, si les Annamites eussent pu jouir d'un semblable privilège, ils n'auraient pas choisi les dispositions du Code français, qu'ils auraient réclamé les arrêts de leurs anciens juges. Les peuples de l'Annam, avant l'arrivée des Français, étaient régis par des lois où la religion, l'hygiène, la politique et la morale sont commandées tour à tour et souvent confondues. La plupart d'entre elles sont justes, souvent ingénieuses, et point en désaccord avec la loi naturelle. L'ouvrage qui renferme tous les droits des Annamites a été composé sous l'empereur Gia-long après des guerres de conquête, comme il arrive le plus souvent. Le despotisme particulier à la Chine y domine; cependant il porte fortement l'empreinte des coutumes japonaises et surtout de cette sorte de bonhomie qui est particulière aux institutions annamites.

Par prudence, par profession de foi civilisatrice et chrétienne, il ne saurait nous convenir de dispenser la justice aux Annamites d'après leur livre conservé intact : pourrions-nous voir appliquer près de nous *la mort lente*, par exemple, et voir suivre l'échelle méthodique des supplices usités en Asie? Mais, tout en marquant la venue et la présence du conquérant, on pourra respecter les mœurs des indigènes. Enfin, si nous voulons atténuer les causes naturelles qui éloignent de nous les Annamites, il faut que le droit de justice sommaire dont étaient investis les mandarins soit enlevé ; que ces peuples acquièrent la conviction que nos écarts ne sont que sur nos visages et dans nos gestes, qu'il y a quelque chose au-dessus de nous, et que c'est une règle. Et si l'on voulait prétendre, oubliant que nous n'avons ni les qualités ni les défauts des mandarins annamites, que ce régime convient aux Asiatiques, qu'il leur est nécessaire, on répondrait que l'expérience est faite, et qu'elle ne nous a pas réussi. Même sous le régime qui émanait de la cour de Hué et qui les contenait, les Annamites, dans certains cas, arrivaient à un sentiment très vif de la dignité personnelle : on en pourrait citer qui ont bravé les tortures et souffert le martyre, sans doute par l'effet d'une foi sincère, mais aussi par le réveil de leur humeur nerveuse et entêtée. L'Annamite qui se sentait tout petit enfant devant les délégués de l'empereur, concevrait un ressentiment mortel et s'éloignerait si un étranger voulait le faire passer par les verges. Ceux qui considèrent les hommes de l'Asie comme une troupe insensible à toute beauté morale, sourde d'avance à tout généreux appel, ignorent sans doute que ces mêmes Asiatiques versent des larmes en entendant raconter l'histoire d'un savant docteur, fils de roi, d'un saint maître qui renonça à son épouse, à ses enfants, à la couronne, pour prêcher aux hommes la loi naturelle qu'ils avaient oubliée.

CHAPITRE X

ARGUMENT

Les Annamites nous proposent la paix et préparent la guerre. — Cependant le peuple passe sous le joug. — L'établissement des Français se développe avec suite et s'affermit. — Le vice-amiral Charner remet ses pouvoirs, le 30 novembre 1861.

Vingt jours après la victoire de Ki-hoa, le ministre des finances de l'empire d'Annam, ambassadeur de l'empereur de Hué et vice-roi des six provinces de la Basse-Cochinchine, fit parvenir à bord de l'*Impératrice-Eugénie* des propositions de paix. Le personnage qui servit d'intermédiaire pour ces premières ouvertures avait rempli un poste élevé dans l'administration de la province de Gia-dinh ; il était alors réduit à un rang inférieur parce que, suivant l'expression annamite, il avait trop *mangé le peuple*. Ces actes de rigueur ne sont pas rares de la part de la cour de Hué. Cependant comme dans ce pays la concussion ne déshonore pas, l'ancien préfet de la justice à Saïgon n'en était pas moins resté un homme en place. Il passait pour être très versé dans les littératures chinoise et tonquinoise, et les gens de Saïgon, qui le connaissaient tous, prétendaient qu'il était le principal rédacteur des pièces officielles qui s'échangeaient alors, et que son poste, inférieur en apparence, avait en réalité de l'importance. Cet agent arriva presque sans suite dans un canot du *Primauguet,* qui se trouvait alors mouillé au point où le Don-chaï revient sur lui-même au-dessus de Saïgon et forme une boucle dont les deux branches comprennent entre elles la route de Bien-hoa. Le message annamite était rempli de ces phrases générales qui abondent dans les pièces chinoises : toutes avaient trait aux calamités que le fléau de la guerre entraîne. Du reste, l'ambassadeur de Hué n'acceptait, dans cette première dépêche, aucune des clauses que les Français proposaient pour rétablir l'harmonie entre les deux empires : « Tous les avantages étaient pour la France ; il n'y en avait aucun pour l'empire d'Annam. »

Le plénipotentiaire français répondit (le 26 avril 1861) « que, si la paix était signée, le commerce extérieur des Annamites, alors détruit par les croiseurs, reprendrait librement son cours ; que par le fait de l'établissement des Français à Saïgon et à My-thô, la prospérité de la Basse-Cochinchine se développerait même au delà de ce qu'elle était avant la guerre, — qu'enfin la France, au lieu de créer des difficultés au gouvernement de Hué, pourrait, dans bien des circonstances, lui prêter son appui. En transmettant ces réflexions à la sagesse du Nguyen, il dit qu'il serait heureux de recevoir une réponse qui fît entrevoir quelque possibilité de conciliation. »

Le vice-amiral, en parlant de la ruine imposée par les croiseurs, faisait connaître en même temps la mesure qu'il venait de prendre, à l'ambassadeur annamite. Un arrêté, en date du 23 avril, interdit l'accès des riz dans le nord de l'empire. Les effets de cette mesure montrèrent toute l'importance de la conquête de My-thô. Le riz a toujours été la principale affaire des souverains annamites.

Cette nouvelle consterna les Annamites. Même après la prise de My-thô, ils avaient continué d'espérer que les rigueurs de la guerre ne les atteindraient pas dans un approvisionnement qui, pour eux, est la première condition de la vie. L'ambassadeur de l'empereur Tuduc se récria sur tant de dureté, sur les faits accomplis, sur l'inflexibilité des conditions qui lui étaient transmises, enfin sur cette nouvelle calamité (3 mai 1861). « Depuis trois ans que vous nous faites la guerre, rien dans ce malheureux empire n'a échappé aux coups que vous nous avez portés. Nos magasins ont été incendiés, nos forteresses prises et démantelées, nos bâtiments de guerre brûlés, notre commerce ruiné; nos jonques chargées d'étoffes précieuses ont été coulées, nos soldats tués, nos maisons détruites. Vous nous demandez de l'argent; nous sommes devenus pauvres. Est-ce donc un spectacle agréable au Maître du ciel que celui de tant de calamités dont vous êtes cause?

Maintenant vous arrêtez les riz ; nos peuples mourront donc de faim. » Et à la fin, non sans fierté : « Puisque c'est la dernière ressource que Votre Excellence nous laisse, eh bien ! nous trouverons encore des armes et nous vous combattrons. »

Le vice-amiral répondit (7 mai 1861) « qu'il ferait ses efforts pour repousser les armes par les armes ».

Cependant l'échange de ces deux pièces ne rompit pas les négociations. Elles continuèrent pendant les mois de mai, de juin et de juillet jusqu'au 4 août, jour où elles furent rompues brusquement. La lettre suivante, que le vice-amiral commandant en chef les forces françaises adressa, le 7 juin, à l'ambassadeur de l'empereur d'Annam, indique d'une manière complète les bases offertes pour établir la paix, et le refus de l'Annamite.

« J'aurais répondu moins tardivement à la lettre que Votre Excellence m'a fait l'honneur de m'adresser, si je n'avais été persuadé que dans ma précédente correspondance, j'ai fait connaître d'une manière détaillée les bases d'après lesquelles nous pourrions conclure une paix durable.

« Toutefois, dans la crainte d'avoir commis quelque oubli, je vais récapituler les conditions d'après lesquelles je dois traiter :

« 1° Libre exercice du culte chrétien ;

« 2° Cession de Saïgon et de sa province ;

« 3° Cession de My-thô et du territoire qui l'entoure ;

« 4° Cession de Fou-yen-mot, dans la province de Bien-hoa ;

« 5° Libre navigation des cours d'eau de l'Ouest ;

« 6° Libre circulation des Européens dans l'intérieur de l'empire, à la condition pour eux de se soumettre aux lois du pays ;

« 7° Remise entre les mains du consul du port le plus voisin, des Européens prévenus d'infractions aux lois ;

« 8° Droit de représentation réciproque des deux souverains de France et de Cochinchine à la cour l'un de l'autre ;

« 9° Établissement de consulats et liberté donnée au commerce européen dans les ports principaux ;

« 10° Amnistie pour tous les faits relatifs à la guerre ;

« 11° Indemnité de quatre millions de piastres ;

« 12° Admission de l'ambassadeur espagnol à prendre part au traité à intervenir.

« Jusqu'à présent, Votre Excellence, ne tenant aucun compte des faits accomplis, n'a approuvé que deux clauses, le libre exercice du culte chrétien et l'admission de l'ambassadeur espagnol à prendre part au traité.

« Votre Excellence s'est plainte constamment de l'exagération de mes demandes, mais tout en m'assurant de son vif désir de la paix, elle a jusqu'à présent évité de formuler d'une manière précise les concessions qu'elle consentirait à nous faire.

« Votre Excellence a plusieurs fois fait remarquer qu'en retour des avantages que nous réclamions, nous n'avions aucune compensation à lui présenter, et que la cession de la province de Saïgon équivalait à celle de toutes les provinces de l'Ouest de la Basse-Cochinchine.

« J'aurai l'honneur de répondre encore que la paix permettra à l'empire d'Annam de faire sûrement et avantageusement le commerce ; de cesser d'être sous le coup de nouvelles attaques de notre part ; de pouvoir communiquer avec les provinces de l'Ouest, qui sont exposées dans ce moment à échapper à sa domination.

« Si la guerre, au contraire, se prolonge, la situation de l'empire ne peut manquer de s'aggraver. Votre Excellence, sans nul doute, a dû déjà remarquer cette tendance. »

Pendant que le mot de paix s'échangeait, tous les efforts du commandant français se tournaient vers l'apaisement et l'organisation du territoire conquis. — Les prisonniers de guerre furent renvoyés dans leurs villages et se firent inscrire. Ceux qui livrèrent les armes qu'ils avaient enterrées dans les provinces reçurent des primes. Le commandant en chef essaya de détourner les populations des idées de guerre, maintint la promesse qu'il leur avait faite pendant qu'il tenait la campagne, et les dégreva d'une année d'impôt. Il accueillit avec bonté les habitants qui vinrent réclamer leurs maisons, avouant qu'ils les avaient abandonnées dans un premier moment de terreur. Il fit recenser les terrains et les maisons, indiqua un délai, assit la propriété et demanda au gouvernement français l'autorisation de vendre. Il s'attacha à conserver les divisions territoriales dans la province de My-thô comme elles avaient été conservées dans la province de Saïgon, et il éloigna ainsi tout ce qui pouvait augmenter le trouble inséparable d'une commotion si violente.

Les buffles ne purent être abattus, ce qui priva le corps expéditionnaire de quelques repas de viande fraîche, mais ce qui sauva l'agriculture. Le riz qui échappa à l'incendie des magasins de My-thô fut donné aux sauveteurs; l'on écarta ainsi l'application rigoureuse du Code maritime sur les bris et naufrages, et cette mesure ne fut pas sans exercer une bonne influence sur des populations soumises depuis si peu de temps à notre domination. La monnaie de zinc fut emmagasinée et défendue contre les entreprises des agioteurs qui, par deux simples voyages de Saïgon à My-thô et de My-thô à Saïgon, réalisaient les bénéfices de l'usure au denier deux.

Les frontières méridionales étaient gardées par quelques détachements et par une escadrille de bâtiments légers qui comprenait le *Prégent*, le *Sham-Rock*, la canonnière n° 27, la canonnière n° 22 et la péniche espagnole la *Soledad*, armée par des marins français. Cette escadrille, commandée par le capitaine de vaisseau Desvaux, explorait les cours d'eau et faisait la guerre aux bateaux pirates qui osaient se montrer. Le *Sham-Rock* et deux canonnières en fer avaient remonté (27 mai, 13 juin) le bras sud-ouest du Cambodge, sur un parcours de quarante lieues, jusqu'à la ville de Chau-doc, qui marque l'embouchure du canal de Can-cao. Ce canal, étroit, embarrassé d'herbes, n'avait que quatre à cinq pieds de profondeur, et les jonques mettaient quatre jours pour se rendre du point où il déverse ses eaux dans le Cambodge jusqu'au port de Hatien : cette navigation, inquiétée par les maraudeurs cambodgiens, était alors peu active.

Le blocus du Cambodge avait été signifié, ainsi qu'on l'a dit, le 23 avril 1861, et le commerce, détourné de My-thô, affluait à Saïgon. Nos frontières étaient dominées militairement et assurées ; la colonie, maîtresse des cours d'eau, semblait sur le point de développer en paix toutes les richesses qu'elle renfermait, et l'idée s'était accréditée de plus en plus que les Annamites sont indifférents en matière d'indépendance nationale. Mais quand le riz fut *piqué*, les choses prirent une autre tournure.

Les événements ont donné à penser que, dans l'ignorance où ils étaient d'une demande de cession de territoire, les Annamites étaient sincères dans leurs premières propositions de paix. Mais il paraît certain qu'à partir du mois de mai, leurs offres ne furent plus qu'un leurre pour gagner du temps, pendant qu'ils essayeraient de nous lasser par des guérillas aquatiques.

Les actes de piraterie et de brigandage précédèrent les actes d'insurrection : bientôt les circonstances se prêtèrent de moins en moins à la recherche des meilleurs procédés qui pouvaient rallier à la domination française les populations annamites. Le moment n'était pas éloigné où le brigandage et la piraterie ne seraient plus nos seules causes d'embarras et où la résistance prendrait, sur certains points, le caractère de la révolte armée.

Ce fut le 22 juin 1861, à Go-cung, que les Annamites prirent une attitude franchement offensive.

Co-cung est un chef-lieu de préfecture situé au centre du quadrilatère oriental, entre le Cambodge, la mer de Chine, l'arroyo de la Poste et le cours du Vaï-co. C'est une sorte de terre sainte pour les Annamites. Le grand-père maternel de l'empereur Tu-Duc, le Quan-quê, est né à Go-cung, et il y a dans cette petite préfecture plus de trente familles alliées à l'empereur d'Annam. La pagode de ses ancêtres y est entourée d'un culte particulier.

Autour de Go-cung s'étend une plaine fertile, la plus féconde de la Basse-Cochinchine, et l'on dit communément dans le pays que si un grain de riz semé à Bien-hoa rend dix grains, à Go-cung il en rend quatre-vingt-dix. Du côté de la mer, dans le nord-est et le sud-est de la préfecture, on ne voit qu'une succession non interrompue de petits villages : les uns sont des fermes militaires, les autres des villages ordinaires qui ne vivent pas toujours entre eux dans une parfaite intelligence. La disposition en parcelles a entraîné dans cette partie de la Cochinchine un morcellement considérable : les hameaux de dix feux ne sont pas rares. A droite de Go-cung, en regardant le Cambodge, coule un arroyo qui se déverse dans ce fleuve et dans le Vaïco : c'est le Rach-la. Une lorcha, l'*Amphitrite,* avait été conduite dans ce cours d'eau et avait pris position à trois lieues de la préfecture, en face d'un gros village qu'on appelle Tan-hoa. L'autorité du préfet était en outre appuyée par un peloton de 25 marins-fusiliers commandé par un aspirant. La préfecture ressemblait à toutes les préfectures annamites; elle avait une grande place qui servait de marché, des rues assez étroites qui aboutissaient du marché à la plaine; une pagode que la nécessité du moment avait transformée en abri fortifié.

Ce fut au commencement du mois de juin 1861, dans le même temps que le plénipotentiaire de l'empereur de Hué écrivait au quartier général français une quatrième dépêche, qu'un Annamite entreprenant, énergique et brave, appelé Dinh, se présenta devant l'ambassadeur, à Bien-hoa, et se fit fort de révolutionner le pays. Il fut fait vin-teut[1] (fils de mandarin), reçut un sceau qui attestait son titre et eut qualité pour nommer des chefs de partisans. Le père de cet émissaire était un des grands personnages de l'empire; il s'appelait Thieyve-sam et résidait à la cour, où il occupait un rang qui équivaut à celui d'un général de division dans nos pays. Les principaux agents de Dinh furent deux capitaines qui s'étaient rendus à Bien-hoa dès le mois de mars, et dont les femmes habitaient Go-cung. L'insurrection fut promptement organisée, et en quelques jours, le vin-teut réunit 600 hommes armés. Cette troupe comprenait 200 colons militaires, de ceux qu'on appelle Don-dien[2], 200 soldats réguliers, débris d'un régiment qui nous avait combattus à Ki-hoa, et 200 miliciens provinciaux recrutés parmi les parents de l'empereur et leurs amis.

Quelques espions avaient prévenu les Français qu'ils seraient attaqués prochainement. La petite troupe qui

---

1. Ce titre donne à celui qui en est revêtu des privilèges particuliers. Le vin-teut reçoit une pension et peut devenir mandarin sans passer par les concours.

2. Ces colons se composaient de pauvres et de gens errants qui abondent dans cette partie de l'empire, surtout depuis les guerres de rébellion, en 1835. Ils étaient secourus, pendant les premiers mois de leur établissement, par l'empereur, ne possédaient jamais la terre, en étaient les usufruitiers, s'exerçaient aux armes hors le temps des semailles et marchaient quand la guerre était déclarée. Leurs chefs étaient des hommes distingués par leur bravoure ou leurs qualités d'administrateurs. Les Don-dien composaient, dans les six provinces, vingt-quatre régiments, et leur nombre s'élevait à dix mille hommes armés qui, au premier appel, pouvaient devenir une force compacte. Voyez la note VII.

montait, officiers et marins, à 27 hommes, avait veillé pendant toute la nuit du 21 au 22 juin. Le bruit du gong et du tam-tam fut le prélude de l'attaque. Le préfet, qui était un enseigne appelé Vial, prit immédiatement ses dispositions. Il posta quelques hommes à la porte principale de la pagode, leur ordonna de tenir là jusqu'au bout; puis il se dirigea vers la plaine, avec le reste de sa troupe pour reconnaître l'ennemi. En débouchant des rues, il vit les Annamites qui s'avançaient vers lui, en trois groupes de 200 hommes environ. Ils marchaient avec intrépidité : il en faut pour s'avancer en plaine avec une arme de main contre une carabine à tige. Le Dinh commandait les levées provinciales. Les coups des Français portaient bien; la distance n'était plus très grande. Dans ce moment, on vint avertir l'enseigne qu'il était tourné. Il laissa deux hommes à l'entrée d'une des rues, et se précipita avec les autres sur la place. Il y arriva au moment où l'ennemi paraissait. Les premiers Annamites qui se montrèrent furent tous tués et obstruèrent le passage; mais ils furent aussitôt remplacés par d'autres. Ils étaient là, quelques-uns contre le mur, avec leurs lances, qui se faisaient abattre comme une cible humaine. Les Français tiraient lentement. Bientôt, ils s'avancèrent, déchargèrent leurs armes et se mêlèrent avec les Annamites. Alors un marin-fusilier, de ceux qui avaient été postés dans la pagode, voyant que les siens s'étaient engagés corps à corps, dit qu'il allait les aider et sortit. Il parut sur la place et n'eut que le temps de s'élancer: l'enseigne faisait tête à un gros d'ennemis et allait être atteint par le côté; le marin le couvrit de son corps, reçut le coup et fut tué raide. Il n'avait même pas eu le temps de décharger sa carabine: son cadavre, en tombant, fut percé de plusieurs coups de lance dans le dos. L'enseigne, qui venait d'être découvert pendant quelques secondes, eut la cuisse traversée, et presque dans le même temps fut percé au bras, au pied et brûlé à l'œil par une de ces fusées que les Annamites mettent au bout de leurs lances et qu'ils employèrent dans cette matinée.

Cependant les trois colonnes ennemies avaient perdu leurs chefs, presque tous abattus des premiers par les carabines à tige : ne se sentant plus soutenues, elles commencèrent à faiblir, puis battirent en retraite. Alors l'enseigne monta sur la lorcha, et voyant les bandes qui s'éloignaient dans la plaine, il leur fit envoyer quelques boulets qui probablement ne les atteignirent pas, car elles marchaient sur un seul rang, mais qui précipitèrent leur mouvement. On crut d'abord que l'attaque recommencerait dans la journée; mais ni miliciens, ni réguliers, ni Don-Dien ne reparurent en armes et en troupes. Un homme tué, un blessé, rapportèrent plus de résultats pour notre influence dans cette partie du monde, que les centaines de morts dans le cours d'une grande guerre. Un certain nombre de colons militaires se présentèrent, demandant à être inscrits sur les catalogues du village, et disant qu'ils ne voulaient plus être Don-dien. On accorda cette inscription à presque tous ceux qui la réclamèrent.

La plupart des chefs restèrent étendus sur la place. L'un d'eux fut pris pour ce Dinh qui avait préparé et conduit la révolte; mais ce chef ne fut pas atteint; il fut nommé *quan* par l'empereur et continua de lutter, avec une fortune diverse, contre l'autorité française dans le quadrilatère oriental. Un autre vivait encore; quoique vaincu, blessé et sans espérance de quartier, il garda un visage tranquille et fut au-dessus de son adversité. Sa conduite, l'état où il se trouvait, jusqu'au lieu où il gisait, montraient assez qu'il était un soldat prisonnier : ceux qui l'ont vu rapportent qu'il se montra sensible à la décision qui fut prise de le fusiller au lieu de le pendre. Il mourut comme étaient morts ces Indiens dont l'histoire n'a pas dédaigné de tracer l'attitude : restes misérables, mais non sans grandeur, d'une nationalité qui se débat et qui expire.

Le lendemain de l'affaire de Go-cung, la corvette le *Duchayla* vint mouiller dans le Vaï-co, à l'embouchure du Rach-la, et la guerre de répression commença. Les troubles ne devaient pas se renouveler avant un assez long terme dans le quadrilatère oriental; ils semblèrent prendre pour lieu d'élection le quadrilatère occidental, celui qui est marqué sur les cartes comme occupé militairement par nos armes. Les embarcations du *Duchayla,* de la *Mitraille,* de la *Dragonne,* parcoururent successivement l'arroyo de la Poste. Ce cours d'eau qui avait transporté les moyens d'action du corps expéditionnaire de My-thô, fut le théâtre d'une guerre bien différente.

Les Annamites ne déployèrent pas dans les moyens qu'ils nous opposèrent beaucoup de génie inventif. L'art infini qu'ils avaient mis en œuvre dans leurs défenses accessoires donnait à supposer que nous leur enseignerions à nous faire la guerre en la leur faisant. Il leur manqua un homme de leur race qui sût les initier : car c'est un fait remarquable que les corps européens n'eurent presque jamais de déserteurs en Cochinchine. Les canonnières en fer qui pénétraient audacieusement jusqu'au fond du Rach-gam, du Caï-baï, ne furent jamais inquiétées sur leurs derrières. La disposition des lieux et la fragilité des organes de ces petits navires, montraient cependant aux Annamites ce qu'ils avaient à faire. Il leur eût suffi d'abattre des arbres en travers sur le chemin que les canonnières en fer avaient parcouru pour leur causer les plus graves embarras. Mais ils barrèrent fortement leurs cours d'eau en avant, jamais en arrière. Les marins-fusiliers, quelques compagnies du 101e de ligne et de l'infanterie de marine, des détachements espagnols, furent employés à ce service, que la saison d'hivernage, plus encore que le feu des Annamites, rendit pénible, quelquefois meurtrier.

L'ennemi paraissait avoir adopté une ligne de conduite nouvelle : il se dérobait sans cesse. Sur ces mêmes bords du Rach-run-ngu où il avait opposé une résistance si énergique, ne cédant que pas à pas le chemin de My-thô, il était devenu insaisissable et ne livrait que quelques misérables chefs de bande. La principale tactique des Annamites consistait à contrarier nos essais d'administration : l'influence des mandarins luttait contre l'autorité des préfets français. Les anciens *phou* et les anciens *huyen* passaient, la nuit, dans les villages des préfectures qu'ils avaient administrées. Ils menaçaient et à la fois promettaient. Une langue commune, le souvenir des services rendus et tout ce faisceau d'intérêts que serraient fortement entre eux la crainte et la dépendance filiale, établissaient une influence rivale de celle que nous cherchions à fonder. Il n'y avait point alors un Annamite qui ne considérât les soldats indigènes et les maires qui nous avaient donné des gages, comme des fils parricides. Enfin, le peuple considérait notre présence comme passagère. Ils avaient entendu dire que nous avions un pays riche et prospère, et ils pensaient qu'un jour nous y retournerions. Lorsqu'on interrogeait quelque Annamite, de ceux qui ne se courbaient pas servilement devant nous, il répondait : « Nous ne pouvons déserter toute une « province; s'il ne s'agissait que d'un village, nous « partirions. On attend. C'est la volonté du ciel. » Mais parmi les arguments que les émissaires de Hué répandaient, le principal était celui-ci, qui n'était pas seulement d'origine annamite : « Une nation puissante nous

« ferait la guerre, et nos embarras nous obligeraient
« de quitter la Basse-Cochinchine. » Le souvenir de
l'évacuation de Touranne était au fond de toutes ces
espérances.

Dans des conditions semblables, l'occupation seule
des places de Saïgon et de My-thô eût été sans rayonnement dans le pays, et du moment qu'il fut connu
que les maires annamites dont nous avions surveillé
l'installation, recevaient une lettre où les agents de Hué
leur signifiaient qu'ils auraient à les servir ou à mourir,
il fallut, sous peine de n'exercer qu'une autorité
nominale, se montrer au centre et aux extrémités du
territoire, et marquer ainsi l'intention où nous étions
de posséder effectivement le pays. Cette nécessité conduisit à l'installation des postes : il y en eut d'abord
cinq ; mais dans la suite, ce nombre fut porté à sept.

Il est certain qu'en principe toute division de forces
est fâcheuse. Mais il n'y a si bonne règle qui ne souffre
exception, et il fallait trouver ici un moyen terme entre
l'extrême division et la concentration complète qui
eût frappé nos efforts de stérilité. Lorsque les guerres
de conquête se transforment, après quelque grand coup
qui a ruiné l'appareil militaire de l'ennemi, en une
sorte de guerre permanente où chaque habitant devient
un combattant isolé, il semble que le plus sûr moyen
de dominer soit de placer auprès de chaque vaincu un
soldat qui le surveille. C'est ce que firent, dans ces
mêmes parties du monde, les Tartares, lorsqu'ils en-

vahirent la Chine, vers le milieu du quatorzième siècle. Chaque Chinois reçut dans sa maison un soldat; mais l'extrême division de ces Mongols fit leur faiblesse et dans une nuit tous les vainqueurs furent exterminés. Notre caractère nous interdisait, non moins que notre petit nombre, un pareil moyen d'assurer la conquête on prit un tempérament et un moyen terme, et on établit des postes.

L'attaque de Go-cung par une bande armée et bien conduite avait surpris presque tout le monde. On croyait les Annamites encore plongés dans la stupeur et la foule servile, peureuse, rebut de l'empire, qui passait en tremblant devant les Français à Saïgon n'était pas faite pour annoncer un acte de résistance. Mais il avait fallu se rendre à l'évidence. Un sentiment d'indépendance nationale existait chez ces populations annamites, qu'on avait représentées et qu'on représentait encore comme indifférentes à tous les maîtres prêtes à accepter celui qui leur permettrait de cultiver la terre et de lier leur riz. On avait tant de fois répété ces erreurs, que dans le commencement, tout acte d'insurrection fut pris pour un acte de piraterie et de brigandage. Cette disposition paraît commune à des époques différentes, et si l'on en croyait le conquérant romain, il n'aurait eu contre lui dans les Gaules que des hommes marqués par la justice du temps.

La Basse-Cochinchine a toujours été infestée de voleurs; jamais le nombre ne s'en accrut davantage que deux mois après les journées de Ki-hoa et de My-thô : beaucoup de soldats débandés se firent brigands ; c'était à peu près la seule ressource qui leur restait. Mais vers le mois de juin, et pendant les deux mois qui suivirent, les Don-dien, les réguliers et les miliciens se rallièrent sous le commandement des anciens chefs militaires. L'ignorance de la langue, le faux témoignage, la nécessité de se défendre, l'imitation des coutumes anglaises et un fond de férocité qui se réveille chez certains hommes et qui rappelle cette humeur de destruction qui poussait les Espagnols à faire disparaître les Indiens : telles furent les principales causes qui empêchèrent de distinguer entre les Annamites qui nous résistaient. Combien de ces brigands n'étaient que des soldats mal armés !

C'est une dure extrémité que d'avoir vingt délégués investis du droit de faire don de la vie, et si honnête et si ferme que soit l'autorité d'un chef, elle est impuissante à réformer l'infirmité des caractères. Dans cette guerre de répression qui eut pour théâtre les deux quadrilatères, les ordres donnés furent terribles : ils ne furent jamais impitoyables. « Vous empêcherez de maltraiter le peuple inoffensif. » (Instructions adressées aux commandants des colonnes mobiles.)

Il n'y a point de spectacle plus triste, plus monotone, plus fatigant, que celui des courses des Français par terre et par eau, pendant les six mois de cet hivernage. Ces expéditions ne sont pas intéressantes : l'un des deux adversaires est continuellement en vue, l'autre se dissimule, et la structure particulière d'un pays coupé de cours d'eau réduit les opérations aux simples proportions d'une police fluviale. On chercherait inutilement dans les dispositions qui furent prises du côté de l'arroyo de la Poste et du Rach-kison, un mouvement qui ressemble à une opération de guerre : des pointes en avant qui n'aboutissent pas, des barques arrêtées, et l'apprentissage du mépris de la vie humaine : c'est tout. A la persistance avec laquelle se dérobait l'ennemi, il semblait que nos coups ne frappaient que le vide, et dans cette partie qui se jouait à deux, l'un des adversaires paraissait seul en action. On connaît cependant les forces qui alimentaient l'insurrection, les noms de quelques-uns des chefs qui l'organisaient et la guidaient, et c'est sans doute le lieu de placer ce qu'on a pu apprendre sur l'empereur annamite et sur sa famille, qui étaient l'âme de toute cette résistance[1].

L'empereur Tu-duc est d'une taille un peu plus élevée que la taille ordinaire des Annamites. Il est légèrement voûté. Ses épaules tombent, suivant l'expression que les gens du pays emploient lorsqu'ils parlent de ceux que le plaisir a fatigués avant l'âge[2].

---

[1]. Ces renseignements ont été recueillis de la bouche d'un Annamite qui connaît bien la cour de Hué, le fils de l'assesseur de gauche (ta-lam-tri), du ministre Try-phy-hien.

[2]. On dit au contraire, en parlant des fumeurs d'opium, que leurs épaules montent. « Il a déjà les épaules à hauteur des oreilles » ; expression chinoise.

Son teint est pâle et uni : son regard tranquille, d'une expression égale, n'est pas agité par cette inquiétude féline qui trouble le regard des Annamites. Il porte d'ailleurs tous les caractères de sa race, et les Français qui ont vu des mandarins annamites d'un rang élevé, peuvent se faire une idée des gestes, de l'air, du visage de l'empereur Tu-duc. Ses dents sont laquées ; ses cheveux sont réunis en un chignon que retient une aiguille d'or passée en travers. On l'a représenté, on le représente encore comme une sorte de brute féroce et sanguinaire : car c'est une méthode que les petits esprits emploient et que les complaisants imitent, que celle d'amoindrir un ennemi. Mais chez le peuple de l'Annam, il ne passe pas pour un prince dur et inhumain. Il paraît, au contraire, qu'un caractère doux et conciliant attira sur lui de bonne heure l'attention de son père, l'empereur Treui-trï, et l'engagea à écarter un fils aîné qui ne s'était fait connaître jusque-là que par des actes de colère et d'autorité. L'Annamite qui a vécu à la cour de Hué et qui a fourni ces détails, les racontait en latin, qui, à cette époque, était la langue commune, et il caractérisait ainsi l'opinion des Annamites sur leur empereur : *perspicax et tenax*, clairvoyant et opiniâtre.

L'empereur Tu-duc est né en 1830. A son avènement au trône, sa mère lui a donné une année, le sénat une autre, le peuple une troisième : de sorte que ce prince, qui, en Europe, aurait eu trente et un ans en 1861, avait trente-quatre ans dans l'Annam. Il occupe le trône par suite d'un tour de passe-passe dont le récit semble avoir été emprunté aux révolutions de palais de la Russie ou de la Turquie.

Quand l'empereur Treui-trï, se sentant à l'extrémité, comprit qu'il allait cesser de vivre, il prit toutes les mesures qui purent assurer la couronne sur la tête de son fils cadet. Son médecin écarta le prince aîné, Hoang-bao, toutes les fois qu'il voulut entrer dans la chambre de l'empereur, — l'assurant que son père allait mieux, qu'il allait se lever. C'est pendant ces pourparlers, qui avaient lieu dans une chambre voisine, que le testament fut dicté. Dès que l'empereur fut mort, les grands s'étant assemblés, présentèrent son dernier acte écrit aux deux frères, devant leur famille réunie. L'aîné fut tellement saisi qu'il s'agenouilla et toucha la terre de son front avec un grand trouble qui attestait la ruine de ses espérances. Cependant, quand l'empereur Tu-duc fut assis sur le trône, son frère conspira, mais sans succès. Les menées du prince dépossédé furent découvertes et déjouées, et lui-même fut enfermé dans un palais à Hué. Il s'y trouvait depuis six ans, quand l'ambassadeur du roi de Siam fut arrêté sur les confins du Cambodge et de la Cochinchine, à Tay-ninh, porteur des insignes de la royauté pour le fils aîné de Treui-trï. Alors ce prince, d'après la narration annamite, fit réflexion que s'il avait échoué, c'était que le ciel ne voulait pas qu'il régnât, et il se pendit. Il paraît plus probable qu'il fut pendu. Son fils, trois jours après, finit de la même manière. Il restait de cette race malheureuse un petit-fils et sa mère : tous les deux s'échappèrent sur une jonque. Depuis ce temps, on ne sait plus au juste ce qu'ils sont devenus. Les Annamites prétendaient, en 1861, qu'ils vivaient cachés dans la Basse-Cochinchine.

L'empereur Tu-duc n'était pas appelé à jouir tranquillement de cet héritage que son père lui avait préparé. D'abord il lutta contre des tentatives de guerre intestine, plus tard contre la guerre étrangère. Le voisinage des Indes anglaises lui donne le vertige, et tout cède, dans son esprit, devant la crainte que la cession d'une province ne soit le commencement de la disparition de son empire. Il est constant qu'au mois de juillet 1861, lorsque l'interdiction du riz sur les côtes de Cochinchine commença à faire sentir ses effets, quarante des principaux personnages de l'empire, de ceux que nous affublons d'un mot du *sabir* portugais et que nous appelons mandarins, représentèrent à l'empereur les calamités qui allaient éprouver le peuple, et lui conseillèrent de traiter avec les Français. Tu-duc leur reprocha leur faiblesse, leur dit « qu'ils devaient s'attendre à lutter, non à traiter ; que plutôt que de céder, il se retirerait dans les montagnes, chez les Moys et les Kiams ». Il a traité cependant.

Le prince qui finit misérablement à Hué et l'empereur actuel des Annamites sont nés de lits différents, et ont par conséquent chacun un grand-père maternel.

Celui de l'empereur Tu-duc s'appelle Truong-dang-quê. Il est né à Go-cung, entre le Cambodge et la mer de Chine. Le Quê a soixante-quatorze ans : c'est l'ennemi implacable de toute influence européenne. Lui-même a présenté à la signature impériale, en 1833, l'édit de persécution contre les chrétiens.

Le grand-père maternel du prince qui fut étranglé à Hué s'appelle Tri-phuong. Il a soixante-cinq ans. C'est un ancien scribe qui est parvenu aux honneurs sans avoir jamais passé par les concours. Cet Annamite est cité comme un homme d'une rare intelligence, d'un esprit tenace, inventif, fécond en ressources. Il est le fondateur de ces fermes militaires de Don-dien qui jouèrent un rôle actif dans la rébellion de Go-cung ; colonies si admirablement appropriées aux lois, au génie des Annamite, et à l'état particulier de la Basse-Cochinchine. On a prétendu que le Nguyen Try-phuong avait organisé ces colons militairement dans l'intention de les tourner plus tard contre l'empereur Tu-duc, après s'être assuré le concours du roi de Siam. Mais il est certain qu'à partir des événements de 1858, Truong-dang-quê et Try-phuong s'entendirent dans une action commune contre l'invasion française. Leur position dans l'empire, leur âge, qui est une cause de grande influence dans ces pays, l'autorité qu'ils avaient exercée dans ces mêmes provinces, lorsqu'ils y avaient tracé et élevé des camps retranchés et des forteresses, mais surtout leur caractère et leur énergie, animèrent la rebellion partout où ils se montrèrent, comme si l'empereur en personne eût parcouru les provinces de Gia-dinh et de My-thô.

Sous les ordres de ces deux hommes, l'insurrection fut organisée et conduite par des chefs pris parmi les anciens maires et les débris de l'administration annamite; quelquefois même parmi des jeunes gens sans grade dans l'armée, mais riches et exaltés. On connaît le nom de quelques-uns de ces chefs de bande.

Le Quan-dinh était un des plus énergiques. Il passa pour mort après avoir été repoussé de Go-cung, lutta, mais sans succès, pendant le reste de l'hivernage et dévasta les deux quadrilatères après la prise de Bien-hoa.

Le Phou-cop ou Phou-coa est fameux. Il était préfet d'un cercle qui touche l'arroyo Commercial. Ce fut le principal meneur du quadrilatère occupé militairement par nos armes, et ses bandes osèrent quelquefois paraître sur les flancs de My-thô. Elles furent traquées et dispersées à Mi-cui. Son nom signifie le mandarin-tigre. Il lui a été donné par ses administrés à cause de sa férocité.

Le Quan-tou est un colonel de Don-dien renommé par sa bravoure. Il commandait un régiment de ces colons militaires à Ki-hoa. Plus tard il reparut à My-thô et dans les forts avancés qui défendaient cette place. Il commandait le fort d'où partit le coup qui tua le capitaine de frégate Bourdais. Obligé de battre en retraite avec le reste de sa troupe, toujours composée de Don-dien, il passa dans le quadrilatère occidental, fut traqué à Kui-duc par le *Sham-Rock,* eut sa maison brûlée, ses biens dévastés, et se réfugia de l'autre côté du Cambodge, dans les provinces méridionales.

Le Quan-suan est renommé pour sa bonne administration. Il se trouvait à l'ouest de l'arroyo Commercial pendant l'hivernage et fit peu d'incursions sur notre territoire. Son nom veut dire le printemps. Les Annamites ont quelquefois de ces noms qui leur viennent du Tonquin et qui expriment des idées qui leur sont étrangères.

Les troupes que ces chefs faisaient marcher, se composaient de soldats réguliers qui s'étaient ralliés, de Don-dien et de milices provinciales. Dans quelques circonstances, à Go-cung principalement, sur les bords du Run-ngu et à Mi-cui, les réguliers, les Don-dien et les miliciens marchèrent ensemble. Du reste, la résistance que les Annamites opposèrent aux Français naquit et se manifesta différemment, suivant les lieux, dans l'est ou dans l'ouest de l'arroyo de la Poste. Dans le quadrilatère oriental, qui se trouvait enclavé au milieu du territoire français, les cas de révolte furent presque spontanés. Quelques chefs entreprenants bataillèrent à l'aventure, et l'insurrection sembla surgir du sol. Dans le quadrilatère occidental, les Annamites reçurent l'impulsion des villages qui n'étaient pas soumis à notre domination et qui se trouvaient sur la lisière de l'arroyo Commercial. Les provinces méridionales leur envoyèrent de la poudre, des fusils, des canons, du riz même ; Bien-hoa leur adressa des édits, des brevets et des sceaux, tous encouragements que le mandarin, vice-roi des six provinces, pouvait fournir, établi dans une masure aussi bien que dans une forteresse. La ténacité des Annamites montra la vitalité des provinces de Ha-tien, de Vinh-luong et de An-gian. Elle prouva qu'un territoire composé des trois provinces septentrionales de la Basse-Cochinchine serait dans de mauvaises conditions pour être pacifié tant qu'il aurait en face de lui les trois provinces du Midi. « Si j'avais mille hommes de plus, je prendrais ces trois provinces ; mais aurais-je assez de monde pour les garder ? Je dois m'attacher à ne pas faire un pas en arrière. Notre prestige en dépend. » (Le vice-amiral commandant en chef au ministre de la marine.)

La résistance des Annamites dans le quadrilatère occidental était entretenue par le Phou-cao, le mandarin-tigre. On put penser, à une certaine époque, que les Annamites s'étaient retranchés assez fortement pour défier les colonnes qui partaient de My-thô et qui remontaient les arroyos perpendiculaires au Cambodge. Il importait de détruire cette idée et d'empêcher le retour de l'ennemi vers l'ancien système des camps retranchés. Une expédition fut résolue[1] contre Mi-cui.

---

[1]. Cette colonne expéditionnaire comprenait une partie des troupes de la garnison de My-thô, capitaine Brière de l'Isle, sous-lieutenant Champanhet ;

Elle ne rencontra pas de résistance sérieuse; l'ennemi céda suivant l'habitude qu'il avait contractée tout en garnissant l'horizon de son artillerie légère. Mais la saison des pluies qui reprit, à cette époque, avec une nouvelle violence, rendit les marches pénibles et meurtrières.

Go-cung et Mi-cui sont les seuls noms que l'on puisse citer dans cette guerre presque toujours dirigée contre un ennemi invisible.

On prendrait une idée fausse de la situation des deux provinces, pendant la saison de l'hivernage, si l'on jugeait le trouble que les Annamites essayaient d'y porter d'après leurs efforts et leur esprit de ténacité. Il n'y avait point alors de proportion entre ce travail qui s'organisait dans l'ombre et le mal qui nous était fait.

Quelques hostilités sur un théâtre très circonscrit n'avaient pas l'importance d'une guerre qui continue, et l'ambassadeur annamite lui-même se plaignait du brigandage qui redoublait dans ces temps de troubles. Les propositions de paix continuaient de s'échanger entre lui et le commandant en chef. Elles furent suspendues brusquement au mois d'août, après la saisie

---

trente hommes de la 32ᵉ compagnie du 3ᵉ régiment d'infanterie de marine, lieutenant Chérinier avec vingt-cinq hommes de la 30ᵉ et vingt-cinq marins-fusiliers; la compagnie du *Duperré,* lieutenant de vaisseau Carrade; une section de marins-fusiliers, enseigne Hanès; le grand canot du *Prégent* et la chaloupe la *Soledad,* avec l'enseigne Noël. Ces troupes étaient commandées par le capitaine de vaisseau Desvaux; le major espagnol Olabe remplissait les fonctions de chef d'état-major.

qui fut faite, près de Tram-bam, d'une proclamation de l'empereur de Hué.

L'empereur Tu-duc mettait nos têtes à prix et reprochait à son peuple de ne pas avoir trouvé, dans son énergie et dans ses ressources, le moyen de chasser l'étranger. Voici les termes de cette proclamation :

« 3e jour de la 3e lune (1er mars 1861).

« Il y a trois ans que les Français sont venus nous troubler dans le Gia-dinh ; ils en ont détruit la forteresse, tué ou dispersé les défenseurs. Aussi, tous nos fidèles sujets en sont-ils exaspérés et principalement les habitants de la Basse-Cochinchine que nous croyons tous disposés à s'unir à nos troupes pour venger nos communes défaites. Les Français sont d'une race différente de la nôtre, ils veulent nous opprimer et faire violence à nos femmes. Tous ceux qui seront indignés de ces faits se joindront à nous.

« Y aurait-il parmi vous quelqu'un qui voulût les servir et se traîner à leur suite ?

« Autrefois, nous avons adressé une proclamation aux autorités des six provinces, dans laquelle nous disions :

« Que chacun de nos serviteurs obéisse à nos ordres ;
« qu'il engage le peuple à se soulever et à former une
« milice de la manière suivante :

« Celui qui engagera 10 hommes sera nommé ba-bô ;

« Celui qui engagera 50 hommes sera nommé chanh-luc-pham-suat-doi (capitaine). Il recevra une ration du Gouvernement et des armes pour l'exercice.

« Celui qui en engagera 100 sera nommé pho-ve.

« Celui qui en engagera de 200 à 400, sera élevé à un grade proportionnel au nombre d'hommes qu'il aura enrôlés.

« Celui qui aura formé une garde de 500 hommes sera nommé chanh-nguyên-pham-co (colonel).

« Si quelqu'un prend un Français, il recevra quatre barres d'argent.

« Si quelqu'un tue un Français, il recevra deux onces d'argent.

« Si quelqu'un tue un Annamite au service des Français, il recevra une once d'argent. »

« En promettant ces récompenses, nous voulions engager notre peuple à se saisir des Français. Dans le Gia-dinh, il y a déjà 308 hommes braves qui marchent avec nos troupes ; à Vinh-long, il y en a 140. Sans parler des cinq bataillons et du régiment des milices cantonales qui étaient dans la province de Saïgon et qu'on a conduits à Bien-hoa, il y a encore cinq régiments de milices organisés secrètement.

« Est-ce que la fortune ne nous sourit plus ?

« Nous savons bien que les difficultés sont plus grandes aujourd'hui dans le Gia-dinh et le Dinh-thuong, dont nous avons perdu les chefs-lieux. Nous pensons donc que tous ceux qui s'en sont retournés au sein de leurs familles, ont bien fait; mais ils doivent maintenant se lever en masse pour venir à nous; nous les accueillerons avec joie pour combattre et chasser les Français de nos provinces. Ils retourneront alors en paix jouir, après la victoire, des récompenses qu'ils auront méritées.

« L'empereur Tu-duc. »

La tromperie de l'ambassadeur annamite était manifeste. Bien des gens s'en indignèrent plus qu'il n'était juste. Il parlait de paix et il nous faisait la guerre. Mais ce trait se retrouve chez les peuples civilisés, et l'on doit ajouter qu'aucun armistice n'avait été officiellement notifié. Du reste, la défense du territoire couvre tout, et tant que la conquête n'est pas effectuée et que les peuples ne sont pas définitivement réduits par la force, toute révolte armée s'appelle guerre d'indépendance. Ces idées qui tiennent à la conscience de l'homme, pareilles à des racines qui s'enfoncent profondément dans le sol qui l'a vu naître, ces idées sont justes même à l'égard de paysans semeurs de riz et mal armés. Sans doute la mesure qui mettait nos têtes à prix était odieuse et provoquait à l'assassinat. Il ne faudrait cependant pas s'attendre à retrouver chez des peuples que nous appelons barbares les adoucissements que des milliers de rencontres d'hommes et d'idées ont introduits chez des belligérants, dans les champs de l'Allemagne et de l'Italie. Mais il faut tenir compte des mœurs, et cette coutume est suivie dans ce pays si éloigné et si différent de l'Europe. Ce qui paraît certain parmi tant de débris de dogmes, de principes et d'idées, au milieu de tant de faits sanctifiés la veille, dignes de mort le lendemain, c'est qu'on a le droit de se défendre. On s'en servit, et, vers cette époque où les négociations furent rompues, la tranquillité était complète dans la province de Gia-dinh. Le quadrilatère oriental était paisible; le peuple ne se débattait plus que dans le quadrilatère occidental, sur quelques points isolés.

Cette tranquillité était de fait : l'espérance n'avait pas quitté le cœur des Annamites. Ils attendaient quelque événement qu'ils ne savaient préciser, qui nous lasserait, qui desserrerait cette main qui les tenait. Mais si leurs espérances vivaient encore, il est constant qu'après s'être débattus, ils avaient passé sous le joug. On pouvait alors espérer qu'en nous voyant au milieu d'eux, sur les points les plus éloignés de Saïgon et de My-thô, la certitude d'une répression immédiate, et le spectacle d'une administration que nous promettions de rendre équitable et conforme à une religion consolatrice, changerait avec le temps leurs dispositions, et qu'on recueillerait enfin le profit de tant d'énergie, de courage, d'abnégation, et d'un si terrible sacrifice dévoué à la Mort depuis cinq ans.

Ces dernières considérations s'appliquent à l'avenir de notre établissement mais non à la période dont on relate l'histoire. Pendant l'hivernage de 1861 la propension des Annamites à la piraterie, la présence d'hommes de mœurs violentes amenés par les navires vivriers et charbonniers, la nécessité d'arrêter le commerce des armes et des munitions de guerre par Singapour, constituaient un état particulier, et les circonstances ne se prêtaient pas à la recherche des moyens capables de rallier à la domination française les populations annamites. La colonie se fondait. Il n'existait pas à Saïgon de tribunal composé de magistrats ainsi que dans les établissements français, et les circonstances n'avaient pas permis jusqu'alors qu'il en existât. Vers le milieu du mois d'avril, un matelot américain fut tué dans une rixe par un de ses nationaux. L'autorité française se trouvait désarmée devant ces sortes de crime. Enfin un code pour les Annamites était à faire; les pouvoirs attribués aux envoyés français dans les préfectures et les sous-préfectures s'arrêtaient à la répression de quelques délits de peu d'importance. Le commandant en chef demanda au gouvernement français qu'un tribunal fût institué à Saïgon dans le plus bref délai; mais en même temps, tout le territoire conquis fut mis en état de siège par une déclaration en date du 19 mai et dont voici la teneur :

« Le vice-amiral commandant en chef les forces navales françaises dans les mers de Chine, et les forces de terre et de mer en Cochinchine ;

« Considérant :

« Qu'en attendant l'institution de tribunaux compétents pour juger les crimes et les délits, il est urgent de pourvoir à leur répression ;

« Considérant en outre que la guerre continue d'exister entre le gouvernement de l'Empereur et le gouvernement de Hué ;

« Déclare :

« Conformément à la loi du 9 au 11 août 1849, article 5, chapitre II, les provinces de Saïgon, de Mythô et tous les territoires occupés par nos troupes sont en état de siège.

« Néanmoins, conformément à l'article 7, chapitre III de la loi précitée, l'autorité civile continue, comme par le passé, d'exercer les pouvoirs dont elle est revêtue, et ce n'est que du moment où cette autorité devient insuffisante que, sur un ordre d'informer du commandant en chef, l'action de l'autorité militaire commence.

« Le général commandant les troupes du corps expéditionnaire ; les commandants particuliers de Saïgon et de My-thô, sont chargés de donner toute la publicité possible à la présente déclaration. »

Cet acte d'autorité marqua suffisamment que l'intention de la France était de posséder les territoires de Saïgon et de My-thô sans partage. Dans cette occasion, le colonel don Carlos Palanca Gutierrez, commandant les troupes espagnoles et plénipotentiaire de S. M. C., crut devoir protester et réserver l'action de l'Espagne. Le plénipotentiaire français prit acte de cette opposition, mais il maintint sa décision. L'attitude qu'il conserva dans ce différend fut conforme aux instructions qui lui avaient été données par le gouvernement de l'Empereur. « En exposant qu'il avait reçu l'ordre de « s'emparer de Saïgon, de le posséder sans partage, de « conquérir et d'organiser une certaine partie de terri-« toire, il rappela que l'Espagne devait trouver sur un « autre point de la Cochinchine, la compensation de « ses glorieux sacrifices. » Cette question ne pouvait être résolue complètement que par les deux gouvernements. Elle le fut en effet, mais plus tard : si elle continua de diviser les deux plénipotentaires, elle n'altéra en rien leurs rapports personnels, et ce fait doit être recueilli par l'Histoire, lorsque l'on considère que deux siècles auparavant, les entreprises d'une grande nation aboutirent à la ruine parce que la dissension s'introduisit entre deux chefs militaires.

La mesure extrême de l'état de siège fut un bien malgré le caractère violent qui lui est propre, les inconvénients qu'elle entraîne inévitablement, et la nécessité où elle nous mettait d'entrer trop avant dans les détails intimes de l'état social des Annamites. Mais en armant l'autorité française, cette mesure permit au vice-amiral de développer avec suite les ressources militaires et de préparer l'extension de la conquête.

La situation de notre établissement quand les pluies cessèrent et que la plaine fut redevenue solide, était prospère. L'autorité de la France n'était point une autorité nominale sur les provinces conquises. De Saïgon et de My-thô, elle rayonnait au loin. On trouvait les Français partout, depuis Go-cung jusqu'à Tay-ninh, de la mer de Chine aux limites du royaume du Cambodge. Les convois entre Saïgon et My-thô étaient considérables, et atteignaient souvent un chiffre de deux cents bateaux marchands. Les transactions de la Ville Chinoise avaient décuplé, ainsi que le prouvent les états officiels qui furent dressés à cette époque. Les hostilités du côté de Bien-hoa se réduisaient à des affaires d'escarmouche, et le plus grand succès que pouvaient enregistrer les Annamites ne dépassait pas l'enlèvement d'un petit nombre de têtes de bétail. Quelques troupes régulières annamites étaient campées sur un plateau, à Mi-hoa, entre Fou-yen-mot et Bien-hoa; mais leur influence sur la liberté de nos mouvements était nulle. Les seuls actes de résistance se produisaient encore vers l'arroyo Commercial, et puisqu'on a pu en grossir l'importance, il est juste d'en donner ici la mesure.

C'est le caractère ordinaire de l'esprit humain de répugner à tout ce qui n'est pas précis, net et formulé.

On voulut assigner une cause principale à l'apparition de ces bandes qui, pendant la saison de l'hivernage, semblaient circuler librement autour de nos colonnes, soit qu'on poussât en avant ou qu'on rejoignît le point de départ du matin. Elles semblaient surgir du sol. On imagina donc un point central d'où elles rayonnaient, où elles trouvaient de quoi vivre et de quoi combattre. C'est ainsi qu'on se préoccupa de Bien-hoa. Après Bien-hoa, devait venir Vinh-long. Le fait est que le centre de résistance était partout, subdivisé à l'infini, presque autant de fois qu'il y avait d'Annamites. Il eût été plus juste de considérer chaque paysan qui liait une botte de riz comme un centre de résistance. C'est l'inconvénient de ces luttes sur un territoire, où l'ennemi peut vivre et se cacher, — que la guerre y devient personnelle, qu'elle change d'objet et de nom, et devient répression.

Il était clair que les Annamites, après les journées de Ki-hoa et de My-thô, ne cherchaient plus qu'à nous lasser et qu'ils ne s'établiraient plus assez fortement sur un seul point pour y défier nos entreprises. Désormais en marchant sur eux, on pouvait compter qu'ils céderaient pour se replier et s'établir en arrière ou en avant du point d'attaque. Cependant le moment était venu de s'emparer de Bien-hoa, parce que cette place-frontière formait la clef de la province qui porte son nom et que la destinée de la colonie était de chercher ses limites vers la chaîne de Fanthiet.

Cette tâche que les victoires de Ki-hoa et de My-thô avaient préparée, devait être accomplie par le successeur du vice-amiral Charner. Lorsque la campagne de 1861 fut terminée, le commandant en chef estima que la puissance militaire des Annamites était abattue et que la conquête avait pris désormais ce caractère que l'on a pu observer dans les premiers temps de l'occupation de l'Algérie par les Français. Cette œuvre qui demandera du temps et les efforts de plusieurs officiers généraux, n'entrait pas dans la mission qu'il avait reçue et qui se trouvait remplie. Le contre-amiral Bonard, désigné par un décret impérial en date du 8 août 1861, comme gouverneur et commandant en chef des forces françaises en Cochinchine, n'arriva à Saïgon que le 27 novembre, après une traversée longue et difficile. Le 30 novembre 1861, à neuf heures du matin, tous les chefs de service se trouvèrent réunis dans la pagode de l'Ouvrage Neuf. L'ancien commandant en chef dit aux officiers de terre et de mer qui l'entouraient et qui n'étaient plus sous ses ordres, « qu'il leur faisait ses « adieux; que dans le cours de sa longue carrière qui « datait du premier Empire, il n'avait jamais rencontré « une réunion d'officiers, de marins et de soldats, qui « fussent plus généreusement animés de l'ambition si « noble de faire leur devoir. »

L'armée de Cochinchine connaissait le prix de cet éloge.

APPENDICE

APPENDICE

I

ÉTATS-MAJORS

DES BATIMENTS PLACÉS SOUS LE COMMANDEMENT EN CHEF DU VICE-AMIRAL CHARNER, EN CHINE ET EN COCHINCHINE

L'IMPÉRATRICE-EUGÉNIE

État-major général.

CHARNER, vice-amiral, commandant en chef.
LAFFON DE LADÉBAT, capitaine de vaisseau, chef d'état-major.
LE COURIAULT DU QUILIO, capitaine de vaisseau, premier aide de camp.
JAURÈS, lieutenant de vaisseau, second aide de camp.
DANYCAN, lieutenant de vaisseau, officier d'ordonnance.
LAURE, chirurgien principal.
RICARDI, aumônier supérieur.
LEGRIX, aide-commissaire, secrétaire de l'amiral.
GARNIER, aspirant de 1re classe, attaché à l'état-major général.
PIQUET, aspirant de 2e classe, *idem*.
FROSTIN, aspirant de 2e classe, *idem*.
DUCHESNE DE BELLECOURT, commis de marine, secrétaire de la Majorité.
BELLANGER, *idem*, secrétaire du commissaire de division.

État-major.

De Lapelin, capitaine de vaisseau, commandant.
De Surville, capitaine de vaisseau, commandant en second.
Harel, lieutenant de vaisseau.
Sénez, *idem.*
De Geoffroy du Rouret, *idem.*
Pallu de la Barrière, *idem.*
Griffon du Bellay, aide-commissaire, faisant fonction de sous-commissaire de division.
Hennecart, chirurgien de 2e classe.
Aude, chirurgien de 3e classe.
Noël, aspirant de 1re classe.
Candé, *idem.*
Delasalle, aspirant de 2e classe.
Maréchal, *idem.*
Passama, *idem.*
Saurin, *idem.*
Peyrouton, *idem.*
Lyon, aspirant volontaire.

LA RENOMMÉE

État-major général.

Page, contre-amiral.
Desaux, lieutenant de vaisseau, premier aide de camp, délégué du vice-amiral commandant en chef, à Hong-kong.
De Monet de la Marck, lieutenant de vaisseau, second aide de camp.
Lannes de Montebello, enseigne de vaisseau, officier d'ordonnance.
De Horn, officier suédois, officier d'ordonnance.
Martin, aumônier.
Chaix, aide-commissaire, secrétaire du contre-amiral.
Villain, ingénieur de 2e classe.
Bienaymé, sous-ingénieur de 1re classe. (Détaché à Shang-haï.)
Waldner, aspirant de 2e classe, attaché à la Majorité générale.
De Bouteiller, *idem.*
Bonnefin, commis de marine, secrétaire de la Majorité générale. (Détaché à Hong-kong.)

État-major.

FAVIN-LÉVÊQUE, capitaine de vaisseau, commandant.
REGRENY, lieutenant de vaisseau, second.
DUCREST DE VILLENEUVE, lieutenant de vaisseau.
LE BRETON DE RANZEGAT, *idem.*
FATOU, *idem.*
DEHAU DE STAPLANDE, *idem.*
GAVOTY, aide-commissaire, officier d'administration.
ROMAIN, chirurgien de 1re classe.
TOUCHEVIEZ, chirurgien de 2e classe.
VIDAILLET, chirurgien de 3e classe.
LESÈBLE, aspirant de 2e classe.
DE ROTROU, *idem.*
CLUZE, *idem.*
MÉHOUAS, aspirant volontaire. (Subrécargue du *Meteor.*)
MILLAUD, aspirant volontaire.
RUSSEL, *idem.*

LE DUCHAYLA

État-major.

TRICAULT, capitaine de vaisseau, commandant.
AMET, lieutenant de vaisseau, second.
CLAVERIE, lieutenant de vaisseau.
DE LA JAILLE, enseigne de vaisseau.
LAFERTÉ, *idem.*
PRÉTOT, aide-commissaire, officier d'administration.
LÉON, chirurgien de 2e classe.
VOYÉ, chirurgien de 3e classe.
VALERY, aspirant de 2e classe.
CLUTE, *idem.*
VIGUIER, aspirant volontaire.

LE LAPLACE

État-major.

MONJARET DE KERJÉGU, capitaine de vaisseau, commandant.
DE FOUCAULT, lieutenant de vaisseau, second.

Narac, enseigne de vaisseau.
Bonnet, *idem*.
De Fitz-James, *idem*.
Dubès, commis de marine, officier d'administration.
F. Bonnescuelle de Lespinois, chirurgien de 2ᵉ classe.
Baudais, aspirant de 2ᵉ classe.
Palasne de Champeaux, aspirant volontaire.

LE PRIMAUGUET

État-major.

D'Aries, capitaine de vaisseau, commandant.
Moreau, aumônier.
De Bréa, lieutenant de vaisseau, second.
Boresse, lieutenant de vaisseau.
Lamaille, enseigne de vaisseau.
Lasalle, *idem*.
Gervais, *idem*.
Harmand, *idem*.
Balezeaux, *idem*.
De Barthez de Lapérouse, aide-commissaire, officier d'administration.
De Carové, chirurgien de 2ᵉ classe.
Parlier, aspirant volontaire.

LE FORBIN

État-major.

Morier, capitaine de vaisseau, commandant.
Baron, lieutenant de vaisseau, second.
Porge, enseigne de vaisseau.
M. Bailly, *idem*.
Duhil de Benazé, *idem*.
Clément, commis de marine, officier d'administration.
Cras, chirurgien de 2ᵉ classe.
Monin, aspirant.

LE MONGE

État-major.

Bourdais, capitaine de frégate, commandant.
Barazer, lieutenant de vaisseau, second.
De la Motte de la Motte-Rouge, enseigne de vaisseau.
Levesque-Durostu, *idem.*
Berger, *idem.*
Pouzols, *idem.*
Giral, aide-commissaire, officier d'administration.
Rabel, chirurgien de 2ᵉ classe.
Cardi, chirurgien de 3ᵉ classe.
Le Coat de Saint-Haouen, aspirant de 2ᵉ classe.
Muiron, *idem.*

LE PRÉGENT

État-major.

Aubaret, lieutenant de vaisseau, capitaine.
Carré, lieutenant de vaisseau, second.
De Penfentenyo de Kervereguin, enseigne de vaisseau.
Boucheny, *idem.*
Butaud, commis de marine, officier d'administration.
Gailhard, chirurgien de 2ᵉ classe.
Wyts, aspirant volontaire.

L'ALOM-PRAH

État-major.

Noel, lieutenant de vaisseau, capitaine.
Léonard, aspirant de 1ʳᵉ classe, second.

LE NORZAGARAY

État-major.

Lespès, lieutenant de vaisseau, capitaine.
E. E. Brindejonc de Bermingham, enseigne de vaisseau, second.

LA DRAGONNE

État-major.

GALEY, lieutenant de vaisseau, capitaine.
BARRERA, enseigne de vaisseau.
AIGUIER, *idem*, faisant fonction d'officier d'administration.
PIESVAUX, chirurgien de 3ᵉ classe.

L'ALARME

État-major.

SAUZE, lieutenant de vaisseau, capitaine.
TOURNEUR, enseigne de vaisseau, second.
BESNARD, enseigne de vaisseau.
FOURNIER, commis de marine, officier d'administration.
FONTAN, aspirant de 2ᵉ classe.
TROUVÉ, chirurgien de 3ᵉ classe.

L'AVALANCHE

État-major.

HULOT, comte d'OSERY, capitaine de frégate, commandant.
PARAYON, enseigne de vaisseau, second.
PHILASTRE, enseigne de vaisseau.
ODET-PELLION, *idem*.
BUTTE, *idem*.
LATAPIE, commis de marine, officier d'administration.
MONDOT, chirurgien de 3ᵉ classe.

LA FUSÉE

État-major.

J. BAILLY, lieutenant de vaisseau.
REGNAULT, enseigne de vaisseau.
BLOT, aspirant de 2ᵉ classe.
D'HARANGUIER DE QUINCEROT, commis de marine, officier d'administration.
MOREAU, chirurgien de 3ᵉ classe.

LA MITRAILLE

État-major.

Duval, lieutenant de vaisseau, capitaine.
Gardoni, enseigne de vaisseau, second.
Mortemart de Boisse, enseigne de vaisseau.
Magouët de la Magouërie, aspirant de 1re classe.
Bertrand, aspirant de 2e classe.
Grave-Maurin, commis de marine, officier d'administration.
Galle, chirurgien de 3e classe.

LA CANONNIÈRE N° 12

De Saisset, lieutenant de vaisseau, capitaine.

LA CANONNIÈRE N° 13

Levesque des Varannes, lieutenant de vaisseau, capitaine.

LA CANONNIÈRE N° 15

Kenney, lieutenant de vaisseau, capitaine.

LA CANONNIÈRE N° 16

Béhic, lieutenant de vaisseau, capitaine.

LA CANONNIÈRE N° 18

Peyron, lieutenant de vaisseau, capitaine.

LA CANONNIÈRE N° 19

D'André, lieutenant de vaisseau, capitaine.

LA CANONNIÈRE N° 22

Salmon, lieutenant de vaisseau, capitaine.

LA CANONNIÈRE N° 24

Mandine, lieutenant de vaisseau, capitaine.

LA CANONNIÈRE N° 25

Bernicot, lieutenant de vaisseau, capitaine.

LA CANONNIÈRE N° 27

Dol, lieutenant de vaisseau, capitaine.

LA CANONNIÈRE N° 29

Coutelleng, lieutenant de vaisseau, capitaine.

LA CANONNIÈRE N° 30

Lamothe-Tenet, lieutenant de vaisseau, capitaine.

LA CANONNIÈRE N° 31

De Mauduit Duplessix, lieutenant de vaisseau, capitaine.

L'EUROPÉEN

État-major.

Lefraper, capitaine de frégate, commandant.
Lejeune, lieutenant de vaisseau, second.
Villers, enseigne de vaisseau.
Tiret, *idem*.
Fournier, commis de marine, officier d'administration.
Vesco, chirurgien de 1re classe.
Pillerault, chirurgien de 3e classe.

LE JAPON

État-major.

Libaudière, capitaine de frégate, commandant.
Collober, aumônier.
Reveillère, lieutenant de vaisseau, second.
De Saunhac, enseigne de vaisseau.
Dupuis, *idem*.
Weyl, *idem*.
Liquide, commis de marine, officier d'administration.
L'Helgouac'h, chirurgien de 2e classe.

LE WÉSER

État-major.

CLÉRET-LANGAVANT, capitaine de frégate, commandant.
SURIEUX, aumônier.
ROUX, lieutenant de vaisseau, second.
LENDORMY-TRUDELLE, enseigne de vaisseau.
VIAL, *idem.*
GAILLARD, *idem.*
LE VALLOIS, commis de marine, officier d'administration.
GANTELME, chirurgien de 1re classe.
TESTEVENDE, chirurgien auxiliaire de 3e classe.
AURILLAC, *idem.*

L'ENTREPRENANTE

État-major.

DESVAUX, capitaine de frégate, commandant.
VERGNE, lieutenant de vaisseau, second.
LAPLACE, enseigne de vaisseau.
DE LANDER, *idem.*
CROVA, *idem.*
VERPINET, mécanicien principal.
PÉRON, commis de marine, officier d'administration.
BOËLLE, chirurgien de 2e classe.
GAUGHEREAU, chirurgien auxiliaire de 3e classe.

LA DRYADE

État-major général.

PROTET, contre-amiral.
BOUCHET-RIVIÈRE, lieutenant de vaisseau, aide de camp.
ALLAIN-DUPRÉ, enseigne de vaisseau, officier d'ordonnance.
MAC-GUCKIN DE SLANE, *idem.*

État-major.

BÉRAL DE SÉDAIGES, capitaine de frégate, commandant.
PANON DU HAZIER, lieutenant de vaisseau, second.

D'Étroyat, enseigne de vaisseau.
Foillard, *idem*.
Cazeneuve, *idem*.
Canolle, aide-commissaire, officier d'administration.
Huguet, chirurgien de 2ᵉ classe.
Presvaux, chirurgien de 3ᵉ classe.
Monard, *idem*.
Sevet, aspirant de 1ʳᵉ classe.
De Courthille, aspirant de 2ᵉ classe.
Dubard, *idem*.

LE CALVADOS

État-major.

Riche, capitaine de frégate.
Boyer-Ressés, lieutenant de vaisseau, second.
Galtier, enseigne de vaisseau.
Etienne, *idem*.
Gambar, *idem*.
Puységur, aide-commissaire, officier d'administration.
Savina, chirurgien de 2ᵉ classe.
Tardy, chirurgien de 3ᵉ classe.
Lambert, *idem*.

LA GARONNE

État-major.

Protet, capitaine de frégate, commandant.
Goudot, aumônier de la marine.
Delassaux, lieutenant de vaisseau, second.
Galache, lieutenant de vaisseau.
Rabou, enseigne de vaisseau.
De Bergevin, aide-commissaire, officier d'administration.
Dugé de Bernonville, chirurgien de 1ʳᵉ classe.
Gayme, chirurgien de 2ᵉ classe.
Col, chirurgien de 3ᵉ classe.
Olmetta, *idem*.
Grobon, pharmacien de 3ᵉ classe.
De Labarrière, aspirant de 2ᵉ classe.
Lamothe, aspirant volontaire.

LE JURA

État-major.

Leps, capitaine de frégate, commandant.
Bégrand, lieutenant de vaisseau, second.
Denans, enseigne de vaisseau.
Massiou, *idem.*
Moura, *idem.* (Détaché à Tche-fou.)
Picot, commis de marine, officier d'administration.
Bourayne, chirurgien de 1re classe.
Thinus, chirurgien auxiliaire de 3e classe.
Thieux, aspirant volontaire.
De Teil, *idem.*
De Jessé, *idem.*

LE RHONE

État-major.

Picard, capitaine de frégate, commandant.
Prouhet, lieutenant de vaisseau, second.
Turin, lieutenant de vaisseau.
Pottier, *idem.*
Amirault, enseigne de vaisseau.
E. L. Brindejonc de Bermingham, *idem.*
Lugeol, *idem.*
Mével, aide-commissaire, officier d'administration.
Le Coniat, chirurgien de 1re classe.
Faucheraud, chirurgien de 2e classe.
Le Large, chirurgien de 3e classe.
Butel, pharmacien de 3e classe.
Bories, aspirant de 2e classe.
Hubert, volontaire.

LA DORDOGNE

État-major.

Faucon, capitaine de vaisseau, commandant.
Peiret, lieutenant de vaisseau, second.

LAFON, lieutenant de vaisseau.
DE LA TOUR-DU-PIN CHAMBLY DE LA CHARCE, enseigne de vaisseau.
QUINAUD, aide-commissaire, officier d'administration.
DUTEUIL, chirurgien de 3º classe.
VIDAL, *idem*.

LA DURANCE

État-major.

COUPVENT-DESBOIS, capitaine de vaisseau.
DE TANOUARN, capitaine de frégate, commissaire impérial à Canton.
NICOLAS, aumônier.
ROQUEBERT, lieutenant de vaisseau, second.
ROUVIER, lieutenant de vaisseau.
SERGENT, *idem*.
C. DE LA MOTTE DE LA MOTTE-ROUGE, *idem* (capitaine de la *Rose*).
PASSEMARD, *idem*.
GLEIZES, enseigne de vaisseau.
REYNIERS, *idem*.
POUGIN DE MAISONNEUVE, *idem*.
GIQUEL, *idem*.
LORCET, commis de marine, officier d'administration.
SANTELLI, GALL, chirurgiens de 2º classe.
PICHON, chirurgien de 3º classe.
TESTARD, aspirant volontaire.

LA GIRONDE

État-major.

THOYON, capitaine de vaisseau, commandant.
Baron NIELLY, lieutenant de vaisseau, second.
OLLIVIER, lieutenant de vaisseau.
DELORT, enseigne de vaisseau.
RÉGNIER, commis de marine.
OLIVIER, chirurgien de 2º classe.
BESSON, aspirant de 2º classe.
A. DENANS, *idem*.

LA LOIRE

État-major.

De Jouslard, capitaine de frégate, commandant.
Bernard, lieutenant de vaisseau, second.
Gaudot, enseigne de vaisseau.
Vicaire, *idem*.
Mocaër, commis de marine, officier d'administration.
Nettre, chirurgien de 2e classe.
Lacouture-Dupuch, chirurgien de 3e classe.
Vivenot, aspirant de 2e classe.
Gourgas, aspirant volontaire.

LA MARNE

État-major.

De Saulses de Freycinet, capitaine de frégate, commandant.
Lefort, lieutenant de vaisseau, second.
Forestier, enseigne de vaisseau.
Arnault, *idem*.
Petit, *idem*.
Lugeol, *idem*.
Bonnin, aide-commissaire, officier d'administration.
Aubin, chirurgien de 2e classe.

LA MEURTHE

État-major.

Jaurèguiberry, capitaine de vaisseau, commandant.
De Séré, aumônier.
Kéraval, lieutenant de vaisseau, second.
Rouquette, enseigne de vaisseau.
Granger, *idem*.
Picot, *idem*.
Brown, *idem*.
Lhopital, *idem*.
Rigaudie, mécanicien principal.
Hennequin, commis de marine, officier d'administration.

ROGER, chirurgien de 3ᵉ classe.
BUZARD, *idem*.
CREPEY, aspirant volontaire.

LA SAONE

État-major.

LISCOAT, capitaine de vaisseau, commandant.
FOURNIER, lieutenant de vaisseau, second.
BERTRAND DE PUYRAYMOND, enseigne de vaisseau.
ESPINET, *idem*.
FERRIÈS, *idem*.
HONORÉ, aide-commissaire, officier d'administration.
BENOIST DE LA GRANDIÈRE, chirurgien de 2ᵉ classe.
CHALEIX, *idem*.
GARNIER, chirurgien de 3ᵉ classe.

LA NIÈVRE

État-major.

DURAND, capitaine de frégate, commandant.
REBEL, lieutenant de vaisseau, second.
MANEN, sous-ingénieur hydrographe.
FATOU, enseigne de vaisseau.
FAURIÈS, *idem*.
MICHAU, *idem*.
TANQUEREY, commis de marine, officier d'administration.
COPPALE, chirurgien de 2ᵉ classe.
MASSIN, chirurgien de 3ᵉ classe.
PELET DE LAUTREC, aspirant volontaire.

LE RHIN

État-major.

AIGUIER, capitaine de frégate, commandant.
GUYS, lieutenant de vaisseau, second.
JOUHANEAU-LAREGNÈRE, enseigne de vaisseau.
CARVÈS, *idem* (subrécargue du *Shang-haï*).
BELLOT, *idem*.
COSTE, *idem*.

CANALE, commis de marine, officier d'administration.
DELMAS, chirurgien de 2ᵉ classe.
ROUX, chirurgien auxiliaire de 3ᵉ classe.
DOUZANS, aspirant volontaire.

L'ÉCHO

État-major.

DE VAUTRÉ, lieutenant de vaisseau, capitaine.
JOUCLA, enseigne de vaisseau, second.
SINOT, enseigne de vaisseau.
DORLODOT-DESSART, aspirant de 2ᵉ classe.
LEMOYNE, chirurgien de 3ᵉ classe.

LE DEROULÈDE

État-major.

BAUX, lieutenant de vaisseau, capitaine.
HANET-CLÉRY, enseigne de vaisseau.

LE HONG-KONG

État-major.

D'AINESY DE MONTPEZAT, lieutenant de vaisseau, capitaine.
GAUTRET, enseigne de vaisseau, second.
DANIEL, aspirant de 2ᵉ classe.

LE LILY [1]

FRANQUET, lieutenant de vaisseau, capitaine.
CAUCHOIS, aspirant, second.

---

1. Le *Lily,* le *Sham-Rock,* le *Jajareo* avaient conservé leurs noms du commerce. « Sham-Rock » veut dire trèfle : c'est l'emblème de l'Irlande ; « Jajareo » signifie farceur ; « Kien-chan » est le nom d'un port de Touranne.

LE KIEN-CHAN

État-major.

Bourgois, capitaine de vaisseau, commandant la subdivision du Peï-ho.
Lala Borderie, aumônier.
Neveue d'Aiguebelle, lieutenant de vaisseau, second.
Trève, lieutenant de vaisseau.
J. Vermot, enseigne de vaisseau.
Coulomb, Linard, aspirants volontaires.
Rouzeau, commis de marine.

LE SHAM-ROCK

État-major.

Rieunier, enseigne de vaisseau, capitaine.
De Lacroix-Marsy, aspirant de 1re classe, second.

LE DUPERRÉ

État-major.

De Kersauson, capitaine de frégate, commandant.
Chabassu, chirurgien principal.
Mouton, aumônier.
Carrade, lieutenant de vaisseau, second.
O'Neill, lieutenant de vaisseau, capitaine de plage à Tche-fou.
Galley, aide-commissaire, officier d'administration.
Vidal, chirurgien de 2e classe.
Dubois, *idem*.
Gariel, chirurgien de 3e classe.
Breton, *idem*.
Marzain, Braconnot, *idem*.
Le Moyne, pharmacien de 1re classe.
Bourayne, pharmacien de 2e classe.
Pernet, *idem*.
De Brandt, aspirant volontaire.
De Tulle de Villefranche, *idem*.
Le Normant de Villeneuve, *idem*.
Darré, *idem*.

L'ANDROMAQUE

État-major.

GARAGNON, lieutenant de vaisseau, capitaine.
LAVISON, enseigne de vaisseau, second.
HUCHET DE CINTRÉ, *idem*.
FONTAINE, aide-commissaire, officier d'administration.
FOLL, chirurgien de 1re classe.
RAYNAUD, chirurgien de 2e classe.
BERNARD DE LA JARTRE, chirurgien de 3e classe.
GUYON, aspirant de 1re classe.

LA DIDON

État-major.

COLLOS, lieutenant de vaisseau, capitaine.
DE RODELLEC DU PORZIC, lieutenant de vaisseau.
MAQUAIRE, enseigne de vaisseau.
CAUCHOIX, *idem*.
MAUX, *idem*.
DUCHET, *idem*.
AUMONT, aide-commissaire, officier d'administration.
TEXIER, chirurgien de 3e classe.
LEGUERN, *idem*.
LACROIX, aspirant volontaire.

LA FORTE

État-major.

BUTEL, lieutenant de vaisseau, capitaine.
MAC-DERMOTT, lieutenant de vaisseau (subrécargue du *Pluto*).
OLRY, lieutenant de vaisseau.
LE BRETHON, enseigne de vaisseau.
PUMPERNÉEL, aide-commissaire, officier d'administration.
SABATIER, chirurgien de 1re classe.
SOBOUL, chirurgien auxiliaire de 3e classe.

LA PERSÉVÉRANTE

État-major.

Comte d'Harcourt, capitaine de frégate, commandant.
Jonard, lieutenant de vaisseau, second.
Brosset, lieutenant de vaisseau.
Martin de la Bastide, enseigne de vaisseau (subrécargue de la *Formosa*).
Révérend-Dumesnil, enseigne de vaisseau.
Sales de Banières, *idem*.
Hanès, *idem*.
Debry, aide-commissaire, officier d'administration.
L'Alluyeaux d'Ormay, chirurgien de 1re classe.
Jehanne, chirurgien de 3e classe.
Martin, aspirant de 1re classe.
Novion, aspirant volontaire.
Canoy, *idem*.
Busin, *idem*.
Ribes, *idem*.

LA VENGEANCE

État-major.

Massillon, capitaine de frégate, commandant.
Fournier, lieutenant de vaisseau, second.
Sanglier, *idem*.
Marcq-Saint-Hilaire, enseigne de vaisseau.
Bonnefoy, *idem*.
Hamon, aide-commissaire, officier d'administration.
Lagarde, chirurgien de 1re classe.
Haisteaud, chirurgien auxiliaire de 3e classe.

LA NÉMÉSIS

État-major.

Barry, capitaine de frégate, commandant.
Montferrand, aumônier.
Viller, lieutenant de vaisseau, second.
Mallet, *idem*.

A. Letourneur, lieutenant de vaisseau.
Hennecart, enseigne de vaisseau.
Flandin, *idem*.
Michel, aide-commissaire, officier d'administration.
Duburquois, chirurgien de 2ᵉ classe.
Julien, *idem*.
Le Coniat, chirurgien de 3ᵉ classe.
Chopart, aspirant de 1ʳᵉ classe.

L'AMPHITRITE

Mariot, enseigne de vaisseau, capitaine.

L'ESPÉRANCE

Parfait, aspirant de 1ʳᵉ classe, capitaine.

LE JAJAREO

Dumont, enseigne de vaisseau, capitaine.

LE SAINT-JOSEPH

Mourin d'Arfeuille, aspirant de 1ʳᵉ classe, capitaine.

LE MIRAGE

Bassac, premier maître de timonerie, capitaine.

PERSONNEL ADMINISTRATIF A TERRE

Montaut, sous-commissaire, à Tien-tsin.
Rouzeau, commis de marine, à Ta-kou.
Espeut, aide-commissaire, à Tche-fou.
La Vieille, sous-commissaire, à Shang-haï.
Sagnier, commissaire-adjoint, à Hong-kong.
Favier, sous-commissaire, à Canton.
Mancel, aide-commissaire, à Macao.
Faron, commissaire général, à Saïgon.
Penaud de la Garlière, commissaire-adjoint, à Saïgon.
Binel, sous-commissaire, à Saïgon.

LeJolis, commis, à Saïgon.
Keruel, aide-commissaire, à Saïgon.
Monnier, *idem*.
Bounic, écrivain d'administration, à Saïgon.
Portier, sous-commissaire, à My-thô.
De Gineste, sous-commissaire, à Singapour.
Desperriers, *idem*.
Malifaud, commis, à Singapour.
De Lamarre de Plémond, sous-commissaire, au cap de Bonne-Espérance.

PERSONNEL MÉDICAL ET RELIGIEUX A TERRE

Saget, chirurgien de 3e classe, à Macao.
Lefroid, pharmacien de 3e classe, à Macao.
Marrin, aumônier, à Macao.
Julien, chirurgien de 2e classe, à Canton.
Le Roy-Desbarres, *idem*.
Franck, chirurgien de 3e classe, à Canton.
Nicolas, aumônier, à Canton.
Lamotte, chirurgien de 1re classe, à Canton.
Veyron-Lacroix, *idem*.
Thiéry, *idem*.
Robert, chirurgien de 2e classe.
Bonnaud, *idem*.
De Carové, *idem*.
Leguern, chirurgien de 3e classe.
Raynaud, *idem*.
Bassignot, *idem*.
Thil, *idem*.
Lenomichel, *idem*.
Rochette, *idem*.
Butel, *idem*.
Dugé de Bernonville, chirurgien de 1re classe, à My-thô.
Gayme, chirurgien de 2e classe, à My-thô.
Pernet, pharmacien de 2e classe, à My-thô.

II

CORPS EXPÉDITIONNAIRE DE COCHINCHINE

COMMANDANT EN CHEF DES FORCES DE TERRE ET DE MER :

CHARNER, VICE-AMIRAL.

ÉTAT-MAJOR GÉNÉRAL.

Chef d'État-major général	LAFFON DE LADÉBAT[1], capitaine de vaisseau.
Premier aide de camp	LE COURIAULT DU QUILIO, capitaine de vaisseau.
Deuxième aide de camp	JAURÈS, lieutenant de vaisseau.
Officier d'ordonnance	DANYCAN, lieutenant de vaisseau.
Officier d'ordonnance et porte-fanion de l'amiral.	DE TOCQUEVILLE, sous-lieutenant de chasseurs à cheval.
Directeur de l'ambulance de Choquan	LAURE, médecin principal.
Service religieux	L'abbé RICARDI, aumônier supérieur.
Interprète	Le Père CROC.

ÉTAT-MAJOR DES TROUPES.

Chef d'État-major	DE COOLS, chef d'escadron d'état-major.

---

1. Nommé contre-amiral en août 1861.

Officiers attachés à l'État-major des troupes. . . . .
- HAILLOT, capitaine d'état-major.
- SIGNARD, capitaine au 102ᵉ régiment de ligne.
- RABOU, enseigne de la *Garonne*.

Service religieux . . . . L'abbé TRÉGARO.

BRIGADE D'INFANTERIE

Commandant . . . . DE VASSOIGNE, général de brigade.
Aide de camp . . . . DE TRENTINIAN, chef de bataillon.
Officier d'ordonnance . . . . . . GILLOT, capitaine.

3ᵉ RÉGIMENT D'INFANTERIE DE MARINE.

Lieutenants-colonels . . . . . .
- FAVRE.
- TESTARD.

Chef de bataillon. . . . . DEROME.
Capitaine adjudant-major . . . . BRIÈRE DE L'ISLE.
Officier payeur. . . . . MOINET, capitaine.
Officier d'habillement . . . . . BONZÉ, capitaine.
Officiers de santé. . . . .
- MONGRAND, chirurgien-major.
- BASSUIAUX, chirurgien aide-maj. de 2ᵉ classe.

28ᵉ *Compagnie.*

Capitaine . . . . BOUZAIN.
Lieutenant . . . . DOYEN.
Sous-lieutenant . . . . LEBLOND.

29ᵉ *Compagnie.*

Capitaine . . . . DASTUYNES.
Lieutenant . . . . HENRY.
Sous-lieutenant. . . . . MELCHIOR.

30ᵉ *Compagnie.*

Capitaine . . . . BRUNET.
Lieutenant . . . . GEORGEON.
Sous-lieutenant . . . . CHÉRINEZ.

31ᵉ Compagnie.

Capitaine	(?)
Lieutenant	BOTET.
Sous-lieutenant	BORDENAVE.

32ᵉ Compagnie.

Capitaine	PUTMANN.
Lieutenant	BUFFEREAU.
Sous-lieutenant	CAMPI.

33ᵉ Compagnie.

Capitaine	DAVID.
Lieutenant	HERBILLON.
Sous-lieutenant	HEBRAIS.

34ᵉ Compagnie.

Capitaine	PORTALEZ.
Lieutenant	DE LA TUILERIE.
Sous-lieutenant	FREMIET.

35ᵉ Compagnie.

Capitaine	CHASSÉRIAU.
Lieutenant	HUN.
Sous-lieutenant	DESROZIERS.

36ᵉ Compagnie.

Capitaine	LALANNE.
Lieutenant	THOUROUDE.
Sous-lieutenant	(?)

37ᵉ Compagnie.

Capitaine	(?)
Lieutenant	LAFOSSE.
Sous-lieutenant	GUILLEMOT.

38ᵉ *Compagnie.*

Capitaine . . . . Deschamps.
Lieutenant . . . . Camus.
Sous-lieutenant . . . . Berthaux.

39ᵉ *Compagnie.*

Capitaine . . . . (?)
Lieutenant . . . . Taboulet.
Sous-lieutenant . . . . Aune.

19ᵉ *Compagnie.*

Capitaine . . . . De la Broue.
Lieutenant . . . . Dousset.
Sous-lieutenant . . . . Liart.

COMPAGNIES DÉTACHÉES

4ᵉ RÉGIMENT.

Chef de bataillon . . . . Delavau.
Capitaine adjudant-major . . . . De Barolet.
Lieutenant, officier payeur . . . . Lemerle.
Aide-major . . . . Crouzet.

5ᵉ *Compagnie.*

Capitaine . . . . Foucault.
Lieutenant . . . . Verger.
Sous-lieutenant . . . . Giraud.

11ᵉ *Compagnie.*

Capitaine . . . . Royer.
Lieutenant . . . . Bousigon.
Sous-lieutenant . . . . Lestrade.

16ᵉ *Compagnie.*

Capitaine . . . . Genta.
Lieutenant . . . . Miche de Malleraye.
Sous-lieutenant . . . . Rousset.

19ᵉ Compagnie.

Lieutenant . . . . GABET.
Sous-lieutenant . . . . PINAUD.

Compagnie indigène.

Lieutenant . . . . VIARD.
Sous-lieutenant . . . . COLIN.

3ᵉ RÉGIMENT.

Capitaine . . . . GUILLOT.
Lieutenant . . . . PINEAU.
Lieutenant, officier payeur . . . . GROS.
Sous-lieutenant . . . . PISTORI.

2ᵉ RÉGIMENT.

Lieutenant . . . . GASTALDI.
Lieutenant . . . . LANGUINE.
Sous-lieutenant, officier payeur . . DEBREYNE.

2ᵉ BATAILLON DE CHASSEURS A PIED

Commandant . . . . COMTE, chef de bataillon.
Capitaine adjudant-major. . . . . DE PAILLOT.
Officier payeur . . . . AUDIÉ, sous-lieutenant.

1ʳᵉ Compagnie.

Capitaine . . . . BLOUET.
Lieutenant . . . . DE MONTILLE.
Sous-lieutenants . . . . { FORNARI.
                                  { GÉE.

2ᵉ Compagnie.

Capitaine . . . . LAFOUGE.
Lieutenant . . . . AIGUEPARSE.
Sous-lieutenants . . . . { LAMOTHE.
                                  { DE BOISSIEU.

3ᵉ Compagnie.

Capitaine . . . . AZIÈRES.
Lieutenant . . . . DE BELLUNE.
Sous-lieutenants . . . . { AMBROISE.
                                          { SOUDRY.

4ᵉ Compagnie.

Capitaine . . . . AVOCAT.
Lieutenant . . . . CREUZENET.
Sous-lieutenants . . . . { MARTRE.
                                          { DAYROUX

5ᵉ Compagnie.

Capitaine . . . . DE LINIÈRES.
Lieutenant . . . . SABAIL.
Sous-lieutenants . . . . { GALLIMARD
                                          { BERTHAUX.

6ᵉ Compagnie.

Capitaine . . . . AMIOT.
Lieutenant . . . . GERMA.
Sous-lieutenants . . . . { PIERRE.
                                          { GERMAIN.

7ᵉ Compagnie.

Capitaine . . . . ETIENNE.
Lieutenant . . . . RAISSAC.
Sous-lieutenants . . . . { BOURGUIGNON.
                                          { DES GARETS.

8ᵉ Compagnie.

Capitaine . . . . FAUQUIGNON.
Lieutenant . . . . (?)
Sous-lieutenants . . . . { DE FRANCE.
                                          { GUELOT.

BATAILLON DU 101ᵉ DE LIGNE [1]

Commandant	BLOT, chef de bataillon.
Capitaine adjudant-major	JACQUELOT DE MONCETS.
Médecin aide-major de 1ʳᵉ classe. .	SIFFLET.
Capitaines.	MARTIN. REBOUL. DUPRÉ. DE BANNES. ROULLIER. DE GRAMMONT. AVEZARD.
Lieutenants	SIMON. MÉDIER. PUIG. COQUILLARD. RIVALZ. CAIROL. PRUDHOMME. FREYDENBERG. LAPEYRE. BELLEVILLE. VINCIGUERRA.
Sous-lieutenants	BELLINGER. LESAGE. GUILLOMET. CHEVROTON. BLANCHOT. BALDACCI. MARESCHAL. CHEVILLON. BOSH. DE CRESSIONNIÈRES. CARADEUC.

---

1. Ce détachement arriva à Saïgon dans le milieu de l'année 1861.

CORPS DE MARINS DÉBARQUÉS

Commandant	DE LAPELIN, capitaine de vaisseau.
Commandant en second	DESVAUX, capitaine de frégate, de l'*Entreprenante*.
Capitaine adjudant-major	DELASSAUX, lieutenant de vaisseau.
Faisant fonction de cap. adj.-maj.	BALEZEAUX, enseigne, de la *Didon*.
Adjoint du capitaine de vaisseau.	DE RODELLEC, lieutenant de vaisseau.

1re Compagnie.

Capitaine	ROUX, lieutenant de vaisseau, du *Wéser*.
Lieutenant	BONNET, enseigne, du *Laplace*.
Sous-lieutenant	PASSAMA, aspirant, de l'*Impératrice-Eugénie*.

2e Compagnie.

Capitaine	PROUHET, lieutenant de vaisseau, du *Rhône*.
Lieutenant	POUZOLS, enseigne, du *Monge*.
Sous-lieutenant	PARLIER, aspirant volontaire, du *Primauguet*.

3e Compagnie.

Capitaine	SÉNEZ, lieutenant de vaisseau, de l'*Impératrice-Eugénie*.
Lieutenant	JOUHANEAU-LAREGNÈRE, enseigne, du *Rhin*.
Sous-lieutenant	MARÉCHAL, aspirant, de l'*Impératrice-Eugénie*.

4e Compagnie.

Capitaine	DE FOUCAULT, lieutenant de vaisseau, du *Laplace*.
Lieutenant	MASSIOU, enseigne, du *Jura*.
Sous-lieutenant	VIVENOT, aspirant, de la *Loire*.

5ᵉ Compagnie.

Capitaine	BROSSET, lieutenant de vaisseau, de la *Meurthe*.
Lieutenant	HANÈS, enseigne, de la *Didon*.
Sous-lieutenant	WALDNER, aspirant, de la *Renommée*.

6ᵉ Compagnie.

Capitaine	DEHAU DE STAPLANDE, lieutenant de vaisseau, de la *Renommée*.
Lieutenant	GAUDOT, enseigne, de la *Loire*.
Sous-lieutenant	LESÈBLE, aspirant, de la *Renommée*.

7ᵉ Compagnie.

Capitaine	GALACHE, lieutenant de vaisseau, de la *Garonne*.
Lieutenant	CROVA, enseigne, de l'*Entreprenante*.
Sous-lieutenant	DE ROTROU, aspirant, de la *Renommée*.

8ᵉ Compagnie.

Capitaine	BARON, lieutenant de vaisseau, du *Forbin*.
Lieutenant	DUCHET, enseigne, de la *Didon*.
Sous-lieutenant	CANDÉ, enseigne, de l'*Impératrice-Eugénie*.

Compagnie de marins-abordeurs.

Capitaine	PALLU DE LA BARRIÈRE, lieutenant de vaisseau, de l'*Impératrice-Eugénie*.
Premier lieutenant	BERGER, enseigne, du *Monge*.
Deuxième lieutenant	LUGEOL, enseigne, du *Rhône*.
Premier sous-lieutenant	NOËL, aspirant, de l'*Impératrice-Eugénie*.
Deuxième sous-lieutenant . . .	FROSTIN, aspirant, de l'*Impératrice-Eugénie*.

Compagnie en réserve à Saïgon.

Capitaine	Guys, lieutenant de vaisseau, du *Rhin*.
Lieutenant	Amirault, enseigne, du *Rhône*.

Compagnie opérant dans le Don-chaï.

Capitaine	De Geoffroy de Rouret, lieutenant de vaisseau, de l'*Impératrice-Eugénie*.
Lieutenant	Granger, enseigne, de la *Meurthe*.

Compagnie opérant dans le Don-chaï.

Capitaine	A. de la Motte de la Motte-Rouge, lieutenant de vaisseau, du *Monge*.
Lieutenant	De Lander, enseigne, de l'*Entreprenante*.

Compagnie cantonnaise.

Commandant	De Pontcharrat, lieutenant d'infanterie de marine.

ARTILLERIE

Commandant	Crouzat, lieutenant-colonel.
Adjoint	Charon, capitaine.
Vétérinaire	Raveret.

14ᵉ RÉGIMENT MONTÉ.

9ᵉ Batterie.

Capitaine-commandant	Dispot.
Capitaine en deuxième	Saillard.
Lieutenants en premier	Torterue de Sazilly. Gailhoust.
Lieutenant en deuxième	Le Sage.

1/2 10ᵉ *Batterie.*

Capitaine-commandant	AMAUDRIC DU CHAFFAUD.
Capitaine en deuxième	JAMONT.
Lieutenant en premier	CRASSOUS.
Sous-lieutenant	SIREAU.

Deux chevalets de campagne et deux chevalets de siège pour fusées faisaient partie de la demi 10ᵉ batterie du 14ᵉ.

Parc d'artillerie.

Directeur	MORVAN, capitaine en deuxième.
Adjoint	MAHIEU, sous-lieutenant.
Garde	PICHAT.
Ouvrier d'état	SOUPLET.

LIGNE DES PAGODES.

Commandant . . . . CROUZAT, lieutenant-colonel.

Pagode Barbé.

Commandant . . . . GAILLARD, lieutenant de vaisseau.

Armement : trois obusiers de marine de 80 et deux chevalets pour fusées de siège.

Pagode des Clochetons.

Commandant . . . . CLERET-LANGAVANT, capitaine de frégate.
GARNIER, enseigne, du *Jura.*

Armement : quatre canons de marine de 30, rayés.

Pagode de Caï-maï.

Commandant . . . . TURIN, lieutenant de vaisseau.
PEYROUTON, aspirant, de l'*Impératrice-Eugénie.*

Armement : un canon rayé de 30, de marine ; un obusier de 80.

GÉNIE

Commandant . . . . Allizé de Matignicourt, chef de bataillon.

Capitaines . . . .
- Gallimard.
- Bovet.
- Pleuvier.
- Mallet.

Lieutenant . . . . Amirault, enseigne, du *Rhône*.
Sous-lieutenant . . . . Thénard.
Garde . . . . Bourdillat.

CAVALERIE

Commandant . . . . Mocquard, capitaine au 3ᵉ de spahis.

Chorin, capitaine d'artillerie, chargé de la remonte.

Watelier, sous-lieutenant de dragons.

Maréchal, sous-lieutenant d'infanterie de marine, détaché à la cavalerie tagale.

COOLIES

Commandant . . . . Rouvier, lieutenant de vaisseau, de la *Nièvre*.

Robin, sous-lieutenant d'infanterie de marine.

Cornette de Saint-Cyr, sous-lieutenant d'infanterie de marine.

SERVICE ADMINISTRATIF

Faron, commissaire général, ordonnateur des dépenses.

Penaud de La Garlière, commissaire adjoint, chef du service administratif à Saïgon.

INTENDANCE

Rodet, sous-intendant militaire.
Bonnamy, *idem*.

Bureau de l'Intendance.

Policard, adjudant d'administration de première classe.
Michelin, *idem*.
Vacherie, adjudant d'administration de deuxième classe.
Bielle, *idem*.

Service des subsistances militaires.

Robert, officier comptable.
Caren, *idem*.
Landeau, adjudant d'administration.

Service de l'habillement et du campement.

Lacrampe, officier d'administration en premier.
Laillaut, officier d'administration en deuxième.
Barthélemy, adjudant en premier.
Clément, *idem*.

SERVICE DE SANTÉ [1]

Laure, chirurgien principal.
Chabassu, *idem*.
Belain de Lamothe, chirurgien de première classe.
Thiéry, *idem*.
Veyron-Lacroix, *idem*.
Robert, *idem*.
Bonnescuelle de Lespinois, chirurgien de deuxième classe.
De Carové, *idem*
Bourayne, *idem*.
Hennecart, *idem*.
Aude, chirurgien de troisième classe.
Guerrier, *idem*.

---

1. Ce tableau et celui du personnel médical de la pièce I se rapportent à des époques différentes. Ils se complètent l'un par l'autre.

Didiot, médecin principal de deuxième classe.
Armand, médecin-major de première classe.
Guérin, *idem.*
Champenois, *idem.*
Masnou, *idem.*
Mouret, médecin-major de deuxième classe.
Lespiau, *idem.*
Hattute, *idem.*
Azaïs, médecin aide-major de première classe.
Frilley, *idem.*
Libermann, *idem.*
Weber, *idem.*
Jean, *idem.*
Le Moyne, pharmacien de première classe.
Butel, pharmacien de troisième classe.

Service de la trésorerie et des postes.

Pochon, payeur en chef.
Laporte, payeur adjoint.
Camproger, *idem.*
De Courcy, *idem.*

III

ORDRE GÉNÉRAL A L'ARMÉE DE COCHINCHINE

Soldats et marins du corps expéditionnaire !

Grâce à votre valeur, les lignes de Ki-hoa sont tombées en notre pouvoir après deux jours de combat.

Tous les obstacles que, depuis plus d'un an, l'ennemi avait accumulés devant nous, n'ont pu résister à l'énergie de votre attaque, à la vigueur de vos colonnes d'assaut si vaillamment conduites.

Je vous félicite au nom de l'Empereur.

Tout le monde a noblement fait son devoir. Il en est pourtant quelques-uns parmi vous qui se sont plus particulièrement distingués ; je cite leurs noms à l'ordre du jour de l'armée.

ÉTAT-MAJOR GÉNÉRAL.

Le général de Vassoigne ; le capitaine de vaisseau du Quilio ; le lieutenant de vaisseau Jaurès.

ÉTAT-MAJOR DES TROUPES.

L'enseigne de vaisseau Rabou.

GÉNIE.

Le commandant Allizé de Matignicourt ; les capitaines Gallimard, Pleuvier, Bovet ; le sous-lieutenant Thénard ; les sergents

Roucoules, Delcullerie ; les sapeurs Godfrin, 2º régiment ; Barge, 3º régiment, blessé ; Ferré, 3º régiment, blessé ; Muhel, 3º régiment, blessé.

ARTILLERIE.

Les capitaines Charon, adjoint au commandant de l'arme ; Amaudric du Chaffaut ; le maréchal des logis Lucien, 9º batterie du 14º, blessé ; les canonniers Chabry, 1ᵉʳ servant de la 9º du 14º ; Bellanger, fuséen, 12º régiment, blessé.

CORPS DE DÉBARQUEMENT.

Le capitaine de vaisseau de Lapelin ; le capitaine de frégate Desvaux ; les lieutenants de vaisseau Prouhet ; de Foucault, blessé ; Pallu de la Barrière, blessé ; les enseignes de vaisseau Jouhaneau-Laregnère, tué à l'ennemi ; Crova, blessé ; Balezeaux ; l'aspirant de 2º classe Lesèble, blessé ; Joly, capitaine d'armes de l'*Impératrice*, blessé ; Rolland (Étienne), quartier-maitre de manœuvre (des abordeurs), blessé ; Le Quellec, quartier-maitre canonnier ; Porcheron, sergent d'armes du *Rhône ;* Pazier, clairon de l'*Impératrice,* blessé ; Dupuy (Émile), quartier-maitre de timonerie de la *Loire,* blessé ; Gensollen, sergent d'armes, 1ʳᵉ compagnie de fusiliers ; Kervisit, 2º maitre canonnier de la *Renommée*, blessé ; Lutiaux, sergent d'armes du *Weser ;* Gareau, sergent d'armes de 2º classe de la 2º compagnie de fusiliers, blessé ; Soubie (Sébastien), matelot de 3º classe, tué à l'ennemi.

DEUXIÈME BATAILLON DE CHASSEURS A PIED.

Le capitaine Étienne, le sous-lieutenant Desgarets, le sergent-major Armbruster, le caporal Allisse, le chasseur Catelin.

INFANTERIE DE MARINE.

Le lieutenant-colonel Testard, du 3ᵉ régiment, tué à l'ennemi ; le chef de bataillon Delavau, du 4ᵉ régiment ; les capitaines Chasseriau, Brière de l'Isle et David, du 3ᵉ régiment ; le lieutenant Lagrange-Platelet de la Tuilerie ; les sous-lieutenants Lemerle, Robin, Cornette de Saint-Cyr ; l'adjudant Négret ; le sergent-major Landeau, amputé ; le sergent Banoye ; les soldats Le Bellour, blessé ; Dupuy (Julien), blessé ; Kiles, blessé.

SERVICES ADMINISTRATIFS, AMBULANCES.

MM. Champenois, médecin-major ; Hattute, médecin-major de 2ᵉ classe ; Laillault, adjudant d'administration en second ; le caporal Jean, infirmier-major.

Quartier général de Ki-hoa, le 25 février 1861.

Le Vice-amiral, commandant en chef,

Signé : CHARNER.

IV

ÉDIT

DE L'EMPEREUR TU-DUC, 12ᵉ ANNÉE, 9ᵉ MOIS, 10ᵉ JOUR

(4 NOVEMBRE 1860)

PORTÉ A SAÏGON PAR UNE BARQUE TONQUINOISE.

Ordonnance suprême.

La ténacité des barbares du large, semblable au mouvement des vils insectes, a pour propre d'agir en dessous et avec perversité. Après avoir suscité des troubles à Touranne, ils ont divisé et molesté Gia-dinh (Saïgon), il y a déjà un an révolu. Souvent j'ai envoyé des chefs militaires conduisant des armées pour servir à dompter cette race cruelle, et auprès de notre ville nous l'avons arrêtée et circonscrite. L'habileté à la guerre de ces barbares est incomparable. Avant de porter le trouble et le désordre, ils avaient demandé la paix. S'ils avaient été respectueux et s'ils avaient su garder les convenances (les rites), on n'aurait pas hésité à se mettre en relation avec eux, et à la fin, on leur eût accordé *Da-nang* (le port de Touranne), l'objet de leurs désirs, pour que nos soldats se réjouissent de la cessation de leurs travaux et de leurs peines ; mais il n'est pas possible de mettre sa confiance en des cœurs de chiens et de chèvres, je l'ai vu clairement ; aussi j'ai ordonné à tous ceux qui habitent les rivages de la mer de faire des forts, de construire des défenses, de les garder sans négligence, afin de se préparer à repousser par les armes cette prétention qu'ont les barbares de pénétrer chez nous. A présent, ces hommes qui n'ont en vue que le gain, demandent de plus en plus sans se rassasier ; si on suivait leurs désirs, que deviendrait ce royaume, et dans la suite, à quoi pourrait-on songer ? J'ai donc multiplié avec sollicitude les moyens de les chasser afin de couper court à toutes ces supercheries. Mais voilà que, déçus dans leur espoir, ils montrent avec la plus grande évidence leur mauvaise foi. Peu à peu ils se tournent pour voir ce qu'il y a de défectueux dans la conduite du grand mandarin de Quang-nan, afin de détruire son armée par un assaut brusque et violent. Cette nature délirante qui fait agir ainsi ces barbares est, en vérité, un sujet d'exécration. En ce moment, j'ordonne à tous ceux qui, dans quelque endroit qu'ils soient, ont des ouvertures sur la mer ou des points de défense, de redoubler de vigilance, sans qu'il y ait la moindre chose à reprendre.

En outre, ces barbares sont séparés de notre territoire par de vastes mers ; originairement, nous n'avons aucun sujet de conflit avec eux ; cependant l'avidité, la perversité, et le mépris, les excitent d'une manière insensée contre nous, pour troubler sans raison nos rivages, pour exercer la piraterie contre nos barques et pour jeter avec effronterie le désordre dans nos populations. Quel est le lettré ou l'homme du peuple à qui tout cela ne fasse pas grincer les dents de rage et qui, pensant à manger de la chair, cherche encore à en ôter la peau ? C'est pourquoi ce n'est pas d'un homme, ce n'est pas d'un matin, ce n'est pas d'une soirée qu'il s'agit ! Quel est celui qui se nourrissant des fruits de la terre n'a pas la pensée de la fidélité et du devoir ? Je donne ordre à tous les mandarins des provinces de faire en sorte que tous les lettrés, que tous les gens du peuple de leurs districts respectifs, sachent partout s'élever et s'insurger. Maintenant il faut s'abstenir du doute des paroles flottantes. Quand il n'y a rien à redouter, alors on se réjouit, on laboure, on cultive, on garde son bien et l'on s'aide mutuellement, mais quand il y a péril imminent, alors on se réunit d'actions et de sollicitude pour tous ensemble penser à combattre et pour trouver le moyen d'éviter le danger. De plus, il faut qu'en ce jour, ceux de la contrée qui ont de l'adresse et du savoir s'en servent efficacement. Les villages de dix maisons ont certainement un homme qui inspire la confiance. Comment, dans les chaumières de paille, n'y a-t-il pas de mérite distingué qui ne puisse éviter d'être inconnu des hommes en place qui le dépriment ? Comment le discernerait-on ? Nous ordonnons à toutes les autorités en dehors des autorités communales, depuis les préfets et les sous-préfets de 1er et de 2e rangs, de rechercher ceux qui ont un heureux stratagème pour détruire et chasser ces barbares atteints de folie, afin qu'on puisse, sans exception, en faire part au mandarin du lieu, qui m'en fera le rapport ; ensuite je ferai un choix. Cependant ceux qui enverront ces renseignements doivent prendre garde de ne pas fatiguer sans utilité les courriers. Je fais savoir encore à tous les districts, sans distinction de mandarin civil et de mandarin militaire, que quiconque a vraiment de l'intelligence, de l'adresse, du savoir-faire, des moyens d'action et la volonté de tuer les brigands, doit demander à suivre les mandarins militaires, et les mandarins du lieu doivent en référer clairement à qui de droit : d'un côté examinant à quel corps l'individu doit appartenir, et de l'autre indiquant son nom. Les six départements du midi avec Bin-thuan et Kauh-hoa suivront le grand mandarin militaire de Gia-dinh ; les départements compris entre Bin-dinh et Quang-nam inclusivement, suivront le grand mandarin militaire de Quang-nam ; Thua-thien et tous les départements du nord jusqu'à la capitale se conformeront aux instructions données à l'effet de réprimer (cette agression). Quant à ceux qui, après cela, auront mérité du pays, la cour les louera et les récompensera largement de leurs travaux. Peuples de l'empire qui voulez suivre ma volonté ! la voilà.

V

SUR LA NATURE DES FORTIFICATIONS ANNAMITES

Les camps retranchés des Annamites sont défendus par des obstacles qui tiennent, par leur nature, de la fortification permanente et de la fortification passagère.

L'épaulement est formé par une masse couvrante en terre qui abrite les bouches à feu et les hommes qui les servent. La terre, remuée au temps des pluies, se durcit à la façon des briques égyptiennes, pendant les six mois de saison sèche. Elle est retenue en outre par une armature en bois dont les pièces s'entre-croisent. Il n'y a ni *saucissons*, ni *gabions*, ni *claies*, ni *gazons* pour prévenir les éboulements, et cependant la face extérieure est verticale.

Les revêtements qui, dans la fortification européenne, servent à soutenir les talus plus roides que les talus naturels des terres, ont ici un tout autre objet. Leur but est de s'opposer à l'escalade. Ils sont formés des branchages épineux du bambou. Cet arbuste abonde dans le pays : les haies en sont faites. De loin, son feuillage grêle et lancéolé rappelle, par la teinte et par la forme, le feuillage du saule en Europe. Les tiges sont fortes et flexibles ; l'écorce est employée par les vanniers annamites. Les touffes sont garnies d'épines dont la piqûre est un peu vénéneuse. Ces touffes, entremêlées avec un art infini, forment sur la masse couvrante un revêtement en hérisson, haut de trois pieds. Le relief de l'obstacle s'en trouve augmenté d'une hauteur égale. Les tiges de ces buissons épineux sont très peu fichées en terre, de sorte que la prise est nulle. L'ensemble est soutenu par des traverses assez fortement enfoncées dans l'épaulement, à deux pieds au-dessous de la crête, hors de portée de main : ces traverses sont le seul appui qui permette l'escalade. Quand ce revêtement de bambou est enlevé, la fortification annamite, réduite à un remblai de terre, paraît peu de chose. Quand l'ensemble est intact, il paraît formidable, et il l'est.

La face extérieure descend dans un fossé profond de cinq pieds qui, vers la fin de la saison sèche, contenait encore, dans les champs de Ki-hoa, trois pieds d'eau vaseuse. L'assaillant qui a pu échapper aux trous de loup, aux chevaux de frise, au piquets pointus, aux pièges, voit ainsi se dresser devant lui un mur garni d'épines, haut de quinze pieds, à pic, qui rend le jet des grenades impossible ou dangereux, la fusillade inefficace.

La face intérieure est également verticale : elle repose sur une banquette de fusillade, au-dessous de laquelle est un terre-plein ; et le camp retranché en cet endroit figure ainsi les deux gradins d'un escalier.

La fortification annamite n'a pas de *barbettes* qui pourraient donner au pièces, surtout aux saillants, un champ de tir plus considérable. Les épaulements sont percés d'embrasures dont la petite ouverture est tournée du côté de l'ennemi, ne découvrant ni la pièce, ni les tireurs et permettant d'éviter les ricochets contre les joues de l'embrasure. Cette disposition fut remarquée par les officiers du génie en Cochinchine, et quelques ingénieurs la trouvèrent bonne.

Les miradors sont des plates-formes établies à vingt-cinq pieds au-dessus du sol, sur quatre mâts fichés en terre et reliés entre eux par des échelons. Ils servent d'observatoires aux Annamites. Quand la première ligne de Ki-hoa fut enlevée, le 25 février 1861, ce fut sur un mirador que flotta le pavillon français.

Les trous de loup affectent tous une forme circulaire et de dimensions égales. Cette disposition fut fâcheuse pour les Annamites dans cette même journée du 25 février : quoique les légers clayonnages jetés sur les orifices des trous de loup dissimulassent l'emplacement des crêtes, on en suivait le dessin d'instinct et au jugé : la vue du premier trou de loup donnait, pour ainsi dire, le sentiment de ceux qui venaient ensuite. Des trous de dimensions inégales ou de formes géométriques différentes auraient dérouté les assaillants. On remarqua qu'aucun des Français qui arrivèrent devant le dernier obstacle, ne marcha droit : tous se jetèrent involontairement dans cette marche embarrassée, sur la droite ou sur la gauche, en obliquant.

VI

NOTE

SUR CERTAINS COLONS MILITAIRES APPELÉS DON-DIEN

Les institutions qui, dans ces derniers temps encore, régissaient la Basse-Cochinchine, semblent inspirées par une pensée commune : fixer et rassurer un peuple pauvre, porté au brigandage par le malheur des guerres étrangères et intestines, et le tourner vers la culture de la terre. Elles sont appropriées aux aptitudes de la race annamite, et peuvent généralement recevoir l'empreinte de notre domination, sans que ce changement les altère au point de les faire disparaître. On en jugera par l'organisation des fermes militaires connues sous le nom de « Don-dien ».

Les Don-dien sont des colons militaires qui défrichent les terres incultes et les amendent. Ils sont pris parmi les gens pauvres et les gens errants non inscrits sur les catalogues de l'empereur, et sont groupés d'après certaines règles. Ils vivent en famille, restent Don-dien toute leur vie, et ne possèdent jamais la terre. L'empereur les secourt tant que durent leurs travaux de défrichement. Quand la guerre éclate, les Don-dien marchent avec l'armée. Ils sont alors presque tous armés de piques. L'institution de ces colonies ne remonte guère à plus de sept ans. En 1854, le nguyen [1] Tri-phuong s'adressa aux hommes importants par leur fortune et leurs services. Il recueillit les malheureux qui se trouvaient en grand nombre dans le pays, et présenta son projet d'organisation des Don-dien à la sanction impériale. L'ordonnance fut rendue le premier jour du premier mois de la sixième année du règne de Tu-duc [2].

Le délégué impérial, commissaire visiteur de l'extrême Midi, le nguyen Tri-phuong, constata qu'un an plus tard, dans les six départements, il se trouvait six régiments. Il adressa les registres au ministre, et envoya des mandarins dans toutes les directions pour exhorter de la manière la plus pressante les chefs de recrutement à emmener les gens pauvres et les gens errants sur les terrains désignés pour la culture. Le nguyen, à la suite de ses inspections, conclut qu'il était prudent de ne pas exiger tout d'abord l'effectif complet [3].

Au premier appel, ces six régiments avaient bien présenté trois mille hommes; mais il avait fallu retrancher les vieillards et les malades, et le chiffre se trouva réduit à deux mille cinq cent quinze hommes. Comme on peut le remarquer, le commissaire visiteur de l'extrême Midi ne perdait pas de vue sa création.

L'institution des Don-dien fut complétée l'année suivante par un nouveau décret qui conservait l'organisation des régiments et des capitaineries, et qui instituait des *ap* (petites agrégations communales) sous la dépendance du pouvoir civil. Tout Annamite fut admis à faire valoir son influence personnelle et à lever sous la

---

1. Haut commissaire visiteur.
2. Nous sommes à la quatorzième année. Dans l'Annam, on date les années de l'avènement de l'empereur.
3. « Dans le centre, où la terre est arrosée, grasse et abondante, le commerce est actif et procure l'aisance; les colons arrivent en foule et avec joie, et la règle des appels de cinq cents hommes pour les régiments et de cinquante hommes par compagnie est exigée et suivie. Ailleurs la terre est maigre et de difficile culture, *isolée comme dans un désert*. Les régiments sont réduits à trois ou quatre cents hommes. Il serait bien dur d'imposer pour ceux-ci un effectif complet. »

dépendance du *tong* (chef de canton), des *ap* de trente, cinquante et cent hommes. Ces chefs eurent le titre de *doi,* le rang et les attributions de chef de village, avec cette différence cependant, qu'ils administraient sans conseil municipal; mais ils relevaient du *tong* et non d'un chef de Don-dien, et occupaient ainsi une sorte de position intermédiaire entre les premiers colons et les paysans des villages ordinaires.

Ces agrégations de seconde formation furent souvent inspectées par Tri-phuong, et les colons furent encouragés et exhortés. Chaque homme avait deux, trois ou quatre arpents. Ces Don-dien étaient inscrits ainsi que leurs terrains, et devaient payer en dix ans tous les genres de tribut. Malgré les exhortations, les gens errants venaient difficilement s'établir sur les terrains maigres. Dans un de ses rapports, le nguyen demande « qu'on tienne compte « des vraies difficultés, et qu'on ne refuse pas les distinctions pro- « mises. Il présente cette prière à Sa Majesté, en s'inclinant pro- « fondément devant sa sainte pénétration. »

Le nombre des régiments de Don-dien, après tous ces tâtonnements, fut fixé d'une manière définitive à vingt-quatre, ainsi répartis : sept régiments dans la province de Gia-dinh, six dans celle de My-thô, cinq dans celle de Vinh-long, quatre dans la province de Bien-hoa, et deux dans celle de An-gian. Chaque régiment portait le nom du canton qu'il avait formé et chaque compagnie, de la première à la dixième, portait le nom du régiment. Les colonels (*quan-co*) étaient chefs de canton ; les capitaines étaient *ap-truong* (chef de village du titre de *ap*). Les colonels avaient un cachet qu'ils tenaient de Hué : ce cachet, en bois très léger, ne pouvait être employé qu'à l'encre noire, l'encre rouge annonçant un pouvoir plus élevé. La plupart de ces régiments ne purent jamais dépasser le chiffre de trois cents hommes, et leurs compagnies le chiffre de trente hommes. L'effectif de la compagnie de guerre annamite est de cinquante hommes.

Les colonels de Don-dien furent choisis parmi les anciens chefs de village les plus remarquables par leur résolution, leur intelligence ou les services qu'ils avaient rendus. Chaque chef était présenté par le nguyen Tri-phuong, et sa nomination était approuvée par l'empereur. Ils étaient par conséquent tout à fait à la dévotion du commissaire visiteur. Il parait que cet honneur était une charge des plus lourdes. Dans beaucoup de régiments, les secours fournis par l'empereur étaient insuffisants, et les colonels avançaient sur leur fortune particulière des sommes que l'État ne leur rendait pas toujours, ou bien ils empruntaient au gouverneur de la province des sommes d'argent dont ils se portaient garants. En outre, la bande était difficile à mener et d'humeur peu patiente. C'était une difficulté *épouvantable*, rapporte un de leurs chefs, de les maintenir dans l'ordre. Quelques-unes de ces pauvres familles désertaient les *ap*, n'y trouvant plus de quoi vivre. Les villages qui étaient censés avoir fourni ces Don-dien étaient obligés de les remplacer. Le gouvernement annamite donnait peu de chose. L'empereur faisait distribuer trois cents ligatures (trois cents francs environ) pour trois cents hommes. Ce secours était destiné à l'achat des instruments aratoires, qui n'étaient pas fournis en nature, comme on l'a prétendu inexactement. Le chef recevait en outre deux cents ligatures pour acheter des buffles. Les Don-dien étaient attirés, recueillis, mais non pas forcés, et c'est une erreur de croire qu'ils étaient recrutés parmi les criminels et les exilés. Chaque Don-dien devait livrer tous les ans dix boisseaux de riz, cinq pour l'empereur, cinq pour les cas de disette. Il y avait des magasins de prévoyance où le riz s'entassait : le grain non décortiqué peut se conserver très longtemps (cinquante ans, prétend-on). Des gens riches se servaient même de ces magasins pour conserver leur riz ; mais ces villages étaient à peine installés quand ont commencé les *troubles,* ainsi que les Annamites appellent la guerre avec les Européens. Ils étaient bâtis régulièrement, et présentaient tout l'aspect des villages militaires de Ki-hoa. La maison du chef était au centre avec un gong, un tam-tam, ce qu'il faut pour appeler aux armes. Ils n'étaient point entourés de fortifications passagères, comme on l'a dit.

Les Don-dien étaient des voisins fort désagréables pour les villages soumis à l'administration ordinaire. On les voyait toujours mêlés dans les querelles, et toujours prêts à tirer leurs longs coutelas. Dans un pays où l'organisation municipale existe tout entière, où les villages en viennent souvent aux coups pour des querelles de pagode, on comprend que les Don-dien devaient être en effet souvent intolérables.

Chaque régiment avait un petit canon. Dix soldats environ étaient armés de fusils, les autres étaient piquiers. La distribution des armes était faite par le colonel. Il était permis du reste aux Don-dien de varier leur armement et de porter des fusils s'ils pouvaient s'en procurer. Ils s'exerçaient au maniement de leurs piques quand les travaux de culture étaient terminés ou suspendus, mais à la façon annamite, en se tordant, se repliant, en se battant contre le vent, et multipliant des passes inutiles. Le premier mois de l'année, ils étaient inspectés dans le chef-lieu de la province ; on les voyait arriver à Saïgon, à My-thô. Ils portaient le petit chapeau des soldats annamites, une blouse fendue droit par devant et de couleur noire, un pantalon violet ou de couleur fauve. A proprement parler, ils n'avaient pas d'uniforme. Leurs chefs se ceignaient d'une écharpe noire ou violette. Ils portaient l'écusson sur la poitrine.

Durant la période remplie par les travaux préparatoires de culture dans les terres en friches, c'est-à-dire, pendant deux ans, les Don-dien étaient fort malheureux. C'est alors aussi qu'ils recevaient des secours de l'empereur, plus souvent de leurs chefs. Ces champs étaient la propriété de l'empereur. Les Don-dien n'étaient que des usufruitiers. Ils ne pouvaient ni partager, ni vendre, ni céder leurs arpents. Il y a aussi dans l'Annam des villages qui ne vivent que des champs du gouvernement. Chaque année, l'autorité fait un nouveau partage.

Au début de la guerre, les Don-dien furent envoyés dans les forts ; mais leur armement fut modifié : on leur donna un assez grand nombre de fusils. Ils nous ont combattus à Ki-hoa ; il y avait contre les Français, à l'assaut du 25 février 1861, environ cinq cents Don-dien commandés par le colonel Tou (quan-Tou). Après leur défaite, ils ont reparu dans les forts de My-thô ; enfin plus récemment, dans une expédition qu'ils ont tentée contre Go-cung.

Les chefs de Don-dien étaient souvent des hommes remarquables. L'un d'eux, le colonel Suan, s'est distingué par une bonne administration. Il était, en 1861, sur la frontière des possessions françaises de l'autre côté de l'arroyo de la Poste. Un autre des plus résolus, le colonel Tou, a disparu après la prise de My-thô. La crédulité populaire donne parfois à quelques-uns de ces chefs des attributs singuliers ; le Doa-tri-hien passe pour avoir quatre phalanges au petit doigt.

Tri-phuong, le fondateur des régiments de Don-dien, est, comme on l'a dit ailleurs, un ancien scribe qui est arrivé à sa haute position sans avoir passé par les concours. Son projet, quand il fut présenté, parut admirable ; il utilisait des gens sans aveu qui causaient souvent des troubles ; il ajoutait aux revenus de l'État, et augmentait sa force par une troupe disciplinée à l'avance ; mais des Annamites qui ont vécu à la cour de Hué assurent que ces soldats devaient agir un jour contre l'empereur Tu-duc. Tri-phuong aurait préparé des chefs à sa dévotion, formé à l'avance un noyau armé de douze mille hommes, et, quand l'occasion serait venue, il aurait favorisé les entreprises du roi de Siam. Ces projets ne paraîtront pas trop invraisemblables, si l'on veut considérer que le roi de Siam s'est toujours mêlé des affaires de la Cochinchine, que le Cambodge est son tributaire ainsi que le Laos, et que dans la deuxième année du règne actuel[1], l'ambassadeur du roi de Siam fut arrêté à Tay-ninh, porteur des insignes de la royauté pour le frère aîné de Tu-duc, qui était alors enfermé depuis deux ans.

---

1. 1850.

Quelle que soit l'opinion qu'on se fasse sur l'institution de ces colons militaires, qu'ils aient été organisés avec une arrière-pensée politique ou simplement pour défricher des terrains incultes et pour ramener dans la vie sociale les gens errants qui devaient abonder dans un pays souvent conquis et souvent perdu, il est certain que l'organisation des Don-dien est un remarquable témoignage de cet esprit d'ordre, de précaution, et de cette sorte de bonhomie qui semble particulière aux institutions annamites. On a organisé des colons militaires en Europe; mais ce qui distingue la création des Don-dien, c'est la condition de pauvreté, d'où ils sont censés ne devoir jamais sortir. La pensée d'établir une agrégation de misérables qui ne devaient jamais cesser de l'être et dont les enfants seraient Don-dien, est tellement en désaccord avec l'inégalité qui se produit rapidement dans toutes les réunions humaines, qu'on se demande si même dans l'Annam, où l'homme est placé en tutelle comme un enfant, l'essai était réalisable ; c'est un chef annamite, le quan-Ké lui-même, qui le jugeait impossible. Cet Annamite prétendait que si l'on voulait reformer les Don-dien sur les anciennes bases, on n'obtiendrait aucun résultat sérieux, parce qu'il y a trop de pauvres parmi eux. Il faudrait, d'après lui, mêler cent riches avec deux cents pauvres. L'esprit de pauvreté, excellent en effet pour des soldats qui doivent se déplacer au premier appel, est moins applicable à des paysans qui s'attachent aux biens de la terre, surtout quand ils l'ont défrichée. On se représente difficilement des colons maintenus dans les dispositions de cette sorte de loi agraire.

Le vice-amiral Charner put croire à une certaine époque que les Don-dien se façonneraient à notre domination; il reçut leurs protestations de fidélité et approuva leur formation par un arrêté en date du 19 mars 1861 ; mais, après la prise d'armes contre Go-cung et les événements qui en furent la suite, ces colons furent dissous par un arrêté rendu le 22 août 1861. Un grand nombre d'entre eux sont rentrés sous la domination régulière des villages et se sont fait inscrire. D'autres ont eu le sort des soldats débandés et se sont faits brigands. Il existe pourtant encore quelques régiments de Don-dien au sud du Cambodge. Mais dans les circonstances actuelles, l'institution de ces fermes militaires ne pourrait être reprise par les Français sans donner un moyen d'action au brigandage.

OBITUAIRE

DES

FRANÇAIS QUI ONT SUCCOMBÉ EN COCHINCHINE

JUSQU'A L'ANNÉE 1862

OBITUAIRE

DES FRANÇAIS QUI ONT SUCCOMBÉ EN COCHINCHINE

JUSQU'A L'ANNÉE 1862

En recherchant ces noms dans la poussière où ils paraissaient ensevelis pour toujours, on a voulu honorer les Français qui sont morts en Cochinchine, et non pas faire le compte de leur glorieux sacrifice. Bien que les événements accomplis en Asie nous touchent encore, il semble que la distance ait produit l'effet du temps, et l'on peut désormais parcourir ce nécrologe avec le calme que réclame l'examen d'une pièce historique. Si considérable que soit cette liste, elle n'atteindra pas le chiffre que l'ignorance ou la passion cherche à produire contre les expéditions de Chine et de Cochinchine : car c'est aujourd'hui le ton qui règne. Ouvriers inconnus, qui ne vous êtes pas lassés malgré l'heure avancée du jour, et qui, sans demander pour qui vous édifiiez, n'avez jamais ménagé votre peine ; qui donc pourrait devancer le temps et mesurer votre œuvre? Ce registre n'est point un livre de mort; c'est un livre de vie. L'homme, qui n'est qu'un point dans l'espace, répugne à l'idée d'une destruction complète, et il lui semble qu'il échappe à la mort, lorsqu'il échappe à l'oubli.

RELIGIEUX

FONDATEURS MORTS EN CHINE OU DANS LE SIAM [1].

NOMS.	QUALITÉS.	DATES DE LA MORT.
Alexandre DE RHODES	De la compagnie de Jésus, évangélisa la Cochinchine de 1627 à 1630; mourut en Perse.	En 1660.
LAMOTHE-LAMBERT	Év. de Béryte, vic. apost. de la Cochinchine et de la Chine méridionale; mourut à Siam.	15 juin 1679.
PALLU (François)	Év. d'Héliopolis, vic. apost. du Tonkin (1658), administrateur gén. de toutes les missions de Chine (1680); mourut au Fokien.	29 octobre 1684.
CHEVREUL (Louis)	Missionn^{re} en Chine.	10 novembre 1693.

---

1. Cette liste comprend les religieux qui ont fondé l'Œuvre de l'apostolat dans l'Empire d'Annam, soit en y pénétrant, soit en y dirigeant l'œuvre près des frontières de cet empire, mais qui n'ayant pu y rester ou y pénétrer, par l'effet des édits de persécution, sont morts en Chine ou dans le Siam. Il a paru conforme à la vérité historique de placer ce groupe de fondateurs en tête de l'Obituaire des Français qui ont succombé en Cochinchine.

RELIGIEUX QUI SONT MORTS DANS L'EMPIRE D'ANNAM.

NOMS.	QUALITÉS.	DATES DE LA MORT.
Hainques (Antoine)	Missionnaire.	En décembre 1670.
Brindeau (Pierre)	Licen. de Sorbonne.	En janvier 1671.
Guyart (Claude)	Missionnaire.	En juin 1673.
Tissanier (Joseph)	De la comp^{ie} de Jésus, de 1658 à 1663.	. . . .
Albier (Pierre)	Id., arrivé en 1658.	. . . .
Thomas (Charles)	Missionnaire.	En 1681.
Bouchard (Gabriel)	Licen. de Sorbonne.	En janvier 1682.
Duchène (Joseph)	Év. de Béryte.	17 juin 1684.
Mahot (Guillaume)	Évêque de Bide.	En 1684.
Lenoir (Pierre)	Missionnaire.	En décembre 1685.
Serrant (Louis)	Id.	En février 1687.
Gallier (François)	Doct. en théologie.	En juillet 1687.
Deydier (François)	Év. d'Ascalon.	1er juillet 1693.
Parégaud (Hugues)	De la comp^{ie} de Jésus, arrivé en 1692.	En 1695.
Ferret (Toussaint)	Missionnaire.	12 juin 1700.
Langlois (Pierre)	Id.	30 juillet 1700.
Forget (René)	Id.	22 octobre 1700.
Ausier (Jean-Baptiste)	Licen. de Sorbonne.	1er août 1707.
De Capponi (Jean)	Missionnaire.	29 août 1707.
Destrechy (Charles)	Id.	13 novembre 1709.
Belot (Edme)	Év. de Basilée.	2 janvier 1717.
Godefroy (François)	Missionnaire.	16 mai 1718.
Huette (Pierre)	Id.	27 novembre 1719.
Braud (Gabriel)	Docteur en théologie.	En 1722.
Le Royer (Abraham-Joseph)	De la comp^{ie} de Jésus, arrivé en 1692 (supérieur en 1701 et 1714).	. . . .
De Bourgès (Louis-Noël)	Id., arrivé en 1705.	. . . .
Labbé (Marin)	Év. de Tilopolis.	24 mars 1723.
Guisain (F. Gabriel)	Bach. de Sorbonne, Év. de Laranda.	17 novembre 1723.
Sennemaud (Pierre)	Missionnaire.	25 janvier 1730.
Lagneau de Langellerie (N.)	Id.	2 mars 1732.
De Flory (Charles)	Id.	3 janvier 1733.
Gouges (Charles)	Id.	9 novembre 1733.
Dupuy du Fayet (Pierre)	Id.	En décembre 1733.
Cordier (François)	Id.	2 mai 1734.

NOMS.	QUALITÉS.	DATES DE LA MORT.
FAUCHER (J.-P.)	Missionnaire.	En 1736.
BERGIER (Pierre)	Id.	16 novembre 1737.
DE CARBON (Jean)	Id.	6 septembre 1739.
DUFRENAY (Henri-Joseph)	Docteur en théologie.	14 novembre 1740.
HÉBERT DE St-GERVAIS (Pierre)	Bach. en théologie.	23 décembre 1742.
GRIFFÉ (François)	Missionnaire.	30 juin 1745.
DELACOUR	Id.	En 1746.
LEROUX (Louis)	Id.	23 février 1752.
DEVAUX (Louis)	Év. de Léros.	1er janvier 1756.
D'AZÉMA (Joseph)	Missionnaire.	19 juillet 1759.
LEFÈVRE (Armand-Fr.)	Év. de Noellene.	27 mars 1760.
NÉEZ (Louis)	Év. de Céomanie.	19 octobre 1764.
BRICART (Nicolas-Benoit)	Missionnaire.	7 juin 1768.
ARTAUD (J.-B.)	Id.	29 novembre 1769.
VIARD (Fr.-Didier)	Id.	8 décembre 1770.
PIGUEL (Guillaume)	Év. de Canathe.	21 juin 1771.
MORVAN (Jacques-Nicolas)	Missionnaire.	13 janvier 1776.
LEVAVASSEUR (Nic.-Jacques)	Id.	1er juin 1777.
GRENIER (Blaise)	Id.	10 juin 1777.
LE CLERC (Tite)	Id.	21 septembre 1779.
REYDELET (Bertrand)	Év. de Gabole.	8 juillet 1780.
MOUTOUX (Antoine)	Missionnaire.	9 avril 1783.
SAVARY (Fr.-Michel)	Id.	19 mai 1783.
HALBOUT (Pierre)	Id.	11 mai 1788.
DE DIENNE, Cte DE BRIOUDE (Vital-Gabriel)	Vic. gén. de St-Flour.	29 octobre 1788.
DAVOUST (Jean)	Év. de Céram.	17 août 1789.
LEBRETON (Louis-Fr.)	Missionnaire.	27 août 1789.
D'ARCET (J.-P.-Joseph)	Id.	3 février 1790.
THIÉBAUT (Antoine)	Id.	11 février 1790.
POCARD (Yves)	Vic. gén. de St-Flour.	14 février 1790.
ROUX (Jean)	Missionnaire.	20 octobre 1790.
PILLOU (Jacques-Robert)	Id.	21 janvier 1791.
LE BLANC (J.-B.-Aimé)	Docteur de Sorbonne.	4 mars 1791.
TARIN (Jean-Fr.)	Missionnaire.	4 avril 1791.
LAVOUÉ (Pierre)	Id.	En avril 1796.
BOISSERAND (Barthelemy-Bern.)	Licenc. en Sorbonne.	13 novembre 1797.
PIGNEAUX DE BÉHAINE (G.-P.)	Év. d'Adran.	9 octobre 1799.
LE GERMAIN (Jean-Louis)	Missionnaire.	En 1799.
LELABOUSSE (P.-M.)	Év. nommé.	En 1801.
JOURDAIN (Etienne)	Missionnaire.	25 juillet 1803.
GIRE (Pierre)	Id.	20 juin 1804.
SÉRARD (Philippe)	Id.	2 octobre 1804.

NOMS.	QUALITÉS.	DATES DE LA MORT.
Leroi (Jean-Fr.)	Missionnaire.	20 août 1805.
Izoard (Joseph)	Id.	En 1809.
Doussain (Jean-André)	Év. d'Adran.	14 décembre 1809.
Liot (Jacques)	Missionnaire.	28 avril 1811.
Grillet (Jean-Claude)	Id.	27 avril 1812.
Girard (Fr.-Joseph)	Id.	En décembre 1812.
Le Pavec	Id.	22 juin 1814.
La Mothe (Charles)	Év. de Castorie.	22 mai 1816.
Tessier (René-Jacques)	Missionnaire.	12 novembre 1816.
Magdinier (Pierre)	Id.	18 juillet 1819.
Audemar (Jean-Joseph)	Év. d'Adran.	8 août 1821.
Jarot (Balthazar)	Missionnaire.	22 mai 1823.
Guérard (J.-Jacques.)	Év. de Castorie.	18 juin 1823.
Labartette (Jean)	Év. de Véreu.	6 août 1823.
Thomassin (Auguste)	Missionnaire.	24 mai 1824.
Ollivier (J.-François)	Év. de Castorie.	27 mai 1827.
Eyot (Pierre)	Missionnaire.	29 juillet 1827.
Noblet (Fr.-Louis)	Id.	25 juillet 1828.
Pouderoux (Jean-Pierre)	Id.	11 octobre 1829.
Longer (J.-Benjamin)	Bach. de Sorbonne, Év. de Gortyne.	8 février 1831.
Journoud (Benoit)	Missionnaire.	2 juillet 1831.
Mialou (Jean-Pierre)	Id.	31 août 1832.
Suat (Célestin-J.-François)	Id.	En février 1833.
Gagelin (Fr.-Isidore)	Id.	17 octobre 1833.
Mollin (J.-L.-Hyacinthe)	Id.	15 février 1835.
Marchand (Joseph)	Id.	30 novembre 1835.
Rouge (Fr.-Marie)	Id.	En décembre 1835.
Cornay (Jean-Charles)	Id.	20 septembre 1837.
La Mothe (Charles)	Év. de Castorie.	5 juillet 1838.
Gondalh (Jean-Jacques)	Missionnaire.	28 juillet 1838.
Jaccard (François)	Id.	21 septembre 1838.
Dumoulin-Borie (P.)	Év. nommé d'Acanthe.	24 novembre 1838.
Vialle (Fr.-Alphonse)	Missionnaire.	17 décembre 1838.
De La Motte (Gil.-J.-Louis)	Id.	3 octobre 1840.
Bringole (Fr.)	Id.	22 décembre 1841.
Duclos (Pierre-Irénée)	Id.	17 juillet 1846.
Schœffler (Augustin)	Id.	1er mai 1851.
Gassot (Valentin-Amb.)	Id.	21 novembre 1851.
Bonnard (Jean)	Id.	1er mai 1852.
Masson (Clément)	Év. de Laranda.	24 juillet 1853.
Beuret (François-Joseph)	Missionnaire.	14 septembre 1853.

NOMS.	QUALITÉS.	DATES DE LA MORT.
Colombet (Lucien)	Missionnaire.	24 avril 1854.
Douai (Pierre-Léon)	Id.	En 1854.
Laffitte (Jean)	Id.	30 mars 1856.
Taillandier (Louis)	Id.	11 mai 1856.
Paspin (Jules)	Id.	17 octobre 1856.
Castex (André)	Id.	6 juin 1857.
Combes (Jean-Pierre)	Id.	15 septembre 1857.
Raynaud (Antoine)	Id.	5 octobre 1858.
Triaire (Henri)	Id.	9 janvier 1859.
Retord (Pierre)	Év. d'Acanthe.	22 octobre 1859.
Titaud (Jean)	Missionnaire.	29 janvier 1860.
Borelle (Henri)	Id.	15 juillet 1860.
Néron (Pierre-François)	Id.	3 novembre 1860.
Vénard (Jean-Théophane)	Id.	2 février 1861.
Verdié (Jean)	Id.	En août 1861.
Guenot (Étienne-Th.)	Év. de Métellopolis.	14 novembre 1861.

MARINS

NOMS.	GRADES.	DATES DE LA MORT.
Boitou	Capitaine marchand.	5 août 1682.
D'Olivier de Puimanel (Vict.)	Officier volontaire.	En 1800.
Dayot	Officier de vaisseau.	En 1815.

LA SAONE

Robert (Louis-J.-Charles)	Maît. mécan. de 2e cl.	24 août 1858.
Orain (Pierre-Emmanuel)	Matelot de 3e classe.	14 septembre 1858.
Cabton (René-Henri)	Id.	31 octobre 1858.
Le Calvez (Guillaume)	Id.	7 novembre 1858.
Alix (Jean-Fr.-Marie)	Id.	27 décembre 1858.
Le Pelletier (Em.-V.-M.)	Aumônier de 1re cl.	8 juillet 1859.
Maguet (Eugène-Pierre)	2e maît. tim. de 1re cl.	16 décembre 1859.
Guerson (Pierre)	Matelot.	13 avril 1859.
Faisant (Julien-Joseph)	Matelot de 2e classe.	4 juin 1859.
Le Guen (Christophe)	Id.	5 juin 1859.
Le Masson (L.-M.-Jos.)	Id.	2 juillet 1859.
Tabard (Victor)	Id.	7 septembre 1859.
Famille (Laurent)	Matelot de 3e classe.	10 janvier 1859.
Auffret (François)	Id.	10 janvier 1859.
Le Bot (Jean-Marie)	Id.	20 janvier 1859.
Le Bars (Rolland)	Id.	23 janvier 1859.
Floch	Id.	25 juin 1859.
Gourauh (Henri-Yves)	Qr.-m. man. de 1re cl.	21 juin 1860.
Beaufils (Alexandre)	Matelot de 3e classe.	20 novembre 1860.
Hall (Jean-Marie)	Id.	20 novembre 1860.
Gouraut (Henri-Louis)	Qr.-m. man. de 1re cl.	21 juin 1861.
Le Pileux (Alp.-Victor)	Matelot de 1re classe.	19 juin 1861.
Le Guen (Yves-Marie)	Matelot de 3e classe.	16 juin 1861.
Dupuy (Ed.-Joseph-Marie)	Id.	19 juin 1861.
Scheffer (Joseph)	Id.	26 juin 1861.

NOMS.	GRADES.	DATES DE LA MORT.
Geslin (Victor)	Matelot de 3ᵉ classe.	27 juin 1861.
Saunier (Yves)	Id.	29 juillet 1861.
Lesoutivier (Hy.-Jules)	Id.	2 août 1861.
Loreau (Henri-Jean)	Id.	20 août 1861.
Blond (Jules-Flor.-Emile)	Id.	26 septembre 1861.
Marsan (Michel)	Id.	16 octobre 1861.
Le Grouec (Lucien)	Boulanger.	28 juillet 1861.

LA NÉMÉSIS

NOMS.	GRADES.	DATES DE LA MORT.
Le Moing (Louis-Félix)	Qʳ.m. man. de 2ᵉ cl.	9 août 1858.
Hervé (Pierre-Marie)	Matelot de 2ᵉ classe.	26 août 1858.
Montreff (Jean-Julien)	Id.	7 octobre 1858.
Ipinnler (Antoine-Théod.)	Matelot de 3ᵉ classe.	2 août 1858.
Brichon (Joseph-René)	Id.	3 août 1858.
Le Gall (Gabriel)	Id.	7 août 1858.
Lemaître (Laurent-Aug.)	Id.	8 août 1858.
Guen (Charles)	Id.	9 août 1858.
Leberre (Mathieu-Yves)	Id.	8 octobre 1858.
Sadoc (F.-P.-Marie)	Id.	9 octobre 1858.
Le Lez (Paul-Marie)	Id.	19 octobre 1858.
Boyer (Joseph-François)	Id.	28 octobre 1858.
Gleyo (Pierre-Marie)	Id.	27 novembre 1858.
Sarazin (Charles-François)	Id.	29 novembre 1858.
Querné (Jean-Marie)	Id.	5 décembre 1858.
Le Nours (Thomas)	Id.	31 décembre 1858.
Theil (Frédéric-Alfred)	Enseigne de vaiss.	23 juillet 1859.
De Lapelin (François-A.)	Aspirant de 1ʳᵉ clas.	30 juillet 1859.
Le Bret (Joseph-Symph.)	1ᵉʳ m. man. de 1ʳᵉ cl.	9 novembre 1859.
Bodénan (Noël-Jules)	Maître charp. de 1ʳᵉ cl.	26 février 1859.
Polart (Gabriel-François)	Maît. voilier de 1ʳᵉ cl.	5 octobre 1859.
Quéré (Prégent-Claude)	Infirmier-major.	26 juin 1859.
Corlobé (Louis-Bénoni)	Serg. d'arm. de 1ʳᵉ cl.	22 janvier 1859.
Morant (Louis-Joseph)	2ᵉ maît. can. de 2ᵉ cl.	13 mai 1859.
Grimard (Justin-Laurent)	2ᵉ maît. can. de 1ʳᵉ cl.	12 juillet 1859.
Trois-Jours (Noël)	2ᵉ maît. can. de 1ʳᵉ cl.	26 juillet 1859.
Beaux (Jean-Baptiste)	2ᵉ maît. can. de 1ʳᵉ cl.	7 août 1859.
Poulier (Étienne)	Qʳ-m. man. de 2ᵉ cl.	6 janvier 1859.
Sannier (Adrien-François)	Caporal-four. de 2ᵉ cl.	10 janvier 1859.
Cosquer (François-Marie)	Qʳ-m. can. de 2ᵉ cl.	21 septembre 1859.
Le Sénéchal (Adolphe-Marie)	Qʳ-m. can. de 1ʳᵉ cl.	14 octobre 1859.
Yven (Pierre-Marie)	Qʳ-m. tim. de 2ᵉ cl.	18 novembre 1859.

NOMS.	GRADES.	DATES DE LA MORT.
K/Simon (Jean-Pierre)	Matelot de 1re classe.	16 mars 1859.
Huré (Georges).	Id.	1er juin 1859.
Pédron (Yves-Jean)	Id.	16 juin 1859.
Piriou (Pierre-M.-Julien). . .	Id.	26 juin 1859.
Gourvennec (Jean-Marie) . .	Id.	5 août 1859.
Lépine (Émile-Marie-Ét.) . . .	Id.	7 août 1859.
Le Sage (Louis-François). . .	Id.	2 septembre 1859.
Sézenec (Victor-Cor.-M.) . . .	Id.	5 octobre 1859.
Goffard (Hyppolyte-Jos.) . .	Matelot de 2e classe.	16 janvier 1859.
Jahenel (Henri-Adolphe). . .	Id.	3 juin 1859.
Roland (Hervé).	Id.	23 juin 1859.
Ménard (Auguste).	Id.	25 juin 1859.
Car (Jean-Marie)	Id.	14 juillet 1859.
Victament (Guillaume) . . .	Id.	28 juillet 1859.
Lagache (Jean-B.-Aimé) . . .	Id.	15 août 1859.
Nosler (Joseph-E.-Julien). . .	Id.	10 octobre 1859.
Brémouillé (Louis-Hip.). . .	Id.	30 octobre 1859.
Roger (Clément-Marie) . . .	Id.	3 novembre 1859.
Rault (Victor)	Id.	8 décembre 1859.
Guillerm (Jean-Pierre). . . .	Matelot de 3e classe.	14 janvier 1859.
Derrien (Valentin)	Id.	17 janvier 1859.
Fagnan (Pierre-Antoine) . . .	Id.	1er février 1859.
Le Poder (Jacques)	Id.	23 mars 1859.
Bazoches (Charles)	Id.	14 avril 1859.
Druais (Joseph-Mathurin) . .	Id.	30 avril 1859.
Dardenne (Arsène-Vital). . .	Id.	10 mai 1859.
Le Lamer (Charles-Marie) . .	Id.	12 mai 1859.
Gardin (Alphonse-Adrien) . .	Id.	16 mai 1859.
Silvestre (Joseph)	Id.	19 mai 1859.
Congard (René).	Id.	3 juin 1859.
Teurteris (René)	Id.	4 juin 1859.
Podeur (Jean-Marie).	Id.	13 juin 1859.
Le Tarouilly (Victor). . . .	Id.	21 juin 1859.
Lemoullec (François)	Id.	24 juin 1859.
Desprez (Édouard).	Id.	2 juillet 1859.
Février (Alphonse-Ad.) . . .	Id.	3 juillet 1859.
Gasconin (Julien-Marie) . . .	Id.	3 juillet 1859.
Bénier (Alphonse-Eugène) . .	Id.	17 juillet 1859.
Peynon (Jean).	Id.	28 juillet 1859.
Taloudec (Jean-François) . .	Id.	28 juillet 1859.
Eon (Joseph-François)	Id.	29 juillet 1859.
Turmel (Pierre-Joseph). . . .	Id.	2 août 1859.
Tanguy (Hervé).	Id.	17 août 1859.

NOMS.	GRADES.	DATES DE LA MORT.
Abbes (Joseph-Étienne). . . .	Matelot de 3e classe.	20 août 1859.
Girard (Marie-Adolphe) . . .	Id.	29 août 1859.
Tual (Bernard).	Id.	31 août 1859.
Floch (Hervé-Marie).	Id.	2 septembre 1859.
Bataille (Michel-Isidore). . .	Id.	9 septembre 1859.
Meyer (Antoine).	Id.	11 septembre 1859.
Nicolas (Jean-Marie)	Id.	23 septembre 1859.
Thomas (Jean)	Id.	9 octobre 1859.
Boyé (Jean).	Id.	11 octobre 1859.
Leguen (François-Marie). . .	Id.	11 octobre 1859.
Goyat (Yves).	Id.	18 octobre 1859.
Berge (René-Marie)	Id.	28 octobre 1859.
Orvouère (Jules-Marie) . . .	Id.	6 novembre 1859.
Salaun (Thomas).	Id.	10 novembre 1859.
Deyche (Joseph-Aimé). . . .	Id.	11 novembre 1859.
Le Tual (Jean).	Id.	12 novembre 1859.
Dumoutier (Pierre-Auguste) .	Id.	4 décembre 1859.
Le Nours (Thomas-Jean). . .	Id.	31 décembre 1859.
Duhamel (Art.-Fr.-Aug.). . .	Apprenti marin.	6 août 1859.
Guéguénou (Bern-Marie). . .	Novice.	20 janvier 1859.
Riou (Yves-Marie).	Id.	4 mars 1859.
Milia (Pierre).	Id.	12 juin 1859.
Jouan (Joseph)	Id.	3 août 1859.
Fleurenceau (Jean)	Id.	15 septembre 1859.
Caer (Yves).	Coq.	26 juin 1859.
Le Bras (Louis-Henri)	Mousse.	16 juillet 1859.
Le Goff (Toussaint).	Qr-m. cier de 1re cl.	5 février 1860.
Hénan (Jacques-Marie)	Matelot de 1re classe.	2 avril 1860.
Peyron (Frédéric-Marie) . . .	Matelot de 2e classe.	4 mars 1860.
Le Perchec (Joseph).	Id.	18 mars 1860.
Guiomard (Yves-Marie) . . .	Matelot de 3e classe.	16 août 1860.
Le Meur (Guillaume-Mar.). .	Id.	10 septembre 1860.
Duclos (Ed.-Yves-Marie). . .	Novice.	10 janvier 1860.

LE PRIMAUGUET

Stéphant (Pierre).	Matelot de 3e classe.	19 août 1858.
Bouteillier (Désiré-Louis). .	Apprenti marin.	6 août 1858.
Henry (Yves-Charles)	Qr-m. man. de 2e cl.	21 juin 1859.
Guilbert (Hippolyte-Mar.) . .	Id.	27 octobre 1859.
Fouillard (Julien-Math.). . .	Ouv. chauf. de 1re cl.	29 décembre 1859.
Mineau (Aimable).	Matelot de 1re classe.	23 septembre 1859.

NOMS.	GRADES.	DATES DE LA MORT.
Bellencontre (J.-F.-M.)	Ouv. chauf. de 2ᵉ cl.	12 août 1859.
Honel (Joseph-Marie)	Id.	4 septembre 1859.
Blacas (Joseph-Anselme)	Matelot de 2ᵉ classe.	10 juillet 1859.
Urvois (Allain)	Id.	30 octobre 1859.
Le Cœur (Jean-Auguste)	Id.	21 décembre 1859.
Peurien (Jean-Marie)	Matelot de 3ᵉ classe.	28 juillet 1859.
Le Moulin (Emile-Guil.)	Id.	3 juillet 1859.
Vautier (Jean-Baptiste)	Id.	5 juillet 1859.
Stéphant (Léon)	Id.	19 août 1859.
Casut (Paul-Achille)	Matelot.	19 août 1859.
Giraud (Ed.-Mar.-P.-F.)	Matelot de 3ᵉ classe.	12 septembre 1859.
Jacq (Jean)	Id.	29 octobre 1859.
Le Cornec (Alexandre)	Id.	28 octobre 1859.
Claude (Alfred)	Id.	15 décembre 1859.
Abernot (Hervé)	Boulanger de 1ʳᵉ cl.	3 août 1859.
Autret (Jean-Marie)	Cᵗ.-m. méc. de 1ʳᵉ cl.	2 février 1860.
Bausnier (Jean-François)	2ᵉ m. de man. de 1ʳᵉ cl.	24 juillet 1860.
Bernicot (René)	Id.	3 août 1860.
Truffert (Jean-L.-Mich.)	Maître armurier.	18 mai 1860.
Breton (Félix-Edmond)	Qʳ-m. can. de 1ʳᵉ cl.	4 mars 1860.
Le Matelot (Jean-Bap.)	Qʳ-m. man. de 1ʳᵉ cl.	26 août 1860.
Basset (Alfred)	Qʳ-m. tim. de 1ʳᵉ cl.	28 août 1860.
Kjanvran (Guillaume)	Qʳ-m. man. de 2ᵉ cl.	19 janvier 1860.
Rondel (Jean-Julien)	Matelot de 2ᵉ classe.	12 janvier 1860.
Le Calvez (Auguste)	Id.	28 mars 1860.
Le Cœur (Jean-Auguste)	Id.	28 mars 1860.
Poullain (François-Th.)	Matelot de 3ᵉ classe.	2 janvier 1860.
Trévidic (Joseph-Marie)	Id.	18 janvier 1860.
Mao (Allain)	Id.	21 février 1860.
Pelle (André-Charles)	Id.	16 mai 1860.
Le Boucher (Jean-Louis)	Coq de 1ʳᵉ classe.	24 avril 1860.
Billefleur (Alfred)	Apprenti marin.	10 mai 1860.
Spanet (François-Bap.)	Matelot de 2ᵉ classe.	12 novembre 1861.
Soreau (Antoine)	Matelot de 3ᵉ classe.	9 avril 1861.
Michel (Pierre-Jules)	Id.	22 septembre 1861.

LA DIDON

Petit (Louis-Robert-N.)	Matelot de 3ᵉ classe.	18 juin 1859.
Launay (Toussaint-Marie)	Id.	1ᵉʳ juillet 1859.
Delorme (Victor)	Id.	11 août 1859.
Marzou (Jean-Guillaume)	1ᵉʳ commis aux vivres.	20 mars 1860.

NOMS.	GRADES.	DATES DE LA MORT.
Dominici (Antoine)	Matelot de 3ᵉ classe.	6 octobre 1860.
Chapalain (Henri-Aristide)	2ᵉ maît. de t. de 1ʳᵉ cl.	14 avril 1861.
Patin (Laurent-Charles)	Qʳ-m. can. de 2ᵉ cl.	7 juin 1861.
Suret (Jean-C.-Marie)	Matelot de 3ᵉ classe.	25 septembre 1861.
Chatelain (Jean-Baptiste)	Id.	30 septembre 1861.
Maloisel (François-Guil.)	Id.	14 décembre 1861.

LE FORBIN

Simon (Goulven)	Qʳ-m. can. de 1ʳᵉ cl.	24 février 1860.
Cleirec (Hippolyte)	Qʳ-m. man. de 1ʳᵉ cl.	13 mars 1860.
Aréat (Adolphe)	Matelot de 2ᵉ classe.	25 février 1860.
Le Chevoir (J.-L.-M.)	Id.	1ᵉʳ mars 1860.
Léonnec (Eug.-François)	1ᵉʳ maît. méc. de 1ʳᵉ cl.	3 octobre 1861.
François (Jacques)	Matelot de 3ᵉ classe.	11 janvier 1861.

LA GARONNE

De Bergevin (A.-M.-E.)	Aide-commissaire.	12 mai 1861.
Hoppenkoeffer (J.-Th.)	Inf.-maj. de 1ʳᵉ classe.	1ᵉʳ mai 1861.
Massard (Léon)	Matelot de 2ᵉ classe.	25 avril 1861.
Chioroza (Jean)	Matelot de 3ᵉ classe.	8 février 1861.
Gandubert (René)	Id.	25 avril 1861.
Lenué (Guil.-Constant)	Id.	18 juin 1861.
Gour (Esp.-H.-Pierre)	Id.	1ᵉʳ octobre 1861.
Lehot (François-Denis)	Id.	24 novembre 1861.
Lainé (Pierre-Marie)	Tonnelier de 2ᵉ cl.	8 août 1861.
Frabourg (Jean)	Matelot de 3ᵉ classe.	21 décembre 1861.

LE JAPON

Petton (François-Marie)	2ᵉ maît. can. de 1ʳᵉ cl.	14 décembre 1860.
L'Hostis (René)	Quat.-maître timon.	24 décembre 1860.
Bodin (François-Marie)	Matelot de 2ᵉ classe.	6 décembre 1860.
Guillé (Pierre)	Matelot de 3ᵉ classe.	13 décembre 1860.
Crouton (Jean-Alexandre)	Id.	26 décembre 1860.
Braillard (Hyacinthe)	Matelot.	16 décembre 1860.
Magueur (Alexandre-Gust.)	1ᵉʳ mᵗʳᵉ méc. de 1ʳᵉ cl.	24 mai 1861.
Le Gall (Jean)	Qʳ-m. man. de 1ʳᵉ cl.	1ᵉʳ juillet 1861.
Duval (Désiré)	Matelot de 3ᵉ classe.	17 janvier 1861.
Le Borgne (Joseph)	Id.	17 janvier 1861.
Siriani (Mathieu)	Id.	12 juin 1861.

NOMS.	GRADES.	DATES DE LA MORT.
Tanter (Allain)	Matelot de 3ᵉ classe.	20 juin 1861.
Lesser (Yves)	Cuisinier.	25 février 1861.
Tréguesser (Louis)	Boulanger.	30 octobre 1861.

LE MONGE

Bourdais (Edmond-Ad.)	Capitaine de frégate.	10 avril 1861.
Bonhomme (Luc)	1ᵉʳ mᵗʳᵉ méc. de 1ʳᵉ cl.	31 août 1861.
Bachet (Édouard)	Sergᵗ d'arm. de 1ʳᵉ cl.	28 février 1861.
Maffart (Pierre-Marie)	Ouvrier chauffeur.	7 avril 1861.
Cadiou (Armand-Marie)	Matelot de 1ʳᵉ classe.	23 avril 1861.
Siou (Émile-Amédée)	Id.	27 septembre 1861.
Tochou (Henri-D.-Cyp.)	Matelot de 2ᵉ classe.	3 mars 1861.
Gaubert (Louis-Vincent)	Id.	16 mars 1861.
Moulin (François-Marie)	Id.	27 avril 1861.
Suberbie (Jean-Lacroix)	Id.	26 mai 1861.
Perochat (Louis)	Matelot de 3ᵉ classe.	16 avril 1861.
Le Gall (Jean-Marie)	Id.	3 mai 1861.
Sisquet (Antoine)	Id.	15 mai 1861.
Bocquet (Augustin)	Id.	1ᵉʳ juin 1861.
Person (Jean-Marie)	Id.	6 juin 1861.
Parret (J.-B.-Jules)	Novice.	18 décembre 1861.

LE NORZAGARAY

Coquet (Jean)	Matelot de 3ᵉ classe.	31 juillet 1860.
Saissi (Charles)	Id.	22 août 1860.
Robert (Pierre-S.)	Id.	24 mai 1861.

LA PERSÉVÉRANTE

Binet (Joseph)	Matelot de 2ᵉ classe.	20 juin 1861.
Haslé (Stanislas-Joseph)	Matelot de 3ᵉ classe.	27 août 1861.
Nicolas (Pierre-Marie)	Boulanger de 1ʳᵉ cl.	18 août 1861.
Corbin (Jean-Marie)	Infirmier de 2ᵉ classe.	30 décembre 1861.

LE LILY

Chambon (Frédéric-Henri)	Mousse.	17 juin 1861.

L'ÉCHO

Cotrel (Jean-Joseph)	Matelot de 3ᵉ classe.	9 mars 1861.
Barthe (Eugène)	Id.	18 mai 1861.

OBITUAIRE. 319

NOMS.	GRADES.	DATES DE LA MORT.

LE RHONE

Houzé (Yves-Marin)	1er commis aux vivres.	1er juillet 1861.
Vidal (Pierre)	2e maître de man.	27 février 1861.
Pouheron (Joseph-Étienne)	Sergent d'armes.	5 mars 1861.
Bouscayrol (Antoine)	Quart.-maître méc.	28 novembre 1861.
Frémineau (Augustin)	Magasinier.	29 octobre 1861.
Morin (Charles)	Matelot de 1re classe.	18 mars 1861.
Le Fustec (Louis-Marie)	Matelot de 2e classe.	2 juillet 1861.
Le Chalonny (Yves-Marie)	Id.	1er décembre 1861.
Bouchard (Pierre)	Matelot de 3e classe.	13 février 1861.
Guizou (René)	Id.	25 février 1861.
K/marec (François)	Id.	16 mars 1861.
Quellec (François)	Id.	11 juillet 1861.
Le Bonniec (Jacques)	Id.	30 juillet 1861.
Juhel (Joachim)	Id.	31 octobre 1861.
Mancel (Olivier-François)	Id.	13 novembre 1861.
Beaudouvin (Antoine)	Id.	19 novembre 1861.
Guionvarch (Jean-Michel)	Id.	5 décembre 1861.
Poudens (Pierre)	Id.	9 décembre 1861.
Le Gars (Emile-Honoré)	Distributeur.	26 mars 1861.

LA CANONNIÈRE N° 18

Crenne (Jean-Marie)	Matelot de 3e classe.	23 avril 1861.
Bureau (Henri-Joseph)	Id.	20 mai 1861.
Buorz (François)	Id.	26 août 1861.

LA CANONNIÈRE N° 20

Domercq (Armand)	2e maît. méc. de 1re cl.	14 juillet 1861.
Le Delliou (François-Marie)	Matelot de 3e classe.	26 décembre 1861.
Playous (Joseph-Émile)	Novice.	9 septembre 1861.
Julios (Léonce-Abel)	Id.	20 décembre 1861.

LA CANONNIÈRE N° 22

Eyrin (François-Félix)	Novice.	9 septembre 1861.

LA CANONNIÈRE N° 27

Protat (P.-M.-Bern.)	Ouv. chauf. de 2e cl.	30 novembre 1861.
Le Moal (François-Marie)	Matelot de 3e classe.	17 mars 1861.

NOMS.	GRADES.	DATES DE LA MORT.

LA CANONNIÈRE N° 29

Tonamen (François)	Matelot de 1re classe.	13 septembre 1861.
Simon (Victor-Alexis)	Novice.	4 août 1861.

LA CANONNIÈRE N° 30

Corlouer (Louis)	Matelot de 2e classe.	23 avril 1861.

LA CANONNIÈRE N° 31

Jestin (Guillaume)	Novice.	6 décembre 1861.

L'AVALANCHE

Tenière (Louis)	Maît. méc. de 1re cl.	17 juin 1859.
Le Sech (Philippe)	Matelot de 3e classe.	17 juin 1859.
Français (Jean-Louis)	Matelot de 2e classe.	25 septembre 1861.

LA DRAGONNE

Canu (François-Aimable)	Matelot de 2e classe.	5 août 1859.
Roucin (Jean-Marie)	Id.	24 septembre 1859.
Bouzin (Eugène)	Matelot de 3e classe.	28 mars 1859.
Maurin (Alcide-Nicolas)	Id.	3 janvier 1860.
Verhille (Joseph-Louis)	Qr-mait. m. de 1re cl.	27 décembre 1861.
Roudaut (Guillaume)	Matelot de 2e classe.	24 février 1861.
Bodenès (Jean-Marie)	Id.	20 avril 1861.
Agneray (Pierre-Jules)	Id.	7 mai 1861.
Gouzien (Corentin)	Matelot de 3e classe.	21 février 1861.
Lamy (Alexis-Eugène)	Id.	22 avril 1861.

LA MEURTHE

Thépaut (Yves-Prosper)	2e maît. de man. 1re cl.	2 septembre 1858.
Chabaud (Joseph-Magloire)	2e maît. charp. 1re cl.	29 décembre 1858.
Séradin (Jean-Louis)	Matelot de 2e classe.	15 septembre 1858.
Branca (François)	Matelot de 3e classe.	2 septembre 1858.
Guillebert (Édouard)	Id.	17 septembre 1858.
Picard (Yves)	Matelot de 2e classe.	14 août 1859.
Bourhis (Jean-Théodore)	Id.	25 août 1859..
Le Bras (Édouard)	Fourrier ordinaire.	14 août 1859.
Viard (Léonard)	Matelot de 3e classe.	19 juin 1859.
Archier (Louis)	Id.	3 juillet 1859.

NOMS.	GRADES.	DATES DE LA MORT.
Renaulleaud (Élie-Jules). . .	Novice.	29 août 1859.
Vermusse (Omer)	Matelot de 2ᵉ classe.	13 avril 1861.
Riou (Tanguy)	Id.	15 avril 1861.
Fréger (Célestin)	Matelot de 3ᵉ classe.	27 avril 1861.
Bougault (Julien)	Id.	18 novembre 1861.
Coz (Sébastien)	Apprenti marin.	15 septembre 1861.
Théoden (Antoine)	Id.	18 septembre 1861.

LE PHLÉGÉTON

Gervais (Pierre).	Qʳ-m. de man. 2ᵉ cl.	5 décembre 1858.
Robert (Joseph).	Matelot de 3ᵉ classe.	7 novembre 1858.
Bodenant (Noël-Jules). . .	Maît. charp. de 2ᵉ cl.	26 février 1859.
Dupont (Hippolyte)	2ᵉ commis aux vivres.	12 juin 1859.
Desille (Louis-J.-Marie) . . .	Matelot de 1ʳᵉ classe.	8 mai 1859.
Souffles (Joseph-Marie) . . .	Matelot de 2ᵉ classe.	19 octobre 1859.
Geffroy (François)	Matelot de 3ᵉ classe.	22 février 1859.
Robin (Yves)	Id.	2 mars 1859.
Orient (Louis-Noël).	Id.	26 juillet 1859.
Lestage (François)	Apprenti marin.	13 août 1859.
Delpierre (Désiré-Ant.) . . .	Matelot de 2ᵉ classe.	2 septembre 1860.

LE WÉSER

Soulet (Jean).	Quart.- maître méc.	25 septembre 1860.
Giffard (Adolphe)	Infirmier de 2ᵉ classe.	26 septembre 1860.

LE DUCHAYLA

Le Mistre (Eugène)	Mousse.	11 mai 1859.
Charruaud (Pierre)	Matelot de 3ᵉ classe.	25 mai 1861.
Abé (Jean-Baptiste)	Id.	21 juin 1861.
Bazin (Étienne)	Id.	29 juillet 1861.
Barsic (Ernest)	Id.	22 septembre 1861.
Grallé (Clodomir)	Id.	10 octobre 1861.
Donnier (Marius)	Id.	16 novembre 1861.
Pierantoni (Dominique). . .	Apprenti marin.	11 août 1861.

LA DURANCE

Lorho (Jean-Marie)	1ᵉʳ maît. de t. de 1ʳᵉ cl.	24 juin 1859.
Tourdain (Jean).	2ᵉ maît. de man.	3 août 1859.
Simon (Jean-François)	2ᵉ maît. calfat.	13 juin 1859.
Toanard (Charles)	2ᵉ maître voilier.	13 septembre 1859.

NOMS.	GRADES.	DATES DE LA MORT.
Peyzot (Joseph)	Quart.-maît. de man.	16 juin 1859.
Briand (Joseph)	Id.	8 novembre 1859.
Jeannon (Jean-Bap.)	Matelot de 1re classe.	15 septembre 1859.
Demeuthon (Louis)	Chauffeur.	28 juillet 1859.
Antornorsi (Joseph)	Matelot de 2e classe.	25 février 1859.
Le Fort (Pierre)	Matelot de 3e classe.	27 janvier 1859.
Donval (Guillaume)	Id.	14 août 1859.
Madeleneau (J.-M.)	Id.	11 septembre 1859.
Ludovic (Jean-Joseph)	Id.	16 septembre 1859.
Lamotte (Charles)	Id.	22 septembre 1859.
Crocq (Vincent-Marie)	Id.	24 septembre 1859.
Castel (Jean-Marie)	Id.	5 octobre 1859.
Cariou (Yves)	Id.	13 octobre 1859.
Simon (Yves)	Id.	8 novembre 1859.
Lestrohan (Jean)	Coq de 2e classe.	15 septembre 1859.
Rouxel (Mathurin)	2e maît. canonnier.	7 décembre 1861.
Le Férec (Étienne)	Quart.-maître. can.	22 juin 1861.
Jelgon (Yves)	Matelot de 1re classe.	22 juin 1861.
Belz (Armand)	Matelot de 2e classe.	20 avril 1861.
Bougaron (Laurent)	Id.	22 avril 1861.
Gaillard (Pierre)	Infirmier de 2e classe.	2 mai 1861.
Labbé (Jean-Marie)	Matelot de 2e classe.	12 mai 1861.

LA NIÈVRE

Granier (Léonard)	Quart.-maît. mécan.	5 juin 1861.
Totevin (Jean)	Matelot de 2e classe.	5 mai 1861.
Allouard (Mathurin)	Id.	23 décembre 1861.
Evrard (Eugène)	Matelot de 3e classe.	5 mai 1861.
Ravenaux (Louis)	Id.	4 octobre 1861.

LE JURA

Bodénès (Prosper)	Quart.-maît. de man.	28 mars 1861.
K/morvant (Jean-Vincent)	Matelot de 1re classe.	16 février 1861.
Loquin (Pierre)	Id.	8 mars 1861.
Renaud (Constant)	Id.	9 mars 1861.
Le Roch (Jean-Louis)	Id.	16 mars 1861.
Mahé (Pierre)	Matelot de 2e classe.	28 février 1861.
Le Monis (Gilles)	Id.	3 mars 1861.
Guiomard (Jean-Marie)	Id.	4 mars 1861.
Lamusse (François)	Matelot de 3e classe.	13 mars 1861.
Labat (Joseph)	Id.	25 juillet 1861.

| NOMS. | GRADES. | DATES DE LA MORT. |

LA DRYADE

Rigaudie (Pierre)	Mécan. princ. de 2ᵉ cl.	15 décembre 1861.
Romain (J.-François)	Quart.-maît. mécan.	26 mars 1861.
Bernard (Jean-Marie)	Matelot de 2ᵉ classe.	29 mars 1861.
Le Normand (Pierre)	Matelot de 3ᵉ classe.	28 mars 1861.
Rosat (André)	Soldat du 14ᵉ d'art.	27 mars 1861.
Laccaud (Pierre)	Sold. du 101ᵉ de ligne.	23 mars 1861.
Teyssère (Jean)	Id.	25 mars 1861.
Carton (Jean)	Id.	25 mars 1861.
Page (Alexis)	Id.	27 mars 1861.
Vigroux (Antoine)	Id.	29 mars 1861.
Duponchel (Charles)	Sold. du 102ᵉ de ligne.	29 mars 1861.

L'EUROPÉEN

Fage (Pierre)	Serg.-f., 3ᵉ inf. de m.	10 mai 1861.
Braillon (Jules)	Capᵉ d'inf. de marine.	9 mai 1861.
Lepriol (Jean-Marie)	Matelot de 3ᵉ classe.	25 avril 1861.
Dalibert (Louis)	Id.	7 mai 1861.
Laloi (Jean-François)	Id.	26 juillet 1861.
Borda (Pierre)	2ᵉ chasseur.	10 mai 1861.
Faure (Pierre)	Soldat d'inf. de m.	23 juillet 1861.
Étienne (Adolphe)	Novice.	30 juillet 1861.

LA LOIRE

Salaun (Jean-Marie)	Matelot de 1ʳᵉ classe.	14 avril 1861.
Herlidon (Charles)	Id.	28 avril 1861.
Liorzon (Joseph)	Id.	25 août 1861.
Boubaud (Jacques)	Matelot de 2ᵉ classe.	28 août 1861.
Bodinès (Prosper)	Id.	28 août 1861.
Hiriart (Bernard)	Matelot de 3ᵉ classe.	12 avril 1861.
Falaise (Louis)	Id.	12 avril 1861.
Cabioch (Paul)	Id.	16 avril 1861.
Loube (Dominique)	Id.	20 août 1861.

LE CALVADOS

Le Cunff (Paul)	Caporal d'armes.	27 juillet 1861.
Le Gall (Louis)	Matelot de 1ʳᵉ classe.	31 décembre 1861.
Delfresne (Alphonse)	Matelot de 3ᵉ classe.	17 juillet 1861.
Médici (Pierre)	Id.	21 juillet 1861.
Meignard (Jean-Bap.)	Id.	22 juillet 1861.

NOMS.	GRADES.	DATES DE LA MORT.

L'ENTREPRENANTE

Fournier (Pascal-Maxime)	Mait. charp. de 2e cl.	6 mars 1861.
Boulo (Jules)	Magasinier.	12 janvier 1861.
Destrée (J.-François)	Qr-m. de man. 2e cl.	20 avril 1861.
Le Bris (Simon)	Matelot de 1re classe.	12 avril 1861.
Gaëch (Joseph)	Chauffeur de 1re cl.	21 mars 1861.
Granjon (Louis)	Coq de 2e classe.	1er juin 1861.
Parrodié (Antoine)	Matelot de 2e classe.	18 janvier 1861.
Le Matelot (Ange)	Id.	6 avril 1861.
Lamy (Joseph-Pascal)	Id.	27 avril 1861.
Le Pennec (Guillaume)	Id.	18 mai 1861.
Lainé (Allain)	Id.	20 juillet 1861.
Gervais (Louis-Philippe)	Id.	18 août 1861.
Briquet (Jean-François)	Matelot de 3e classe.	7 janvier 1861.
Orange (Louis-Joseph)	Id.	22 février 1861.
Brune (Maximilien)	Id.	27 février 1861.
Soubie (Sébastien)	Id.	27 février 1861.
Quéréel (Jean-Marie)	Id.	11 mars 1861.
Bourdon (Louis-Auguste)	Id.	16 mars 1861.
Gancel (François)	Id.	19 mars 1861.
Couillaud (Jean-Adolphe)	Id.	6 avril 1861.
Herlidon (Mathurin)	Id.	15 avril 1861.
Perretti (Jean)	Id.	17 avril 1861.
Vincent (Romain)	Id.	17 avril 1861.
Guillou (Joseph)	Id.	20 avril 1861.
Cabon (Vincent)	Id	29 avril 1861.
Neufville (Pierre-Jean)	Id.	29 avril 1861.
Cléach (Jean-François)	Id.	2 mai 1861.
Vaugrenard (Guillaume)	Id.	4 mai 1861.
Le Moal (Aug.-Vincent)	Id.	14 mai 1861.
Lhubert (François-Marie)	Id.	11 juin 1861.
Quellien (Yves)	Id.	26 juillet 1861.
Guiguen (Louis)	Id.	8 décembre 1861.

LA FUSÉE

Leclère (J.-M.)	Matelot de 3e classe.	4 septembre 1858.
Mouillerac (Joseph)	Id.	10 septembre 1858.
Inizou (Yves-Jacques)	Qr-m. man. de 1re cl.	5 juillet 1859.
Jeanrey (Auguste-Ant.)	Ouv. chauf. de 2e cl.	3 novembre 1859.
Barreau (Jean)	Boulanger de 2e cl.	7 novembre 1859.

NOMS.	GRADES.	DATES DE LA MORT.
Eusebio (Pascal).	Tagal.	4 mars 1859.
Eclinger (Jean-Baptiste)	Dist.-compt. de 1re cl.	5 février 1860.
Combe (Joseph)	Matelot de 3e classe.	28 mars 1860.
Villadère (Georges).	Ouv. chauff. de 3e cl.	12 juillet 1861.
Le Bloas (Hervé).	Matelot de 3e classe.	8 octobre 1861.
Marié (Henri-Alfred).	Id.	29 décembre 1861.

L'ALARME

Saint-Aubin (Célest.-Jules).	Matelot de 2e classe.	13 octobre 1858.
Darrieu (Jean)	Distributeur de 1re cl.	16 décembre 1858.
Lasne (Eugène).	Agent.	2 août 1858.
Boyer (Louis-Cas.-Pasc.).	Matelot de 1re classe.	8 novembre 1859.
Rispal (Giraud).	Ouv. chauf. de 2e cl.	25 mai 1859.
Abgrall (François-Marie).	Matelot de 2e classe.	18 juillet 1859.
Guillauma (Jean).	Matelot de 3e classe.	21 avril 1859.
Mariano de la Cruz	Tagal.	18 septembre 1859.
Berre (Allain)	Matelot de 3e classe.	27 mai 1860.
Monot (Edmond).	Apprenti marin.	7 février 1860.
Alberto-Arsaden.	Tagal.	4 février 1860.
Demay (Jean-Bap.).	Matelot de 2e classe.	10 avril 1861.
Guelaff (Joseph).	Id.	6 juin 1861.
Tanguy (François-Marie).	Id.	27 décembre 1861.
Pharan (Augustin)	Matelot de 3e classe.	25 février 1861.
Miquel (Jules)	Id.	25 mars 1861.
Norest (David-Philomène).	Id.	20 juillet 1861.
Moulaud (Jean-Marie).	Id.	24 septembre 1861.
Corolleur (Charles-C.)	Id.	6 octobre 1861.
Paoletti (Jean).	Id.	6 octobre 1861.
Le Guillard (Yves).	Id.	15 décembre 1861.
Le Guilloux (François-Marie).	Id.	27 décembre 1861.

LE LAPLACE

Long (Michel-André)	Qr-m. calf. de 1re cl.	15 juillet 1859.
Predour (Christophe)	Matelot de 2e classe.	29 novembre 1859.
Jean-Boisset.	Inf. ord. de 2e classe.	2 août 1859.
K/marec (Allain)	Matelot de 3e classe.	4 mars 1859.
Rouziault (Pierre)	Id.	5 septembre 1859.
Mercier (Jean).	Id.	26 septembre 1859.
Le Seigle (Joseph-Marie).	Id.	2 décembre 1859.
Despujols (Pierre).	Apprenti marin.	12 novembre 1859.

NOMS.	GRADES.	DATES DE LA MORT.
Guien (Joseph-Auguste)	1ᵉʳ m.-méc. de 1ʳᵉ cl.	11 janvier 1860.
Budillon (Jean-Bap.-P.)	2ᵉ m. charp. de 1ʳᵉ cl.	22 juillet 1860.
Bertin (Honoré-Joseph)	2ᵉ com. aux v. de 1ʳᵉ cl.	9 octobre 1860.
Arène (Antoine-Simon)	Qʳ-m. méc. de 2ᵉ cl.	17 novembre 1860.
Luel (François)	Qʳ-m. can. de 2ᵉ cl.	16 août 1860.
Mainguy (Yves)	Matelot de 1ʳᵉ classe.	23 octobre 1860.
Bastellica (Nona)	Id.	24 novembre 1860.
Achardy (Henri)	Coq de 1ʳᵉ classe.	7 août 1860.
Lorge (Pierre-Alexandre)	Matelot de 3ᵉ classe.	20 juin 1860.
Guianvarch (Louis)	Id.	2 août 1860.
Antoine (Pierre)	Id.	24 août 1860.
Lebeaut (Claude)	Agent.	1ᵉʳ juin 1860.
Mariano-Manguily	Tagal.	7 juin 1860.
Domingo-Albun	Tagal.	20 octobre 1860.
Desieux (Joseph-Marie)	1ᵉʳ maît. can. de 2ᵉ cl.	23 mars 1861.
Jacquemot (Jean)	2ᵉ maît. de man. 1ʳᵉ cl.	21 avril 1861.
Allegrini (Antoine)	Matelot de 1ʳᵉ classe.	25 février 1861.
Bonny (Yves)	Id.	25 mai 1861.
Bouguen (Victor)	Matelot de 2ᵉ classe.	6 mars 1861.
Benoit (Jean-Bap.)	Id.	25 avril 1861.
Parent (Jean)	Id.	30 mai 1861.
Martin (Hyp.-Pierre-Bap.)	Id.	27 juin 1861.
Craïz (Pierre-Alexandre)	Matelot de 3ᵉ classe.	5 février 1861.
Brisbois (Joseph)	Id.	23 février 1861.
Cluchet (Jean)	Id.	24 février 1861.
Combes (Mathieu)	Id.	1ᵉʳ mars 1861.
Humière (Marc-Antoine)	Id.	7 mars 1861.
Deuguilhem (Ant.-Jules)	Id.	16 avril 1861.
Goyty (Bernard)	Id.	23 juin 1861.
Julien (Aug.-Ferdin.)	Id.	24 juin 1861.
Barbotin (Pierre-André)	Id.	29 juin 1861.
Guizol (Antoine)	Distributeur de 1ʳᵉ cl.	11 janvier 1861.
Anselmo (Gervasio)	Tagal.	25 février 1861.

LE RHIN

Jouhaneau-Laregnère (Ét.)	Enseigne de vaisseau.	25 février 1861.
Simonneau (Pierre-Louis)	Matelot de 2ᵉ classe.	1ᵉʳ mars 1861.
Demay (Jean-Baptiste)	Id.	10 avril 1861.
Gourlaouen (Allain-Th.)	Matelot de 3ᵉ classe.	16 février 1861.
Rozec (Yves)	Id.	8 avril 1861.
Corbé (Jean-Marie)	Id.	11 avril 1861.

OBITUAIRE.

NOMS.	GRADES.	DATES DE LA MORT.
BONNIN (François).	Matelot de 3e classe.	14 avril 1861.
PHÉLEP (François).	Id.	16 avril 1861.
LAVALLEY (Honoré-Aim.).	Id.	16 avril 1861.
MASSIEU (André).	Id.	30 avril 1861.
FRIGARA (Ignace).	Id.	29 juin 1861.
ROSSIGNOL (Bernard).	Fourrier ordinaire.	12 juin 1861.
PRIGENT (Yves-Marie)	Matelot de 3e classe.	13 août 1861.
HASLE (Jean-Pierre).	Id.	24 août 1861.
VERMUSSE (Omer-Const.).	Matelot.	13 avril 1861.
PERROCHAT (Louis).	Id.	16 avril 1861.
LEJEUNE (Tugdual)	Id.	22 avril 1861.
FERLANDIN (Jean-Baptiste)	Id.	27 avril 1861.
MOULIN (François).	Id.	28 avril 1861.
SONNEUF (Léon).	Novice.	29 avril 1861.
A. TAO.	(?)	10 avril 1861.
GUÉREC (Mathurin).	Tonnelier du *Monge*.	11 avril 1861.
POIRSON (Jean-Nicolas).	M. des l. au 12e d'art.	12 avril 1861.
GAUDEFROY (Paul-Michel).	Chasseur à pied 2e bat.	21 avril 1861.

L'IMPÉRATRICE-EUGÉNIE

FROSTIN (Alexandre-Louis)	Aspirant de 2e classe.	6 mars 1861.
COMBOT (Laurent).	2e maît. de m. 1re cl.	14 mars 1861.
MAILLOUX (Alexandre)	2e maît. can. de 1re cl.	26 avril 1861.
GLAZIOU (Nicolas-Marie)	2e maît. can. de 2e cl.	6 mai 1861.
CORNU (Jean-Eugène)	Id.	9 juillet 1861.
CALVAREN (Michel-Théod.)	Qr-maît. m. de 1re cl.	20 août 1861.
LE LANN (Pierre-Marie).	Matelot de 1re classe.	29 mars 1861.
POZZO DI BORGO (Martin)	Matelot de 2e classe.	6 février 1861.
EVEN (Jean).	Id.	26 mars 1861.
MICHAUX (Julien-F.-Marie)	Id.	20 avril 1861.
ORIOL (Dominique-Jacques)	Id.	16 mai 1861.
BELLEC (Yves-Marie).	Id.	3 juin 1861.
LEMIÈRE (Jean-Baptiste).	Matelot de 3e classe.	12 février 1861.
DUMESNIL (François-Marie)	Id.	12 février 1861.
BASTIDE (Jean-Bapt.).	Id.	17 février 1861.
MICHEL (Jean-Louis).	Id.	19 février 1861.
LEHENASSE (Yves).	Id.	23 février 1861.
SOUANNE (François)	Id.	25 février 1861.
CABROL (Paul-Edmond).	Id.	1er mars 1861.
LENGRAND (Gonzalve)	Id.	7 mars 1861.
HIROUET (François)	Id.	22 mars 1861.

NOMS.	GRADES.	DATES DE LA MORT.
LECONTE (Emman.-Pierre)	Matelot de 3ᵉ classe.	24 mars 1861.
NICOLAS (Joachim)	Id.	27 mars 1861.
TANGUY (Sylvestre)	Id.	6 avril 1861.
JONARD (Ernest)	Id.	10 avril 1861.
JEZÉGUEL (Jean-Marie)	Id.	18 avril 1861.
BLANCHARD (Pierre-Henri)	Id.	19 avril 1861.
CONSTANTIN (Jean)	Id.	26 avril 1861.
GLASSIS (Victor)	Id.	3 mai 1861.
BABIN (Jacques-Marie)	Id.	8 mai 1861.
HARDY (Jean-Marie)	Id.	13 mai 1861.
GUILLOU (Yves-Marie)	Id.	20 mai 1861.
BORGNE (Joseph)	Id.	20 mai 1861.
AUPHAN (Antoine)	Id.	26 mai 1861.
BEAUTRAIS (Alex.-Jean)	Id.	27 mai 1861.
IMBERT (Jean-Honoré)	Id.	12 juin 1861.
SIMON (Jean)	Id.	2 juillet 1861.
PAPE (Yves)	Id.	14 juillet 1861.
CAPON (Jean-Bap.-Joseph)	Id.	18 août 1861.
ESPINASSE (Antoine)	Id.	26 août 1861.
ENCOMBRE (Auguste)	Id.	19 septembre 1861.
DROGUET (Alfred)	Id.	11 novembre 1861.
BLINEAU (François)	Id.	1ᵉʳ décembre 1861.
VIGOUROUX (Jean-Louis)	Id.	12 décembre 1861.
LE CARDUNER (Yves)	Mousse.	19 février 1861.
CHATEL (Jules-Marie)	Agent.	22 juin 1861.
MACCABÉO (Dominique)	Agent.	3 juillet 1861.

LE DUPERRÉ

CHEVREUIL (Hyacinthe)	Capᵉ d'armes de 2ᵉ cl.	1ᵉʳ octobre 1861.
THOMAS (Victor-Allain)	Matelot de 2ᵉ classe.	24 avril 1861.
PELLEGRIN (Joseph-François)	Id.	28 décembre 1861.
MANCHON (Xavier-Édouard)	Matelot de 3ᵉ classe.	2 mars 1861.
SAUPIN (François-Théodore)	Id.	5 mars 1861.
PAPIN (François-Désiré)	Id.	9 mars 1861.
DUCROQ (Claude-Alexis)	Id.	10 mars 1861.
BROHON (Jules-Gustave)	Id.	18 mars 1861.
GENDRONNEAU (Jean-Auguste)	Id.	19 mars 1861.
CAULLIER (Cyrille-Narcisse)	Id.	25 avril 1861.
MADUAS (Julien)	Id.	25 avril 1861.
ANNE (Frédéric)	Id.	4 mai 1861.
GARIMIAUX (Barth.-Joseph)	Id.	4 mai 1861.

OBITUAIRE. 329

NOMS.	GRADES.	DATES DE LA MORT.
Auger (Médéric-Arsène)	Matelot de 3e classe.	5 mai 1861.
Horellou (H.-M.-Vinc.)	Id.	7 mai 1861.
Le Roy (Aristide)	Id.	8 mai 1861.
Baconnais (Jean-François)	Id.	8 mai 1861.
Chevalier (François-Jean)	Id.	12 mai 1861.
André (P.-J.-Bap.)	Id.	14 mai 1861.
Uhel (Charles-Toussaint)	Id.	30 juin 1861.
Anizan (Louis-Marie)	Id.	9 août 1861.
Poiroux (Auguste-François)	Id.	23 août 1861.
Coyac (Louis-Marie)	Id.	26 août 1861.
Mauger (Victor-Constant)	Id.	29 août 1861.
Potel (Pierre)	Id.	14 septembre 1861.
Lecomte (Charles-Joseph)	Id.	17 septembre 1861.
Goubin (Régulus-Narcisse)	Id.	12 octobre 1861.
Jallais (Louis-Joseph)	Id.	27 novembre 1861.
K/bouriou (Jean-Louis)	Id.	28 novembre 1861.
Balcon (Jean-Marie)	Id.	14 décembre 1861.

LA MITRAILLE

Escoffier (François)	Qr-m. méc. de 1re cl.	19 octobre 1861.
Lhelgouach (Jean-Pierre)	Matelot de 3e classe.	25 février 1861.
Le Bourre (Yves)	Id.	25 février 1861.
Mayeu (Victor-Théodore)	Id.	7 avril 1861.
Neuville (Toussaint)	Id.	14 octobre 1861.
Pescay (Jean)	Id.	25 octobre 1861.
Viers (Ch.-Aug.-Louis)	Id.	5 décembre 1861.

LA DORDOGNE

Moyon (Joachim)	Matelot de 3e classe.	1er octobre 1858.
Nicolas (J.-Daniel)	Id.	24 octobre 1858.
Dupas (Joseph-Marie)	Id.	28 novembre 1858.
Sommessons (Ch.-André)	Ouvrier chauffeur.	1er septembre 1858.
Dulong (François)	Apprenti marin.	6 novembre 1858.
Gravière (Léger)	Infirmier ordinaire.	7 septembre 1858.
Le Guen (Jean-Marie)	Matelot de 3e classe.	4 janvier 1859.
Masselot (Auguste-Joseph)	Id.	24 janvier 1859.
Bignon (Pierre-Félix)	Id.	28 mai 1859.
Briaudet (Hyacinthe)	Chauffeur de 2e cl.	11 juin 1859.
Castecaude (De Saint-Victor)	Mousse.	4 avril 1859.
Bories (Alphonse)	Enseigne de vaisseau.	16 février 1860.
Pélabon (Pierre-André)	Matelot de 2e classe.	5 février 1860.

NOMS.	GRADES.	DATES DE LA MORT.

LA MARNE

Chef d'Hôtel de Beaulieu (Ad.-Philip.)	Sous-commissaire.	21 avril 1859.
Kermarec (Yves)	Qr-m. de man. 1re cl.	27 mai 1859.
Cadeou (Yves-Joseph)	Qr-m. can. de 1re cl.	2 décembre 1859.
Dumont (François-Marie)	Qr-m. man. de 2e cl.	15 novembre 1859.
Gougeon (Touss.-Fr.-Marie)	Matelot de 3e classe.	19 août 1859.
Andrillon (Pierre)	Id.	13 octobre 1859.
Lefetit (Éloi)	Id.	13 octobre 1859.
Thépaut (Pierre)	Id.	28 octobre 1859.
Chauvin (Joseph)	Distributeur de 1re cl.	5 juillet 1859.
Engracio (Bautista)	Tagal.	9 octobre 1859.
Bureaux (J.-Bap.)	Matelot de 3e classe.	17 janvier 1860.
Vigouroux (François)	Id.	3 février 1860.
Méchain (J.-Théodore)	Matelot de 2e classe.	15 septembre 1861.

LE CATINAT

Lemeur (Joseph)	2e maît. can. de 1re cl.	17 décembre 1858.
Rourangra	Malgache.	18 novembre 1858.
De Saint-Phale	Enseigne de vaisseau.	25 septembre 1859.
Ressy	Qr-m. de tim. 1re cl.	15 décembre 1859.
Robert (Adolphe)	Matelot de 2e classe.	21 février 1859.
Boudin (Alexandre)	Id.	7 juin 1859.
Bouquain (François)	Chauffeur de 2e cl.	24 décembre 1859.
Dansou (André)	Matelot de 3e classe.	12 août 1859.
Héraud (Antoine)	Id.	11 décembre 1859.
Capitaine (Alfred)	Novice.	23 juillet 1859.
Anovaut (Victor)	Id.	5 août 1859.
Demestre (François)	Quart.-maît. de tim.	6 janvier 1860.

LE PRÉGENT

Connan (Honoré)	Matelot de 3e classe.	3 octobre 1859.
Leconte (Aristide)	Novice.	14 février 1859.
Dunois-Bédier (Victor-Aug.)	Id.	2 juin 1859.
Toulec (Jacques-Marie)	Qr-m. méc. de 1re cl.	4 janvier 1860.
Ferron (Pierre)	Matelot de 3e classe.	22 septembre 1861.
Larchevaud (Pierre)	Id.	4 octobre 1861.
Francisco (Bazo)	Matelot tagal.	24 avril 1861.
Cériaco (Bendello)	Id.	22 juin 1861.
Timotéo (Bacquez)	Id.	29 juillet 1861.

NOMS.	GRADES.	DATES DE LA MORT.

LA GIRONDE

Robert (Jean-Marie)	Matelot de 3e classe.	10 octobre 1858.
Lebour (Jean)	Id.	10 octobre 1858.
Larose (Pierre-André)	Id.	14 novembre 1858.
Lorin (Émile-Pierre-Louis)	Id.	17 novembre 1858.
Pochat (René)	Id.	14 décembre 1858.
Pen (Yves-Marie)	Id.	22 décembre 1858.
Garzuel (Michel)	Mousse.	5 novembre 1858.
Mével (Jean-Pierre)	Id.	14 novembre 1858.
Tampon (Jean)	2e m. de man. 1re cl.	2 août 1859.
Lenôtre (Ollivier-Allain)	Qr-m. de man. 1re cl.	16 septembre 1859.
Kervella (Jean-François)	Qr-m. de man. 2e cl.	30 août 1859.
Botrel (François)	Matelot de 3e classe.	27 mai 1859.
Hogues (Pierre)	Id.	6 juin 1859.
Massé (Cyprien)	Id.	6 septembre 1859.
Lebrun (Jean-Louis)	Id.	23 septembre 1859.
Koquin (Abel)	Id.	8 octobre 1859.
Toudic (François)	Id.	20 octobre 1859.
Conan (Jean-Joseph)	Id.	14 novembre 1859.

LA RENOMMÉE

Chaix (Aimable-Adolphe)	Aide-com. de la m.	24 mars 1861.
Waldner (Jean-Jacques)	Aspirant de 1re classe.	21 mai 1861.
Rubaud (Jean-Henri)	Quart.-maît. de man.	13 septembre 1861.
David (Louis)	Quart.-maît. voilier.	31 août 1861.
Stéphan (François)	Infirmier-major.	5 mai 1861.
Ropars (Jean-Yves)	Matelot de 3e classe.	25 février 1861.
Olivier (Aug.-Joseph)	Id.	8 mars 1861.
Gourdron (Pierre)	Id.	13 mars 1861.
Le Clanche (Joseph-Marie)	Id.	17 mars 1861.
Le Buannic (Jacques)	Id.	18 mars 1861.
Quavellat (Ambroise)	Id.	4 avril 1861.
Frémin (Jean-Louis)	Id.	6 avril 1861.
Le Batard (Jean-Marie)	Id.	14 avril 1861.
Lejeune (Tugdual-Marie)	Id.	21 avril 1861.
Le Flohic (Yves-Marie)	Id.	29 avril 1861.
Cudennec (Éloane)	Id.	En avril 1861.
Chapplain (François-Guil.)	Id.	19 mai 1861.
Guesdon (André)	Id.	20 mai 1861.

NOMS.	GRADES.	DATES DE LA MORT.
Le Roy (Louis-Henri)	Matelot de 3ᵉ classe.	22 mai 1861.
Seyfrid (Pierre-Marie)	Id.	30 mai 1861.
Leviol (Yves-Corentin)	Id.	30 mai 1861.
Le Guernalec (Maurice)	Id.	31 mai 1861.
Amiot (Pierre-Marie)	Id.	22 juin 1861.
Bornigal (Alexandre)	Id.	9 juillet 1861.
Cren (Paul)	Id.	13 juillet 1861.
Le Bonniec (Jacques)	Id.	30 juillet 1861.
Giquelais (Louis-Pierre)	Id.	2 août 1861.
Maros (Yves)	Id.	12 août 1861.
Nalio (Noël-Marie)	Id.	24 septembre 1861.
Lahellec (Yves)	Id.	29 septembre 1861.
Messager (Jean)	Id.	19 octobre 1861.
Ohier (Jean-Baptiste)	Id.	12 décembre 1861.
Le Roux (François-Léonard)	Id.	13 décembre 1861.
Le Ber (Jean-Marie)	Novice.	23 avril 1861.
Gautier (Maxime-Pierre)	Musicien gagiste.	21 mai 1861.
Connan (Jean-François)	Matelot.	10 novembre 1861.

SOLDATS

NOMS.	GRADES.	DATES DE LA MORT.
RÉGIMENT D'ARTILLERIE DE MARINE		
Picquerel (Pierre)........	Brigadier.	18 octobre 1858.
Ritt (Jean-Georges)......	Canonnier.	22 août 1858.
Seuk (Pierre)..........	Id.	25 août 1858.
Yerle (Nicolas)........	Id.	30 octobre 1858.
Girard (Jean-Baptiste)....	Id.	8 décembre 1858.
Hallouvry (Julien)......	Id.	30 décembre 1858.
Corréard (Alexandre)....	Capitaine en 1er.	21 mai 1859.
Raffy............	Maréchal des logis.	19 février 1859.
Martin (Jean).........	Brigadier.	26 mai 1859.
Laurent (Jean)........	Id.	5 juillet 1859.
Strauch (Victor).......	Id.	8 juillet 1859.
Veillet (Pierre)........	Id.	26 juillet 1859.
Henquin (Jean)........	Id.	26 juillet 1859.
Armangau (Ange)......	Trompette.	9 juin 1859.
Courrège (Pierre)......	Id.	16 juillet 1859.
Doublet (Auguste).....	Id.	24 octobre 1859.
Coulomb (David).......	Artificier.	5 octobre 1859.
Kuntz (Michel)........	Id.	24 octobre 1859.
Choulot (Jean-Bapt.)....	Canonnier.	14 janvier 1859.
Barcau (Pierre)........	Id.	13 février 1859.
Gadreau (François).....	Id.	19 avril 1859.
Pernet (Jean-Baptiste)....	Id.	20 mai 1859.
Cor (Déodat).........	Id.	22 mai 1859.
Chafin (Pierre)........	Id.	23 mai 1859.
Sébastien (Jean).......	Id.	23 mai 1859.
Girard (Marcel).......	Id.	25 mai 1859.
Bucher (Jules)........	Id.	29 mai 1859.
Colin (Juste).........	Id.	5 juin 1859.
Munchauffé (Justin).....	Id.	7 juin 1859.

NOMS.	GRADES.	DATES DE LA MORT.
Schaff (Jean)	Canonnier.	13 juin 1859.
Abadie (Jean)	Id.	13 juin 1859.
Delarue (Barthélemy)	Id.	14 juin 1859.
Girodot (Jean-Marie)	Id.	18 juin 1859.
Hermitte (Étienne)	Id.	19 juin 1859.
Sauvageot (Victor)	Id.	22 juin 1859.
Meunier (Jean)	Id.	22 juin 1859.
Piney (Jean-François)	Id.	23 juin 1859.
Jacquemot (Pierre)	Id.	26 juin 1859.
Vielle (Jean-Pierre)	Id.	27 juin 1859.
Robert (Jules)	Id.	2 juillet 1859.
Cachon (Bazile)	Id.	4 juillet 1859.
Hueber (Jean)	Id.	4 juillet 1859.
Klein (Jacques)	Id.	4 juillet 1859.
Dedieu (Antoine)	Id.	4 juillet 1859.
Périn (Jules)	Id.	4 juillet 1859.
Halley (Pierre)	Id.	5 juillet 1859.
Bameau (Jacques)	Id.	6 juillet 1859.
Moureaux	Id.	17 juillet 1859.
Maldent (François)	Id.	23 juillet 1859.
Baraguéry (Pierre)	Id.	31 juillet 1859.
Besançon (Paul)	Id.	17 août 1859.
Piat (Victor)	Id.	17 août 1859.
Fleury (Martin)	Id.	23 août 1859.
Roi (Claude)	Id.	31 août 1859.
Lepautremat (Julien)	Id.	5 septembre 1859.
Gérault (Julien)	Id.	11 septembre 1859.
Meillou (Jean)	Id.	11 septembre 1859.
Guillon (Antoine)	Id.	28 octobre 1859.
Sorlot (Vincent)	Maréchal des logis.	27 janvier 1860.
Aubry (Marc)	Id.	4 août 1860.
Marie (Pierre)	Id.	19 novembre 1860.
Dherbey (Jean)	Artificier.	7 juillet 1860.
Gravejat (Jean)	Ouvrier.	13 janvier 1860.
Minerot (Pierre)	Canonnier.	6 janvier 1860.
Deibert (Ferdinand)	Id.	12 janvier 1860.
Cazals (Étienne)	Id.	12 janvier 1860.
Coquet (Michel)	Id.	16 janvier 1860.
Cordier (Louis-Jacques)	Id.	26 janvier 1860.
Perrusson (Auguste)	Id.	7 février 1860.
K/nen (Yves)	Id.	26 juin 1860.
Boissi (Jean)	Id.	14 juillet 1860.
Mathieu (Jules)	Id.	11 août 1860.

OBITUAIRE. 335

NOMS.	GRADES.	DATES DE LA MORT.
Hennequin (Charles)	Canonnier.	16 décembre 1860.
Laplante (Pierre).	Maréchal des logis.	22 juillet 1861.
Beauvarlet (Jean-Baptiste). .	Canonnier.	7 septembre 1861.
Le Calvec (Jean)	Id.	11 octobre 1861.
Grenier (Eugène).	Id.	26 octobre 1861.
Cadiou (François).	Id.	12 novembre 1861.
Villemain (Jean)	Id.	20 décembre 1861.

14ᵉ RÉGIMENT MONTÉ D'ARTILLERIE

Durand	Maréchal des logis.	3 avril 1861.
Peyrac	Id.	5 juillet 1861.
Fourcade	Maréchal ferrant.	10 juin 1861.
Dertel	Artificier.	20 avril 1861.
Vives	Ouvrier.	6 mai 1861.
Boisson	Canonnier.	5 mars 1861.
Cocchi.	Id.	5 mars 1861.
Bouissière	Id.	30 mars 1861.
Sallé	Id.	24 avril 1861.
Allier.	Id.	20 mai 1861.
Fanac	Id.	28 mai 1861.
Daumet	Id.	6 juin 1861.
L'chen.	Id.	5 juillet 1861.
Lager	Id.	5 juillet 1861.
Larroque	Id.	9 juillet 1861.
Bouillaud	Id.	10 août 1861.
Vernis.	Id.	11 août 1861.
Evrevin	Id.	12 août 1861.
Desmarcq	Id.	14 août 1861.
Métois.	Id.	14 août 1861.
Seiller	Id.	28 août 1861.
Noyon.	Id.	30 août 1861.
Levé	Id.	16 septembre 1861.
Sagot.	Id.	21 octobre 1861.
Philippe	Id.	29 octobre 1861.
Mouchette.	Id.	10 novembre 1861.
Duhamel...	Id.	16 décembre 1861.

GÉNIE

Labbé (Victor-Eugène-Max). .	Capitaine.	29 septembre 1858.
Fort (François)	Sergent.	26 octobre 1858.
Pérot (Nicolas).	Sapeur.	10 octobre 1858.

NOMS.	GRADES.	DATES DE LA MORT.
Blangy (Eugène-Barnabé)	Sapeur.	17 novembre 1858.
Vermelinger (Laurent).	Id.	10 décembre 1858.
Veber (Jean)	Id.	26 décembre 1858.
Deroulède-Dupré.	Lieutenant-colonel.	18 novembre 1859.
Boreau-Lajanadie.	Lieutenant.	2 novembre 1859.
Desplanches (Alexandre).	Sous-lieutenant.	3 août 1859.
Chauvel (Jean-Marie-François)	Caporal.	17 juin 1859.
Turpin (François-Jean).	Ouvrier.	26 décembre 1859.
Adet (Joseph-Marie).	Sapeur.	30 janvier 1859.
Richard (Louis-Jacques)	Id.	19 mars 1859.
Guillaud (Pierre).	Id.	17 mai 1859.
Chateaux (Richard-Auguste)	Id.	7 juin 1859.
Ravot (Pierre)	Id.	14 juin 1859.
Fleurieux (Guillaume).	Id.	15 juin 1859.
Léopold (Jean-Joseph).	Id.	20 juin 1859.
Chaudeur (Georges).	Id.	4 août 1859.
Boittiaux (Auguste-César).	Id.	4 août 1859.
Schlachter (Jean-Baptiste).	Id.	1er septembre 1859.
Schmitt (Étienne).	Id.	6 septembre 1859.
Peter (Sébastien)	Id.	7 septembre 1859.
Legros (Aimable).	Id.	15 septembre 1859.
Donzé (Pierre-Frédéric)	Id.	6 novembre 1859.
Cauche (Adolphe-Joseph).	Id.	12 novembre 1859.
Zobel (Joseph)	Id.	11 décembre 1859.
Catherine (Henri-Joseph)	Sergent.	11 avril 1860.
Renard (Claude-François).	Caporal.	29 août 1860.
Hergott (André).	Sapeur.	20 mars 1860.
Bartel (Joseph).	Id.	21 avril 1860.
Naudy (Bertrand)	Id.	3 août 1860.
Midon (Barthélemy).	Id.	8 août 1860.
Gérard (Alexandre)	Id.	26 septembre 1860.
Husté (Antoine)	Id.	6 octobre 1860.
Henry (Charles-Benjamin)	Id.	27 novembre 1860.
Allizé de Matignicourt (Jules-Henry)	Chef de bataillon.	23 avril 1861.
Madet (Charles-Édouard).	Sergent.	7 novembre 1861.
Flageolet (Nicolas-Eldovic)	Caporal.	15 janvier 1861.
Bramerel (Ajac)	Ouvrier.	9 avril 1861.
Guénanen (Guy)	Id.	23 mai 1861.
Giraud (Pierre).	Id.	20 novembre 1861.
Bréon (Jacques).	Sapeur.	21 février 1861.
Alice (Prosper-Marie-Alph.)	Id.	26 février 1861.
Junger (Jean).	Id.	22 mars 1861.

OBITUAIRE.

NOMS.	GRADES.	DATES DE LA MORT.
BLADIER (Frédéric)	Sapeur.	31 mars 1861.
GIRARD (François-Christophe)	Id.	18 avril 1861.
TEXIER (Louis-Marie)	Id.	28 avril 1861.
ARTIS (Jean-François)	Id.	13 juin 1861.
FROC (Pierre)	Id.	24 juin 1861.
BAUER (Jacques)	Id.	19 septembre 1861.
LEFEBVRE (Jean-Maurice-Émile)	Id.	23 novembre 1861.
BLAISE (André)	Id.	30 novembre 1861.
PAULIN (Joseph-Pierre)	Id.	2 décembre 1861.
DELHORME (Louis-Balth.)	Id.	19 décembre 1861.
DUPORT (Anthelme)	Id.	29 décembre 1861.

2ᵉ RÉGIMENT D'INFANTERIE DE LA MARINE

BERTHE (Jacob-Constant)	Caporal.	6 mai 1858.
OSTERMANN (François)	Id.	21 mai 1858.
GENTY-DESVOLIÈRES (Évar.)	Id.	11 juin 1858.
BRANDON (Antoine)	Id.	22 août 1858.
MEURISSE (Georges-Édouard)	Id.	2 septembre 1858.
LECLERC (Jean-Baptiste-D.)	Id.	4 septembre 1858.
SAUVAGE (Augustiu-Vrain)	Id.	18 novembre 1858.
CREVET (Baptiste)	Soldat.	11 janvier 1858.
THILL (Nicolas)	Id.	7 février 1858.
LE BOZEC (Yves-Marie)	Id.	7 mars 1858.
TESTON (Yves)	Id.	17 mars 1858.
BOUSQUEL (Jean)	Id.	20 mars 1858.
DUMOULIN (Philippe)	Id.	27 mars 1858.
GOYARD (Louis-Philippe)	Id.	18 avril 1858.
DEBRAY (Louis-Étienne)	Id.	24 mai 1858.
LE GOFF (Jacques-Marie)	Id.	28 mai 1858.
CHACOT (Roch-Barthélémy)	Id.	2 juin 1858.
GIRAULT (Louis)	Id.	8 juin 1858.
TOULBOT (Louis)	Id.	8 juin 1858.
POUZET (André)	Id.	8 juin 1858.
MARTIN (Joseph-Martin)	Id.	12 juin 1858.
RICARD (Jean-Antoine)	Id.	16 juin 1858.
GIROUD (François)	Id.	1ᵉʳ août 1858.
HUMBERT (François)	Id.	3 août 1858.
HAMON (Yves-Marie)	Id.	8 août 1858.
COINON (Louis-Alex.-Rom.)	Id.	12 août 1858.
RIGAUD (Séverin-Louis-Isid.)	Id.	21 août 1858.
LALLEMENT (Louis-Lambert)	Id.	21 août 1858.

NOMS.	GRADES.	DATES DE LA MORT.
Bodenne (Jean)	Soldat.	21 août 1858.
Deschamps (Dés.-Jul.-Mar.)	Id.	22 août 1858.
Leguennec (Mathurin)	Id.	22 août 1858.
Delpech (Jean-Pierre)	Id.	24 août 1858.
Le Gouëdic (Yves-Joseph)	Id.	24 août 1858.
Feuillerac (Bernard)	Id.	25 août 1858.
Bedouillet (Martin)	Id.	25 août 1858.
Maleron (François)	Id.	25 août 1858.
Machner (Pierre)	Id.	26 août 1858.
Blanc (Pierre-Besson)	Id.	26 août 1858.
Denis (Claude-Joseph)	Id.	1er septembre 1858.
Thomas (Jean-Célestin)	Id.	2 septembre 1858.
Delmas (Jean-Antoine)	Id.	2 septembre 1858.
Espiau (François-Aimé)	Id.	2 septembre 1858.
Krœmer (Michel)	Id.	3 septembre 1858.
Girard (Charles)	Id.	3 septembre 1858.
Perret (Jean)	Id.	4 septembre 1858.
Huguet (Constantin)	Id.	7 septembre 1858.
Coret (Étienne)	Id.	9 septembre 1858.
Corre (Jean-François)	Id.	26 septembre 1858.
Robic (Joachim)	Id.	26 septembre 1858.
Tabo (Guillaume)	Id.	26 septembre 1858.
Montel (Claude)	Id.	2 octobre 1858.
Genton (Jean)	Id.	11 octobre 1858.
Debouté (Antoine)	Id.	13 octobre 1858.
Humel (Charles-Désiré)	Id.	14 octobre 1858.
Rousseau (Jules-Louis-Nic.)	Id.	18 octobre 1858.
Roux (Auguste-Marie-Eug.)	Id.	20 octobre 1858.
Belair (Pierre)	Id.	23 octobre 1858.
Durand (Jean-Baptiste-Marie)	Id.	25 octobre 1868.
Le Goëllaërt (Yves)	Id.	26 octobre 1858.
Molinier (Louis)	Id.	28 octobre 1858.
Gouminet (Barthélémy)	Id.	2 novembre 1858.
Jungmann (Jacques)	Id.	30 novembre 1858.
Isard (Pierre)	Id.	30 novembre 1858.
Henry (Joseph-Charles)	Id.	30 novembre 1858.
Loiseau (Joseph)	Id.	3 décembre 1858.
Lecorf (Mathurin-Joseph)	Id.	5 décembre 1858.
Le Morey (Pierre-Marie)	Id.	5 décembre 1858.
Magnac (Pierre)	Id.	7 décembre 1858.
Bottreau (Simon)	Id.	13 décembre 1858.
Largné (Jean)	Id.	24 décembre 1858.
Burel (Alain-Jean)	Id.	26 décembre 1858.

NOMS.	GRADES.	DATES DE LA MORT.
K/Guerin (Jean).	Soldat.	?
Martin des Pallières (H.-Marie-Élis.).	Sous-lieutenant.	21 avril 1859.
Frégier (Jean-Sergent).	Sergent.	9 février 1859.
Fajard (Auguste-Fr.).	Id.	26 juin 1859.
Dargaud (Jean-Marie).	Id.	28 juin 1859.
Letourneur (Louis-C.-Ant.).	Id.	6 juillet 1859.
Brocard (Claude-Séraphin).	Id.	30 juillet 1859.
Léa (Clément-Hip.).	Id.	14 août 1859.
Robineau (Léon-François).	Sergent-fourrier.	20 septembre 1859.
Legrand (Gustave-Victor).	Caporal.	7 janvier 1859.
Simonnet (Jean).	Id.	20 janvier 1859.
Coupet (Jean-François).	Id.	8 février 1859.
Esnault (Constant-Jacques).	Id.	11 mai 1859.
Charpillet (Jean-Pierre).	Id.	4 juin 1859.
Roy (Nicolas).	Id.	11 juin 1859.
Collobert (Jacques-Marie).	Id.	20 juin 1859.
Le Rest (Jean-Marie).	Id.	4 juillet 1859.
Gardeil (Jean).	Id.	7 juillet 1859.
Maingault (Henri).	Id.	9 août 1859.
Debarle (Louis-Auguste).	Id.	22 août 1859.
Bertin (Jean-François).	Id.	15 septembre 1859.
Saint-Dizier (Augustin).	Id.	8 octobre 1859.
Renvoyé (Nicolas-François).	Id.	25 octobre 1859.
Tallibart (Joseph-François).	Id.	22 novembre 1859.
Berton (Gilbert).	Soldat.	1er janvier 1859.
Cosmao (Alain).	Id.	7 janvier 1859.
Tremège (Pierre).	Id.	14 janvier 1859.
Grenon (François).	Id.	19 janvier 1859.
Regnault (Léon-Félix).	Id.	22 janvier 1859.
Prédour (Job).	Id.	22 janvier 1859.
Petit (Étienne-Joseph).	Id.	25 janvier 1859.
Renard (François).	Id.	25 janvier 1859.
Mangey (Jean).	Id.	26 janvier 1859.
Genest (Louis).	Id.	28 janvier 1859.
Hemeury (Yves).	Id.	29 janvier 1859.
Charton (Jean).	Id.	2 février 1859.
Bruyère (Théophile).	Id.	12 février 1859.
Brix (Pierre-Eugène).	Id.	13 février 1859.
Tillaud (Pierre).	Id.	15 février 1859.
Ricard (Jean-Baptiste).	Id.	16 février 1859.
Beaudet (Mathurin-Pierre).	Id.	18 février 1859.
Juguino (Vincent).	Id.	1er mars 1859.

NOMS.	GRADES.	DATES DE LA MORT.
RACINE (Pierre-François)	Soldat.	2 mars 1859.
GENTAIRE (Joseph)	Id.	2 mars 1859.
COBIGO (Mathurin-Marie)	Id.	2 mars 1859.
BLAS (Baptiste)	Id.	3 mars 1859.
BRAINE (Alex.-Ch.-Hyp.)	Id.	9 mars 1859.
ARIDON (François)	Id.	10 mars 1859.
GARENTON (Pierre)	Id.	15 mars 1859.
BERNARD (Alfred)	Id.	21 mars 1859.
BON (François)	Id.	29 mars 1859.
DENNIELOU (Jean)	Id.	13 avril 1859.
MINIOU (Hervé)	Id.	14 avril 1859.
GALLOUEDEC (Fr.-Marie)	Id.	15 avril 1859.
HAMON (Jean-Bap.-F.)	Id.	16 avril 1859.
JACQUET (Pierre-Célestin)	Id.	25 avril 1859.
LAVALLE (Léonard-Benj.)	Id.	9 mai 1859.
PAPEGAY (Jules-Marie)	Id.	21 mai 1859.
DUBOURG (Jean)	Id.	22 mai 1859.
CHAPALAIN (Yves)	Id.	25 mai 1859.
JEHANNO (Louis-Marie)	Id.	30 mai 1859.
PLANTÉ (Antoine)	Id.	30 mai 1859.
TORGUENEC (Julien-Marie)	Id.	2 juin 1859.
SAULNIER (Julien)	Id.	3 juin 1859.
PLESSIS (Alexandre-Jean)	Id.	4 juin 1859.
LESTUM (Jean-Martin)	Id.	5 juin 1859.
CAZABAT (Raymond)	Id.	8 juin 1859.
NÉA (Clet)	Id.	11 juin 1859.
GUILBON (Pierre)	Id.	11 juin 1859.
COTTET (Pierre)	Id.	12 juin 1859.
AUGAGNEUR (Benoît)	Id.	17 juin 1859.
SODES (Jean)	Id.	18 juin 1859.
ROBINEAU (François-Désiré)	Id.	18 juin 1859.
BON (Jean)	Id.	19 juin 1859.
DAUVEZET (Christophe)	Id.	23 juin 1859.
DUBOIS (Vincent-Adolphe)	Id.	29 juin 1859.
SAUZEZ (Edme-Pierre)	Id.	1er juillet 1859.
MICHALET (Joseph)	Id.	1er juillet 1859.
HATRY (Louis)	Id.	3 juillet 1859.
LE RU (Michel-Marie)	Id.	3 juillet 1859.
MILON (Antoine)	Id.	3 juillet 1859.
MENARD (Jean-Joseph)	Id.	3 juillet 1859.
PORCHER (Jacques)	Id.	4 juillet 1859.
GUILLAUD (Louis)	Id.	5 juillet 1859.
DUFRAISE (Jean)	Id.	11 juillet 1859.

OBITUAIRE.

NOMS.	GRADES.	DATES DE LA MORT.
Bruneau (Isidore-François)	Soldat.	14 juillet 1859.
Lacroix (Jean)	Id.	20 juillet 1859.
Souppelet (Mathurin-Marie)	Id.	21 juillet 1859.
Lemarié (Jules)	Id.	25 juillet 1859.
Héraud (Jean)	Id.	1er août 1859.
Gallon (Pierre)	Id.	2 août 1859.
Derexel (Jean-Nicolas)	Id.	7 août 1859.
Macé (Pierre-Marie)	Id.	16 août 1859.
Pillon (Joseph-Prosper)	Id.	17 août 1859.
Roussel (Jean-Marie)	Id.	20 août 1859.
Piotelat (Claude-Humb.)	Id.	3 septembre 1859.
Laguarrigue (Baptiste)	Id.	8 septembre 1859.
Bruhn (Jean-Baptiste)	Id.	5 septembre 1859.
Brugger (Jean-Baptiste)	Id.	13 septembre 1859.
Servaud (Jean)	Id.	22 septembre 1859.
Toraval (Julien)	Id.	27 septembre 1859.
Morvan (Jean)	Id.	27 septembre 1859.
Benoit (Nicolas-Onésime)	Id.	28 septembre 1859.
Labasque (Jean-Franç.-Marie)	Id.	28 septembre 1859.
De Kerpezdron (Mathurin)	Id.	29 octobre 1859.
Bernard (Pierre-J.-L.-Uly.)	Id.	5 novembre 1859.
Fourrier (François)	Id.	8 novembre 1859.
Faucher (Jacques)	Id.	10 novembre 1859.
Bailly (Jean-Marie)	Id.	19 novembre 1859.
Bailly (Paul-Émile)	Id.	19 novembre 1859.
Bonneau (François)	Id.	22 novembre 1859.
Beaupère (Vincent)	Id.	22 novembre 1859.
Coulon (François-Severin)	Id.	3 décembre 1859.
Roy (Pierre-Louis-Joseph)	Id.	4 décembre 1859.
Feillard (Jean)	Id.	4 décembre 1859.
Blaque (Vincent)	Id.	6 décembre 1859.
Rousseau (Martin-Joseph)	Id.	9 décembre 1859.
Auduberteau (Jean)	Id.	10 décembre 1859.
Le Gall (Yves-Marie)	Id.	26 décembre 1859.
Noël (Pierre-Alex.-Ad.)	Id.	?
Desangrumelle (Marie-Th.)	Sergent-major.	6 avril 1860.
Deligand (Jules-Prudence)	Caporal.	9 février 1860.
Pierre (François)	Id.	1er octobre 1860.
Harvent (François-Auguste)	Soldat.	2 janvier 1860.
Le Cos (Christophe)	Id.	6 février 1860.
Florance (Nicolas)	Id.	22 mars 1860.
Schuller (Antoine)	Id.	1er avril 1860.
Daubercies (Augustin)	Id.	19 avril 1860.

NOMS.	GRADES.	DATES DE LA MORT.
Gosset (Antoine)	Soldat.	21 avril 1860.
Carré (Clovis)	Id.	20 juin 1860.
Alison (Louis)	Id.	24 juin 1860.
Chapon (François)	Id.	15 juillet 1860.
Héliès (Christophe)	Id.	15 juillet 1860.
Tuez (Victor)	Id.	15 août 1860.
Forest (Fr.-Alex.-Jules)	Id.	22 octobre 1860.
Tanion (Jean-Marie)	Id.	22 octobre 1860.
Cazabet (Jean)	Caporal.	18 septembre 1861.
Souilhol (Jean)	Soldat.	10 février 1861.
Cazabat (Ludovic)	Id.	18 septembre 1861.
Gaujon (Constant)	Id.	10 décembre 1861.

3ᵉ RÉGIMENT D'INFANTERIE DE MARINE

Lendormi (Louis)	Soldat.	14 décembre 1858.
Jaffrain (Louis)	Id.	29 décembre 1858.
Loubière (Claude)	Capitaine.	6 juillet 1859.
Gascon-Cadaubon (Jean-M.)	Id.	3 août 1859.
Prot (Édouard-Charles)	Sous-lieutenant.	6 décembre 1859.
Meurger (Urbin)	Sergent-major.	22 septembre 1859.
Bloch (Salomon)	Sergent-fourrier.	25 août 1859.
Nolot (Antoine)	Id.	12 septembre 1859.
Monmège (Henri)	Sergent.	8 juillet 1859.
Semé (Charles-Victor)	Id.	10 août 1859.
Lagalle (Alexis-Jules)	Id.	15 septembre 1859.
Le Bègues (Adolphe)	Id.	10 décembre 1859.
Ferry (Sébastien)	Caporal.	21 avril 1859.
Hennebelle (Constant-Joseph)	Id.	21 avril 1859.
Peraldi (Louis)	Id.	21 avril 1859.
Lefranc (Julien-Romain)	Id.	20 mai 1859.
Roy (Pierre)	Id.	7 juin 1859.
Lavigne (Eugène)	Id.	29 juin 1859.
Peloux (Auguste)	Id.	2 juillet 1859.
Daval (Charles)	Id.	5 juillet 1859.
Colson (Jean-Nicolas)	Id.	12 juillet 1859.
Mazé (Yves-Marie)	Id.	9 août 1859.
Douce (Jean-Louis)	Id.	14 août 1859.
Remoussin (Prosper)	Id.	13 septembre 1859.
Aubert (Constant)	Id.	11 novembre 1859.
Degelos (Jean)	Id.	7 décembre 1859.
Foncreau (Eugène)	Clairon.	10 juin 1859.

OBITUAIRE.

NOMS.	GRADES.	DATES DE LA MORT.
Ducousset (Jean)	Clairon.	12 juin 1859.
Roset (Mathurin-Alex.)	Id.	29 juillet 1859.
Caumon (Jean-Marie)	Tailleur.	9 août 1859.
Martre (François-Albert)	Sapeur.	26 juin 1859.
Journet (Claude)	Id.	6 juillet 1859.
Laharderne (Pierre)	Id.	16 novembre 1859.
Lenoble (Théodore-Auguste)	Soldat.	14 janvier 1859.
Pierrel (Jean-Marie)	Id.	25 février 1859.
Maurel (Jean-Baptiste)	Id.	7 mars 1859.
Ségnoureau (François)	Id.	19 mars 1859.
Ley (Désiré-Charles)	Id.	30 mars 1859.
Roy (Pierre)	Id.	12 avril 1859.
Weidelig (Jean-Albert)	Id.	21 avril 1859.
Kuhner (Jean)	Id.	21 avril 1859.
Dantcourt (Nicolas)	Id.	21 avril 1859.
Try (Charles-Joseph-Max)	Id.	21 avril 1859.
Baron (Jean-Baptiste)	Id.	21 avril 1859.
Gabarre (Abel)	Id.	21 avril 1859.
Ampleir (Joseph)	Id.	22 avril 1859.
Molinier (Jean-François)	Id.	22 avril 1859.
Roy (Charles)	Id.	1er mai 1859.
Adam (Sébastien-Alfred)	Id.	8 mai 1859.
Vagogne (Jean-Baptiste)	Id.	15 mai 1859.
Xavier (Louis)	Id.	17 mai 1859.
Narcy (Léonard)	Id.	21 mai 1859.
Cheysson (Pierre)	Id.	21 mai 1859.
Denis (Augustin-Pierre)	Id.	21 mai 1859.
Laforest (Mathurin)	Id.	21 mai 1859.
Rauch (Martin)	Id.	22 mai 1859.
Gosset (Jean)	Id.	23 mai 1859.
Maille (Joseph-Henri-Ed.)	Id.	24 mai 1859.
Huicq (Pierre)	Id.	25 mai 1859.
Gourgues (Charles)	Id.	26 mai 1859.
Monnérat (Gilbert)	Id.	27 mai 1859.
Bécher (Jean-Nicolas)	Id.	28 mai 1859.
Notter (Pancrace)	Id.	29 mai 1859.
Delaume (Louis)	Id.	2 juin 1859.
Binet (Étienne)	Id.	5 juin 1859.
Lasalle (Martin)	Id.	6 juin 1859.
Rocheteau (Louis)	Id.	6 juin 1859.
Paquet (Jacques)	Id.	6 juin 1859.
Boucaud (François)	Id.	7 juin 1859.
Friot (Jules-Arbin)	Id.	

NOMS.	GRADES.	DATES DE LA MORT.
Gascard (Nicolas)	Soldat.	7 juin 1859.
Bourdot (Jean)	Id.	9 juin 1859.
Pierron (Victor)	Id.	9 juin 1859.
Bourdagarey (Arnaud)	Id.	9 juin 1859.
Poncet (Félix)	Id.	10 juin 1859.
Gorin (Jean)	Id.	10 juin 1859.
Martineau (Claude-François)	Id.	11 juin 1859.
Labrunerie *dit* Mimi (Bern^d)	Id.	12 juin 1859.
Macquigneau (Victor-Jacques)	Id.	12 juin 1859.
Labaye (Jacques)	Id.	12 juin 1859.
Fléchet (Jean)	Id.	13 juin 1859.
Pomiès (Pascal *dit* Bascot)	Id.	13 juin 1859.
Sivadon (Pierre)	Id.	13 juin 1859.
Poulin (Pierre-Auguste)	Id.	13 juin 1859.
Giraud (Claude)	Id.	13 juin 1859.
Desmoineaux (Jean)	Id.	13 juin 1859.
Noirot (Claude)	Id.	13 juin 1859.
Jaffrenon (Pierre)	Id.	13 juin 1859.
Genetay (Pierre)	Id.	14 juin 1859.
Gaudy (Jean)	Id.	14 juin 1859.
Salomon (Gabriel-Étienne)	Id.	14 juin 1859.
Denis (Jean-Marie)	Id.	14 juin 1859.
Corbic (Yves)	Id.	15 juin 1859.
Vayre (Joseph)	Id.	15 juin 1859.
Hauviller (Jean)	Id.	15 juin 1859.
Pourdeau (Benoît-Marie)	Id.	16 juin 1859.
Beigné (François)	Id.	16 juin 1859.
Papin (Auguste)	Id.	16 juin 1859.
Paulin (Sylvain)	Id.	16 juin 1859.
Tétour (Joachim)	Id.	16 juin 1859.
Lacombe (Jean)	Id.	17 juin 1859.
Dupuy (Jean)	Id.	17 juin 1859.
Guélon (Marc)	Id.	17 juin 1859.
Imbaud (Louis)	Id.	17 juin 1859.
Petit (Claude)	Id.	17 juin 1859.
Le Lay (Jean)	Id.	17 juin 1859.
Bertaut (Louis)	Id.	17 juin 1859.
Huc (Paul)	Id.	18 juin 1859.
Garel (Jean-Claude)	Id.	18 juin 1859.
Le Coëffec (Jean-François)	Id.	18 juin 1859.
Davaux (Guillaume)	Id.	18 juin 1859.
Dupré (Paul)	Id.	19 juin 1859.
Février (Jacques)	Id.	19 juin 1859.

NOMS.	GRADES.	DATES DE LA MORT.
Le Meur (Guy)	Soldat.	19 juin 1859.
Brett (Benoît)	Id.	19 juin 1859.
Darrientort (Dominique)	Id.	20 juin 1859.
Bouchon (Georges)	Id.	20 juin 1859.
Le Borgne (Jean-Marie)	Id.	20 juin 1859.
Lesvignes (Pierre)	Id.	21 juin 1859.
Kübler (Philippe)	Id.	21 juin 1859.
Lance (Pierre)	Id.	21 juin 1859.
Fritsch (François-Martin)	Id.	21 juin 1859.
Julien (Denis)	Id.	21 juin 1859.
Bonneville (Benjamin-Joseph)	Id.	21 juin 1859.
Baudouin (Joseph)	Id.	21 juin 1859.
Lalande (François)	Id.	22 juin 1859.
L'Arhantec (Hervé-Marie)	Id.	22 juin 1859.
Perchet (Didier)	Id.	22 juin 1859.
Bachelier (Charles-Louis)	Id.	22 juin 1859.
Marmin (Louis)	Id.	23 juin 1859.
Bastian (François-Jacques)	Id.	23 juin 1859.
Crenn (François-Hervé)	Id.	23 juin 1859.
Troquer (Yves)	Id.	23 juin 1859.
Joliot (Jean-Pierre)	Id.	23 juin 1859.
Fournier (Antoine)	Id.	24 juin 1859.
Chobé (Jean-Marie)	Id.	24 juin 1859.
Demortier (Jean-Claude)	Id.	24 juin 1859.
Perret (Michel)	Id.	24 juin 1859.
Betton (Gabriel-Jean)	Id.	25 juin 1859.
Micheau (Louis-Jean)	Id.	26 juin 1859.
Ponsard (Louis)	Id.	27 juin 1859.
Conilleau (Jean-Joseph)	Id.	27 juin 1859.
Guépin (Étienne)	Id.	27 juin 1859.
Harté (Jean-François)	Id.	28 juin 1859.
Baillot (Pierre)	Id.	28 juin 1859.
Nappey (Charles)	Id.	28 juin 1859.
Léger (Michel)	Id.	28 juin 1859.
Florance (David)	Id.	29 juin 1859.
Barbin (Louis-Désiré)	Id.	30 juin 1859.
Lebœuf (Jean-Baptiste-Fr.)	Id.	30 juin 1859.
Vitry (Albert-Jean-Baptiste)	Id.	30 juin 1859.
Boucher (Nicolas)	Id.	30 juin 1859.
Thiérard (Jean)	Id.	30 juin 1859.
Champois (Jean)	Id.	1er juillet 1859.
Champion (Jean)	Id.	1er juillet 1859.
Richard (Louis)	Id.	1er juillet 1859.

NOMS.	GRADES.	DATES DE LA MORT.
Guyonvarch (Jacques). . . .	Soldat.	1er juillet 1859.
Papon (Jacques).	Id.	1er juillet 1859.
Devidas (Jean)	Id.	1er juillet 1859.
Vatan (Charles).	Id.	2 juillet 1859.
Frelet (Jacques)	Id.	2 juillet 1859.
Ferrez (Louis)	Id.	3 juillet 1859.
Vuillaume (Auguste)	Id.	3 juillet 1859.
Fortin (François)	Id.	3 juillet 1859.
Defresne (Léon)	Id.	3 juillet 1859.
Allaire (Pierre-Henri)	Id.	3 juillet 1859.
Babin (Henri).	Id.	3 juillet 1859.
Penhoat (Ernest)	Id.	3 juillet 1859.
Lamidé (Ferdinand)	Id.	4 juillet 1859.
Cardon (Édouard).	Id.	4 juillet 1859.
Martin (François).	Id.	5 juillet 1859.
Labrunie (Jean).	Id.	5 juillet 1859.
Famy (Joseph).	Id.	5 juillet 1859.
Vautier (Alexandre).	Id.	5 juillet 1859.
Sonneret (François-Gabriel) .	Id.	5 juillet 1859.
Juillard (Pierre)	Id.	6 juillet 1859.
Lalanne (Pierre)	Id.	6 juillet 1859.
Geneste (Pierre)	Id.	8 juillet 1859.
Arnoul (Jean)	Id.	8 juillet 1859.
Lubac (Auguste)	Id.	8 juillet 1859.
Coiffu (Eugène).	Id.	9 juillet 1859.
Beuchot (Jean-Baptiste) . . .	Id.	9 juillet 1859.
Labarrière (Jean).	Id.	9 juillet 1859.
Maze (Raymond)	Id.	10 juillet 1859.
Prévost (Théodore).	Id.	10 juillet 1859.
Saint-Albert (Léonard) . . .	Id.	10 juillet 1859.
Schneider (François)	Id.	12 juillet 1859.
Monamy (Barthel)	Id.	13 juillet 1859.
Reymond (Jean).	Id.	13 juillet 1859.
Robinet (Jean-Baptiste). . . .	Id.	14 juillet 1859.
Michel (Henry)	Id.	15 juillet 1859.
Borderie (François)	Id.	16 juillet 1859.
Carrette (Alfred).	Id.	16 juillet 1859.
Bainier (Henri)	Id.	17 juillet 1859.
Wilhelm (Pierre)	Id.	17 juillet 1859.
Gombaud-Saintonge.	Id.	18 juillet 1859.
Enenteno (Armand).	Id.	19 juillet 1859.
Houdaille (Victor)	Id.	19 juillet 1859.
Delon (Augustin)	Id.	19 juillet 1859.

NOMS.	GRADES.	DATES DE LA MORT.
Ravassat (Annet)	Soldat.	20 juillet 1859.
Redersdorff (André)	Id.	20 juillet 1859.
Allain (Yves)	Id.	21 juillet 1859.
Barathien (Hippolyte)	Id.	21 juillet 1859.
Rance (Antoine)	Id.	22 juillet 1859.
Breton (Louis)	Id.	22 juillet 1859.
Birot (Pierre)	Id.	22 juillet 1859.
Goudard (Eugène)	Id.	22 juillet 1859.
Poret (Jean-Baptiste-Joseph)	Id.	23 juillet 1859.
Langlet (Jean)	Id.	24 juillet 1859.
Meyer (François)	Id.	25 juillet 1859.
Muller (Pierre)	Id.	26 juillet 1859.
Lorette (Ferdinand)	Id.	27 juillet 1859.
Guéridon (Blaise)	Id.	27 juillet 1859.
Charbonnel (Jean-Baptiste)	Id.	27 juillet 1859.
Fleureton (Jean-Baptiste)	Id.	27 juillet 1859.
Fouquenelle (François-Jos.)	Id.	29 juillet 1859.
Jung (Mathieu)	Id.	30 juillet 1859.
Bouley (Étienne)	Id.	31 juillet 1859.
Trupin (Ernest)	Id.	31 juillet 1859.
Adriaensen (Henri)	Id.	1er août 1859.
Rollan (Jean)	Id.	3 août 1859.
Lasgounies (Jean)	Id.	4 août 1859.
Duchatelle (Louis)	Id.	4 août 1859.
Jeanneson (Louis)	Id.	4 août 1859.
Léonard (Louis)	Id.	5 août 1859.
Hunion (Joseph-Cyprien)	Id.	7 août 1859.
Pruvot (Jean-Bapt.-Léopold)	Id.	8 août 1859.
Boulangeot (Michel)	Id.	8 août 1859.
Coutard (Alexis)	Id.	8 août 1859.
Anquetil (François)	Id.	8 août 1859.
Vaucher (Victor)	Id.	10 août 1859.
Coudert (Jean)	Id.	11 août 1859.
Chabanolle (Pierre)	Id.	12 août 1859.
Tinardon (Jean)	Id.	12 août 1859.
Guyomard (Pierre)	Id.	12 août 1859.
Debout (Michel)	Id.	13 août 1859.
Cramoison (François)	Id.	14 août 1859.
Raccurt (Jean)	Id.	17 août 1859.
Dennetière (Jean)	Id.	17 août 1859.
Simbille (Pierre)	Id.	19 août 1859.
Beaudrand (François)	Id.	20 août 1859.
Levrier (Jules)	Id.	20 août 1859.

NOMS.	GRADES.	DATES DE LA MORT.
LANNE (Siméon)	Soldat.	20 août 1859.
LACHAISE (Jean)	Id.	22 août 1859.
SABATIER (Antoine)	Id.	23 août 1859.
MOCHON (Léon)	Id.	23 août 1859.
DEPRÉ (Jean)	Id.	24 août 1859.
SAUVAGET (André)	Id.	25 août 1859.
JAONEY (Claude)	Id.	26 août 1859.
MOINARD (François)	Id.	27 août 1859.
CHARLES	Id.	27 août 1859.
DAUPHIN (Henri-Charles)	Id.	29 août 1859.
BARBE (Stanislas)	Id.	30 août 1859.
MARIE (Alexandre)	Id.	30 août 1859.
SWAMPOEL (Jean)	Id.	30 août 1859.
CHARRON (Victor)	Id.	30 août 1859.
LINARÈS (Jean)	Id.	31 août 1859.
SORNIN (Louis)	Id.	31 août 1859.
SOUCHENOT (Pierre)	Id.	2 septembre 1859.
LEMOINE (Joseph)	Id.	2 septembre 1859.
BARAT (Pierre-Julien)	Id.	3 septembre 1859.
JACQUEMARD (Germain)	Id.	6 septembre 1859.
DIDIER (Nicolas)	Id.	8 septembre 1859.
DUFFLOT (Christ)	Id.	9 septembre 1859.
CHOTARD (Jean-Marie)	Id.	9 septembre 1859.
ACQUITTER (Jean)	Id.	9 septembre 1859.
LACHAUX (Jean-François)	Id.	10 septembre 1859.
FRÈRE (Jean-Joseph)	Id.	10 septembre 1859.
VERGÉ (Jean)	Id.	11 septembre 1859.
HENRI (Marie-Ange)	Id.	13 septembre 1859.
RODON (Antoine)	Id.	13 septembre 1859.
LEBAT (Louis)	Id.	14 septembre 1859.
LEFÈVRE (Louis-Auguste)	Id.	15 septembre 1859.
RENAUD (Adolphe)	Id.	15 septembre 1859.
MARCHÉ (Auguste)	Id.	16 septembre 1859.
GORON (Pierre-Victor)	Id.	19 septembre 1859.
NAUDIN (Félix)	Id.	20 septembre 1859.
GIRAUD (Jules)	Id.	21 septembre 1859.
CHARPY (Émile)	Id.	23 septembre 1859.
DUEZ (Nicolas)	Id.	23 septembre 1859.
BRIAN (François)	Id.	25 septembre 1859.
GOULOT (Émilien)	Id.	26 septembre 1859.
TAUPAIN (Pierre)	Id.	26 septembre 1859.
LOISEAU (Charles)	Id.	27 septembre 1859.
BOUTREAU (Louis)	Id.	27 septembre 1859.

OBITUAIRE.

NOMS.	GRADES.	DATES DE LA MORT.
Mio (Alphonse)	Soldat.	1er octobre 1859.
Pelcerf (Jules-Alfred)	Id.	1er octobre 1859.
Texier (Jean-Aimé)	Id.	5 octobre 1859.
Fontbonne (Léonard)	Id.	7 octobre 1859.
Vardin (François)	Id.	8 octobre 1859.
Bergès (Vivian)	Id.	8 octobre 1859.
Velly (Yves)	Id.	9 octobre 1859.
Congray (Jean-Marie)	Id.	9 octobre 1859.
Fourneaux (Jacques)	Id.	13 octobre 1859.
Quéron (François)	Id.	18 octobre 1859.
Pitre (Marie-Victor)	Id.	19 octobre 1859.
Laudy (J.-Alexandre)	Id.	21 octobre 1859.
Quinet (François)	Id.	21 octobre 1859.
Lelong (Émile)	Id.	22 octobre 1859.
Guizay (Vincent)	Id.	24 octobre 1859.
Gérard (Eugène)	Id.	25 octobre 1859.
Meurice (Albert)	Id.	26 octobre 1859.
Petit (Louis-Eugène)	Id.	26 octobre 1859.
Rensse (Ceste-Alfred)	Id.	27 octobre 1859.
Lalanne (Marcel)	Id.	28 octobre 1859.
Beuret (Alex.-René)	Id.	31 octobre 1859.
Bourguignon (Jean-Baptiste)	Id.	1er novembre 1859.
Degremont (Alexandre)	Id.	4 novembre 1859.
Radenac (Jean-François)	Id.	6 novembre 1859.
Bourdet (Étienne)	Id.	7 novembre 1859.
Guillot (Toussaint)	Id.	7 novembre 1859.
Bogært (Charles-Louis)	Id.	9 novembre 1859.
Guégan (Louis)	Id.	9 novembre 1859.
Prenveille (Charles-Jules)	Id.	12 novembre 1859.
Mangeot (Sébastien)	Id.	13 novembre 1859.
Poitier (Jacques)	Id.	13 novembre 1859.
Nattes (Jean)	Id.	13 novembre 1859.
Barbay (Jean-Bapt.)	Id.	14 novembre 1859.
Laulagné (Jean)	Id.	20 novembre 1859.
Payen (Napoléon)	Id.	24 novembre 1859.
Delorge (François)	Id.	27 novembre 1859.
Lallement (Frédéric)	Id.	6 décembre 1859.
Colombat (Jean-Marie)	Id.	11 décembre 1859.
Bardi (Guillaume)	Id.	13 décembre 1859.
Fébrunet (Jules)	Id.	13 décembre 1859.
Steib (Mathieu)	Id.	16 décembre 1859.
David (Yves)	Id.	17 décembre 1859.
Pissis (Pierre)	Id.	19 décembre 1859.

NOMS.	GRADES.	DATES DE LA MORT.
Mahé (Jean)	Soldat.	21 décembre 1859.
Costil (François)	Id.	28 décembre 1859.
Alauzet (Victor)	Id.	31 décembre 1859.
Barbé (Nicolas-Michel-Aug.)	Capitaine.	7 décembre 1860.
Goudard (Henri-Auguste)	Major.	?
Rey (Joseph)	Sergent.	28 juin 1860.
Ifender (Jean-Marie)	Id.	22 juillet 1860.
Tetot (François)	Id.	5 août 1860.
Guérard (Joseph)	Id.	23 août 1860.
Noël de Lagrange (Achille)	Id.	5 septembre 1860.
Rollet (Pierre)	Id.	8 septembre 1860.
Bautte (Jean-Marie)	Id.	13 septembre 1860.
Lenoir (Jean)	Id.	4 octobre 1860.
Montel (Jean)	Id.	12 décembre 1860.
Souton (Eugène)	Id.	20 décembre 1860.
Bichon (Joseph)	Caporal.	12 février 1860.
Jay (François)	Id.	8 mars 1860.
Tessier (Jean)	Id.	28 mars 1860.
Clément (Toussaint)	Id.	11 avril 1860.
Astruc (Auguste)	Id.	23 avril 1860.
Duffo (Jean)	Id.	24 avril 1860.
Truffé (Edmond)	Id.	12 juin 1860.
Lateux (Louis)	Id.	23 juin 1860.
Mozer (Hubert)	Id.	25 juin 1860.
Lescanff (Yves)	Id.	30 juin 1860.
Thouvenel (Édouard)	Id.	19 juillet 1860.
Rancelant (Antoine)	Id.	29 juillet 1860.
Carrette (Victor)	Id.	9 août 1860.
Armand (Charles)	Id.	18 août 1860.
Hyvernand (Jean)	Id.	27 septembre 1860.
Martel (Jean-Baptiste)	Id.	15 octobre 1860.
Metz (Romain)	Id.	21 novembre 1860.
Lassipiéras (Élie)	Sapeur.	5 août 1860.
Corignan (Joseph)	Id.	11 août 1860.
Fouquet (Pierre)	Id.	19 septembre 1860.
Geffroy	Soldat.	5 janvier 1860.
Villeminey (Auguste)	Id.	10 janvier 1860.
Richard (Édouard-Joseph)	Id.	13 janvier 1860.
Grégoire (Hubert)	Id.	17 janvier 1860.
Nir (Yves)	Id.	22 janvier 1860.
Chetivet (François)	Id.	22 janvier 1860.
Beuf (Pierre)	Id.	28 janvier 1860.
Caunois (Louis-Jean)	Id.	6 février 1860.

OBITUAIRE.

NOMS.	GRADES.	DATES DE LA MORT.
BÉCHERET (François)	Soldat.	7 février 1860.
KALT (Jacques)	Id.	9 février 1860.
BARNIER (Antoine)	Id.	11 février 1860.
BEZENÇON (Alexis)	Id.	12 février 1860.
CREST (Louis)	Id.	27 février 1860.
CARPENTIER (Jean-Baptiste)	Id.	1er mars 1860.
FERRY (Alexis)	Id.	1er mars 1860.
BOYER (Jean-Baptiste)	Id	3 mars 1860.
MORIN (Stanislas)	Id.	7 mars 1860.
BERTHON (Jean)	Id.	15 mars 1860.
AUBERTIN (Pierre)	Id.	17 mars 1860.
BESSON (Henry)	Id.	29 mars 1860.
LABADIE (Jules)	Id.	13 avril 1860.
FILLIOL (Antoine)	Id.	14 avril 1860.
GRANDBLAISE (Joseph)	Id.	21 avril 1860.
ROUSSEAU (Xavier)	Id.	25 avril 1860.
VITOZ (Antoine)	Id.	1er mai 1860.
ROLLIN (Alphonse)	Id.	6 mai 1860.
ROUSSET (François)	Id.	7 mai 1860.
DUSSON (Philippe)	Id.	10 mai 1860.
CHEMISON (Jean)	Id.	11 mai 1860.
ANDRÉ (Jean-Baptiste)	Id.	17 mai 1860.
DELOR (Jean)	Id.	26 mai 1860.
BARRETTE (Pierre)	Id.	28 mai 1860.
FONTAINE (Alexandre)	Id.	5 juin 1860.
VERDIER (Annet)	Id.	11 juin 1860.
SANSEAU (Alain)	Id.	15 juin 1860.
DUROUEIX (Léonard)	Id.	16 juin 1860.
BESSEYRE (Joseph)	Id.	18 juin 1860.
TAVERNIER (Louis)	Id.	21 juin 1860.
SCHŒFFER (François)	Id.	23 juin 1860.
MOZER (Hubert)	Id.	25 juin 1860.
MAISSONNIER (Pierre)	Id.	26 juin 1860.
KERZANGUIADER (Victor)	Id.	28 juin 1860.
PAPIN (René)	Id.	29 juin 1860.
PETITDENT (Pierre)	Id.	30 juin 1860.
GUDIN (Xavier)	Id.	30 juin 1860.
VIGOR (Armand)	Id.	2 juillet 1860.
AUTEFAGE (François)	Id.	4 juillet 1860.
GUERRY (Pierre)	Id.	14 juillet 1860.
DUBAN (Antoine)	Id.	19 juillet 1860.
JUIF (Jean-Baptiste)	Id.	20 juillet 1860.
QUÉNAUD (Eugène)	Id.	21 juillet 1860.

NOMS.	GRADES.	DATES DE LA MORT.
Labarbe (Jean-Charles)	Soldat.	23 juillet 1860.
Courtieux (Jean)	Id.	24 juillet 1860.
Quintin (Étienne)	Id.	30 juillet 1860.
Carra (Pierre)	Id.	7 août 1860.
Berger (Jacques)	Id.	10 août 1860.
Tabour (Jean-Baptiste)	Id.	11 août 1860.
Taccard (Jean)	Id.	19 août 1860.
Faye (Pierre)	Id.	21 août 1860.
Monnier (Joseph)	Id.	23 août 1860.
Faucher (Pierre)	Id.	25 août 1860.
Amaudinaud (Pierre)	Id.	2 septembre 1860.
Laborde-Bonnacaze (Aug.)	Id.	4 septembre 1860.
Leroy (François)	Id.	13 septembre 1860.
Sudres (Joseph)	Id.	17 septembre 1860.
Hélin (François)	Id.	19 septembre 1860.
Vaubourg (Charles)	Id.	27 septembre 1860.
Martin (Sylvain)	Id.	2 octobre 1860.
Pascal (Paulin)	Id.	2 octobre 1860.
Paradis (Claude)	Id.	3 octobre 1860.
Jourgeaud (Léonard)	Id.	13 octobre 1860.
Simon (Jean-Baptiste)	Id.	13 octobre 1860.
Guillaume (Jean)	Id.	16 octobre 1860.
Fouillade (Pierre)	Id.	17 octobre 1860.
Cossy (Nicolas)	Id.	18 octobre 1860.
Senmartin (Pierre)	Id.	22 octobre 1860.
Courtiade (Étienne)	Id.	1er novembre 1860.
Forget (Jean)	Id.	3 novembre 1860.
Dupuy (François)	Id.	6 novembre 1860.
Lecann (Jean)	Id.	11 novembre 1860.
Duvernois (François)	Id.	21 novembre 1860.
Bauzet (Auguste)	Id.	2 décembre 1860.
Charpenay (Thomas)	Id.	14 décembre 1860.
Lamarche (Pierre)	Id.	21 décembre 1860.
Michel (Jean)	Id.	24 décembre 1860.
Robert-Brandaz	Id.	28 décembre 1860.
Testard (Jules)	Lieutenant-colonel.	27 février 1861.
Portalez (Charles)	Capitaine.	26 avril 1861.
Berthaux	Lieutenant.	31 août 1861.
Melchior	Sous-lieutenant.	9 avril 1861.
Étienne (Marie)	Sergent-major.	21 mai 1861.
Sicard (Jean)	Sergent.	16 mars 1861.
Kauffmann (Louis)	Id.	28 mars 1861.
Léger (Pierre)	Id.	6 mai 1861.

OBITUAIRE.

NOMS.	GRADES.	DATES DE LA MORT.
FAGES (Victor)	Sergent.	13 mai 1861.
GRANET (Jean-François)	Id.	24 mai 1861.
BIZIAUX (Henri)	Id.	10 juin 1861.
DEPRÉE (Charles)	Id.	11 juin 1861.
MARTY (Louis)	Id.	28 juillet 1861.
PIERSON (Nicolas)	Id.	31 juillet 1861.
AUGONIN (Jacques)	Id.	8 août 1861.
LANGA (Jean)	Id.	6 octobre 1861.
HENNEQUIN (Joseph)	Caporal.	2 janvier 1861.
BOURGEOIS (Charles)	Id.	28 février 1861.
BILON (Louis)	Id.	23 mars 1861.
MARCHAND (Charles)	Id.	6 avril 1861.
BRAILLON (Jules)	Id.	9 mai 1861.
LANGLET (Joseph)	Id.	12 mai 1861.
FRÉVILLIER (Lucien)	Id.	14 mai 1861.
LAMBERT (Adolphe)	Id.	15 mai 1861.
BENTZ (Joseph)	Id.	12 juin 1861.
CARREAU (Auguste)	Id.	13 juin 1861.
GUY (Constant)	Id.	16 juin 1861.
FOREY (Auguste)	Id.	14 juillet 1861.
LEMARDLEY (Zacharie)	Id.	7 août 1861.
VOSSOT (François)	Id.	28 août 1861.
HARTER (Jean)	Id.	29 août 1861.
GABET (Jean)	Id.	4 novembre 1861.
ROCKENBACH (Jean)	Clairon.	18 mai 1861.
MARTEAU (Adrien)	Id.	31 août 1861.
PRÉCIGOUT (Pierre)	Sapeur.	6 mars 1861.
MÈGE (Léger)	Id.	21 mars 1861.
ROUGET (Jean)	Id.	24 avril 1861.
CONSTANT (Joseph)	Soldat.	4 janvier 1861.
GUILLOT (François)	Id.	5 janvier 1861.
LAGARDE (Jean)	Id.	5 janvier 1861.
CHOQUET (Jean-Baptiste)	Id.	9 janvier 1861.
SELBERT (Louis)	Id.	10 janvier 1861.
REBILLON (Louis)	Id.	11 janvier 1861.
DEVIENNE (François)	Id.	13 janvier 1861.
LOISEAU (Élie)	Id.	15 janvier 1861.
LALANDE (Jean)	Id.	16 janvier 1861.
TRAVERS (Zacharie)	Id.	21 janvier 1861.
RASPIENGEAS (Martin)	Id.	22 janvier 1861.
MONNIER (Louis)	Id.	30 janvier 1861.
MARTINACHE (Joseph)	Id.	9 février 1861.
GUÉDIN (Claude)	Id.	23 février 1861.

NOMS.	GRADES.	DATES DE LA MORT.
Goussard (Nicolas)	Soldat.	25 février 1861.
Ducos (Arnaud)	Id.	5 mars 1861.
Gallé (Louis)	Id.	7 mars 1861.
Catto (Marie)	Id.	10 mars 1861.
Gangloff (Nicolas)	Id.	12 mars 1861.
Busmay (Joseph)	Id.	14 mars 1861.
Guillemot (Jean)	Id.	17 mars 1861.
Lebrun (Jules)	Id.	17 mars 1861.
Delaruc (Joseph)	Id.	17 mars 1861.
Mazot (Louis)	Id.	18 mars 1861.
Boucher (François)	Id.	21 mars 1861.
Boulard (Auguste)	Id.	21 mars 1861.
Bourget (Louis)	Id.	22 mars 1861.
Karhl (Édouard)	Id.	23 mars 1861.
Rols (Joseph)	Id.	23 mars 1861.
Kuhn (Joseph)	Id.	24 mars 1861.
Girard (Jean)	Id.	24 mars 1861.
Guiton (Charles)	Id.	26 mars 1861.
Vigier (François)	Id.	26 mars 1861.
Godard (François)	Id.	27 mars 1861.
Fleury (Jean)	Id.	30 mars 1861.
Regon (François)	Id.	31 mars 1861.
Godard (Auguste)	Id.	2 avril 1861.
Simon (Joseph)	Id.	6 avril 1861.
Menant (Victor)	Id.	10 avril 1861.
Lallement (Louis)	Id.	14 avril 1861.
Boisseau (Jean)	Id.	17 avril 1861.
Doucey (Jean)	Id.	18 avril 1861.
Mulhein (Georges)	Id.	18 avril 1861.
Fandre (François)	Id.	19 avril 1861.
Tiennot (Pierre)	Id.	22 avril 1861.
Ruilier (François)	Id.	26 avril 1861.
Ruilier (Jean)	Id.	26 avril 1861.
Briand (Joseph)	Id.	26 avril 1861.
Maëtz (Michel)	Id.	29 avril 1861.
Jourde (André)	Id.	3 mai 1861.
Cadeau (Pierre)	Id.	3 mai 1861.
Visage (Julien)	Id.	3 mai 1861.
Bressuire (Paul)	Id.	7 mai 1861.
Bernard (François)	Id.	10 mai 1861.
Barbet (Pierre)	Id.	10 mai 1861.
Rousseau (François)	Id.	11 mai 1861.
Fontaine (Ferdinand)	Id.	13 mai 1861.

NOMS.	GRADES.	DATES DE LA MORT.
Dutet (Antoine)	Soldat.	15 mai 1861.
Deluard (Alexis)	Id.	15 mai 1861.
Allain (Jean-Guillaume)	Id.	20 mai 1861.
Daillant (Jean)	Id.	26 mai 1861.
Godard (Louis)	Id.	27 mai 1861.
Guillaume (Léopold)	Id.	1er juin 1861.
Simon (Pierre)	Id.	10 juin 1861.
Bollot (Théodore)	Id.	11 juin 1861.
Bignon (Gaspard)	Id.	16 juin 1861.
Labbé (Joseph)	Id.	17 juin 1861.
Chevalier (François)	Id.	19 juin 1861.
Freling (Henri)	Id.	23 juin 1861.
Febraud (Joseph)	Id.	25 juin 1861.
Leleu (Louis)	Id.	30 juin 1861.
Lequeux (Charles)	Id.	11 juillet 1861.
Hanin (Jean)	Id.	12 juillet 1861.
Dauvé (François)	Id.	13 juillet 1861.
Baignol (Jean-Baptiste)	Id.	13 juillet 1861.
Machet (Pierre)	Id.	17 juillet 1861.
Gardey (Pierre)	Id.	23 juillet 1861.
Rapin (Jean)	Id.	28 juillet 1861.
Mathieu (Auguste)	Id.	30 juillet 1861.
Savary (Auguste)	Id.	1er août 1861.
Genestre (Pierre)	Id.	4 août 1861.
Granger (Jacques)	Id.	22 août 1861.
Stévenard (Julien)	Id.	28 août 1861.
Trellu (Étienne)	Id.	29 août 1861.
Delalande (Édouard)	Id.	31 août 1861.
Dubuc (Louis)	Id.	3 septembre 1861.
Haond (Jacques)	Id.	6 septembre 1861.
Trochon (Auguste)	Id.	7 septembre 1861.
Grenot (Louis)	Id.	7 septembre 1861.
Reynaud (François)	Id.	10 septembre 1861.
Camus (Jules)	Id.	12 septembre 1861.
Moreau (Louis)	Id.	13 septembre 1861.
Bur (Charles)	Id.	30 septembre 1861.
Flix (Jean)	Id.	1er octobre 1861.
Prevost (Henri)	Id.	17 octobre 1861.
Keller (Michel)	Id.	19 octobre 1861.
Plaisance (Louis)	Id.	3 novembre 1861.
Granet (Jean)	Id.	17 novembre 1861.
Collange (François)	Id.	20 décembre 1861.

NOMS.	GRADES.	DATES DE LA MORT.

4ᵉ RÉGIMENT D'INFANTERIE DE MARINE

Gout (Basile-Marie)	Capitaine.	22 septembre 1858.
Vannaque (Victor)	Sous-lieutenant.	21 avril 1858.
Rames (Jean)	Sapeur.	21 novembre 1858.
Courbières (Joseph-Justin)	Soldat.	1ᵉʳ août 1858.
Martin (Louis)	Id.	5 août 1858.
Roy (Denis-Emmanuel)	Id.	5 août 1858.
Rethel (François)	Id.	12 août 1858.
Avignon (Étienne)	Id.	29 août 1858.
Pescay (Jean)	Id.	4 décembre 1858.
Abadie (Jean)	Id.	7 décembre 1858.
Amichot (Étienne)	Id.	11 décembre 1858.
Fossel (Jean)	Id.	13 décembre 1858.
Gavaud (Joseph)	Id.	21 décembre 1858.
Polges (Joseph-Thesbé-Lar.)	Id.	30 décembre 1858.
Giorgi (Joseph-Polyc.)	Lieutenant.	15 septembre 1859.
Levoyet (Bénigne)	Adjudant.	19 février 1859.
Lantard (Alexis)	Sergent-fourrier.	11 août 1859.
Venries (Jean)	Sergent.	12 octobre 1859.
Lupi (François)	Caporal.	9 février 1859.
Armandon (Julien)	Id.	27 avril 1859.
Linsolas (Louis)	Id.	2 juin 1859.
Andrieu (Denis)	Id.	27 juin 1859.
Communeau (François)	Id.	2 août 1859.
Guillot (Joseph)	Id.	15 octobre 1859.
Dalor (Charles-Joseph)	Id.	29 octobre 1859.
Beaumann (Georges)	Id.	28 décembre 1859.
Sicot (Jean-L.-A.-G.)	Clairon.	4 mai 1859.
Cartalier (Étienne)	Id.	6 juin 1859.
Vachey (Philibert)	Id.	19 juin 1859.
Brun-Roudier (Antoine)	Id.	23 décembre 1859.
Berrodier (Marie-Joseph)	Sapeur.	10 février 1859.
Besse (Louis-Désiré)	Id.	1ᵉʳ juillet 1859.
Woillet (Nicolas)	Soldat.	2 janvier 1859.
Garros (Pierre)	Id.	4 janvier 1859.
Aymard (Joseph-Marie)	Id.	4 janvier 1859.
Benaret (Joseph)	Id.	4 janvier 1859.
Gros (Louis-Martial)	Id.	11 janvier 1859.
Suel (Victor)	Id.	11 janvier 1859.
Gardette (Benoît)	Id.	12 janvier 1859.

NOMS.	GRADES.	DATES DE LA MORT.
Lartigue (Pierre)	Soldat.	12 janvier 1859.
Petit (Claude)	Id.	12 janvier 1859.
Soupenne (Antoine)	Id.	18 janvier 1859.
Brossard (Nicolas)	Id.	31 janvier 1859.
Ribayrol (Jean-Pierre)	Id.	6 février 1859.
Meistermann (François)	Id.	9 février 1859.
Le Roy (Léon-Henry)	Id.	9 février 1859.
Klein (Joseph)	Id.	17 février 1859.
Madero (Pascal-Guillaume)	Id.	18 février 1859.
Sylvestre (Jean)	Id.	19 février 1859.
Dubois (Jean-Bapt.-Honoré)	Id.	27 février 1859.
Garnier (Augustin)	Id.	15 mars 1859.
Gillet (Pierre)	Id.	26 mars 1859.
Vécho (Nicolas)	Id.	30 mars 1859.
Leroy (Jean-Louis)	Id.	12 avril 1859.
Dissard (Jean)	Id.	14 avril 1859.
Valette (Jean-Fr.-R.)	Id.	23 avril 1859.
Raffin (Joseph-Marie)	Id.	25 avril 1859.
Lafond (Jacques)	Id.	4 mai 1859.
Tréhin (Jean-Marie)	Id.	8 mai 1859.
Raclin (Pierre)	Id.	11 mai 1859.
Taché (Jean)	Id.	17 mai 1859.
Guiche (Jean-Pierre)	Id.	21 mai 1859.
Benoit (David)	Id.	30 mai 1859.
Quilleveré (Jean-Louis)	Id.	5 juin 1859.
Kergosien (Jean)	Id.	6 juin 1859.
Laurent (Louis-Jean-Baptiste)	Id.	7 juin 1859.
Geneste (Pierre)	Id.	8 juin 1859.
Orary (Alex.-Ferdinand)	Id.	8 juin 1859.
Ducrot (Charles)	Id.	21 juin 1859.
Guibaud-Ribaud (Claude)	Id.	21 juin 1859.
Mermet (Joseph-Marie)	Id.	21 juin 1859.
Lauriol (François-César)	Id.	23 juin 1859.
Vendat (François)	Id.	24 juin 1859.
Buannec (Joseph-Marie)	Id.	24 juin 1859.
Parmantier (François-Eugène)	Id.	26 juin 1859.
Durot (Jean-Baptiste)	Id.	30 juin 1859.
Bonnet (Joseph)	Id.	5 juillet 1859.
Monier (Bertrand)	Id.	5 juillet 1859.
Chardon (Denis-Jules)	Id.	8 juillet 1859.
Rey (Pierre-Antoine)	Id.	8 juillet 1859.
Phœtus (Maurice)	Id.	14 juillet 1859.
Naudin (Claude)	Id.	14 juillet 1859.

NOMS.	GRADES.	DATES DE LA MORT.
SERVET (Henri)	Soldat.	18 juillet 1859.
LELEUX (Edmond-Constant)	Id.	21 juillet 1859.
JEAN *dit* CONSOULAT	Id.	2 août 1859.
VAILLANT (Pierre-Marie)	Id.	2 août 1859.
MOREAU (Jean)	Id.	2 août 1859.
LIONS (Claude)	Id.	8 août 1859.
BADE (Simon)	Id.	13 août 1859.
SENTENAC (Jean)	Id.	20 août 1859.
SCHWEITRER (Alexis)	Id.	28 août 1859.
CHRÉTIEN (Jean)	Id.	7 septembre 1859.
DELICHÈRE (André-Auguste)	Id.	7 septembre 1859.
BONTEMPS (Aubin)	Id.	11 octobre 1859.
ESCARPIT (Simon)	Id.	15 octobre 1859.
VIGNAL (Alexis)	Id.	29 octobre 1859.
ROUX (Irénée)	Id.	9 novembre 1859.
SCHMITT (Joseph-Vendel)	Id.	18 novembre 1859.
BRISON (François)	Sergent-major.	10 avril 1860.
FONS (Jean-Honoré)	Id.	19 mai 1860.
PARAIN (Félix-Amable)	Id.	9 juin 1860.
PAURON (Armand-Paul)	Caporal clairon.	18 avril 1860.
PERROTIN (François)	Caporal.	4 mai 1860.
BOUR (Philippe)	Id.	18 juin 1860.
CRÉPIN (Évariste)	Id.	1er novembre 1860.
NICOLAÏ (Antoine-Jéof.)	Soldat.	3 mars 1860.
CHAMPIN (Jules-Constant)	Id.	25 avril 1860.
CLUSSON (Mathurin-Charles)	Id.	25 avril 1860.
ANSEL (Charles-Isidore)	Id.	27 avril 1860.
MANIGUY (Jean-Baptiste)	Sergent.	15 juillet 1861.
CONSTANT (Jean-Marie)	Id.	20 juillet 1861.
GRAPPIN (Charles)	Id.	30 juillet 1861.
BLAISEMONT (François)	Sergent-fourrier.	1er octobre 1861.
CORBERAND (Claude-Joseph)	Caporal.	16 avril 1861.
MARSEL (Marie-Jean)	Id.	22 mai 1861.
BLANC (Germain)	Id.	8 juin 1861.
GEYER (Étienne)	Id.	24 septembre 1861.
PIPAT (Bernard)	Clairon.	7 juin 1861.
LEGROUX (François-Marc)	Soldat.	12 janvier 1861.
BRISSÉ (Pierre)	Id.	1er février 1861.
LAME (Jean-Louis)	Id.	1er février 1861.
SIMON (Joseph-Marie)	Id.	5 février 1861.
MAIRE (Jean-Baptiste)	Id.	24 février 1861.
DIDIER (Claude)	Id.	24 février 1861.
RAMONET (Jean)	Id.	25 février 1861.

NOMS.	GRADES.	DATES DE LA MORT.
RIVIER (François-Marie)	Soldat.	28 février 1861.
DESMOULIN (Léonard)	Id.	1er mars 1861.
MICHEL	Id.	5 mars 1861.
SAVIGNY (François)	Id.	7 mars 1861.
CHELOUX (Louis)	Id.	7 mars 1861.
BARDON (Pierre).	Id.	8 mars 1861.
GALION (Jean-Ant.-Sylv.).	Id.	8 mars 1861.
PÉRON (Hervé)	Id.	11 mars 1861.
SIFFERMANN (Michel).	Id.	11 mars 1861.
MOREL (Louis-Charles).	Id.	13 mars 1861.
CHEREAUX (Jean).	Id.	19 mars 1861.
BRAUN (Antoine)	Id.	19 mars 1861.
BOURNERIAS (Benoît).	Id.	28 mars 1861.
LE BIAN (Jean-Marie).	Id.	16 avril 1861.
DUCROZ (Claude-Célestin).	Id.	11 mai 1861.
PANNETIER (Jean-Baptiste)	Id.	21 mai 1861.
CHARTIER (Jacques)	Id.	22 mai 1861.
VERGÉ (Pierre-Léon).	Id.	26 mai 1861.
LE MOËNER (Guillaume)	Id.	19 juin 1861.
LAOT (Jean-Marie).	Id.	26 juin 1861.
PURENNAT (Jean-Marie).	Id.	1er juillet 1861.
SONNET (Antoine).	Id.	3 juillet 1861.
LEMERCIER (Mathurin)	Id.	11 juillet 1861.
MOREL (Marcelin)	Id.	7 août 1861.
UTTHURY (Jean).	Id.	12 septembre 1861.
NOLIN (Auguste-Firmin)	Id.	22 septembre 1861.
DUBOIS (Jean-Pierre).	Id.	30 octobre 1861.
NADEAU (Adolphe-Joseph).	Id.	4 décembre 1861.
VINCENT (Jacques).	Id.	4 décembre 1861.
BECHADE (Léonard)	Id.	11 décembre 1861.
SALAÜN (Jean).	Id.	18 décembre 1861.
RIVOIRE (Julien).	Id.	29 décembre 1861.

2e BATAILLON DE CHASSEURS A PIED

BLOUET	Capitaine.	1er juin 1861.
DE BELLUNE	Lieutenant.	2 mai 1861.
GERMAIN	Sous-lieutenant.	4 décembre 1861.
RAGON.	Sergent-major.	23 avril 1861.
MULLER	Sergent.	16 mars 1861.
CARAVEN.	Id.	10 avril 1861.
LESIMPLE.	Id.	27 avril 1861.

NOMS.	GRADES.	DATES DE LA MORT.
Martin	Sergent.	16 mai 1861.
Pau	Caporal.	25 février 1861.
Besnardeau (Maurice)	Id. (clairon).	9 avril 1861.
Poty	Id.	16 avril 1861.
Lauriot	Id.	25 avril 1861.
Bailly	Id.	28 avril 1861.
Charpentier	Id.	29 avril 1861.
Delgros	Id.	28 mai 1861.
Jean	Id.	3 juin 1861.
Souaille	Id.	7 juin 1861.
Delabbaye	Id.	11 juin 1861.
Matot	Id.	3 juillet 1861.
Gérard	Id.	29 octobre 1861.
Pelard	Id.	7 novembre 1861.
Volle (Cyprien)	Chasseur.	11 février 1861.
Bruckmann (Daniel)	Id.	23 février 1861.
Bouyer	Id.	24 février 1861.
Masson	Id.	27 février 1861.
Momet	Id.	28 février 1861.
Cormier	Id.	2 mars 1861.
Moisan	Id.	4 mars 1861.
Benoiston (Clément)	Id.	6 mars 1861.
Marchésy	Id.	9 mars 1861.
Falconnetti	Id.	11 mars 1861.
Fagot	Id.	11 mars 1861.
Quémarec	Id.	15 mars 1861.
Rambaud	Id.	17 mars 1861.
Bonnifacy	Id.	19 mars 1861.
Jouvin	Id.	19 mars 1861.
Maloubier	Id.	19 mars 1861.
Devert	Id.	20 mars 1861.
Bellocq	Id.	21 mars 1861.
Thoury	Id.	24 mars 1861.
Mérodac	Id.	25 mars 1861.
Berneyre	Id.	28 mars 1861.
Deniau	Id.	31 mars 1861.
Abraham	Id.	4 avril 1861.
Marie	Id.	6 avril 1861.
Couturier	Id.	11 avril 1861.
Rame	Id.	15 avril 1861.
Leduigon	Id.	15 avril 1861.
Germanicus	Id.	15 avril 1861.
Botton	Id.	17 avril 1861.

NOMS.	GRADES.	DATES DE LA MORT.
Bougnol............	Chasseur.	17 avril 1861.
Labbe.............	Id.	17 avril 1861.
Fosse.............	Id.	17 avril 1861.
Chéry.............	Id.	17 avril 1861.
Lebris.............	Id.	20 avril 1861.
Michel............	Id.	21 avril 1861.
Bourdelier	Id.	22 avril 1861.
Mathieux..........	Id.	22 avril 1861.
Gaudefroy.........	Id.	22 avril 1861.
Normand..........	Id.	23 avril 1861.
Quioz.............	Id.	24 avril 1861.
Hubert............	Id.	24 avril 1861.
Avesque...........	Id.	28 avril 1861.
Crochemore	Id.	1er mai 1861.
Ériaut.............	Id.	6 mai 1861.
Borda.............	Id.	10 mai 1861.
Parmentier	Id.	12 mai 1861.
Montoriol..........	Id.	14 mai 1861.
Freyburger	Id.	21 mai 1861.
Bœchler...........	Id.	23 mai 1861.
Jammy............	Id.	23 mai 1861.
Deroiné...........	Id.	29 mai 1861.
Lamouret..........	Id.	1er juin 1861.
Pinpaneau.........	Id.	6 juin 1861.
Campagne.........	Id.	6 juin 1861.
Pavageau	Id.	6 juin 1861.
Vadrot............	Id.	11 juin 1861.
Arnal.............	Id.	17 juin 1861.
Laborie	Id.	28 juin 1861.
Guillemard	Id.	7 juillet 1861
Pagès.............	Id.	26 juillet 1861.
Lépine............	Id.	3 août 1861.
Ludot.............	Id.	5 août 1861.
Delage	Id.	7 août 1861.
Cercueil...........	Id.	8 août 1861.
Desvaux...........	Id.	8 août 1861.
Chassang..........	Id.	13 août 1861.
Vernon	Id.	24 août 1861.
Aubry.............	Id.	8 septembre 1861.
Tremblay	Id.	15 septembre 1861.
Prévot	Id.	29 septembre 1861.
Décurty...........	Id.	6 octobre 1861.
Dumathrat.........	Id.	14 octobre 1861.

NOMS.	GRADES.	DATES DE LA MORT.
Brocard.	Chasseur.	7 décembre 1861.
Liévin (Constant)	Id.	8 décembre 1861.
Miard	Id.	10 décembre 1861.
Pépin	Id.	19 décembre 1861.
Fraissinet	Id.	27 décembre 1861.
Billard	Id.	29 décembre 1861.
Druette.	Id.	?

101ᵉ DE LIGNE

Lian (Joseph-Charles-Th.) . .	Capitaine adj.-major.	19 avril 1861.
Urbani (Jean-Dominique). . .	Sergent-fourrier.	30 décembre 1861.
Pelletier (Pierre-Louis) . . .	Caporal.	31 mai 1861.
Veau (Jacques)	Id.	9 septembre 1861.
Valognes (Pierre).	Id.	11 septembre 1861.
Clémence (Louis-Armand) . .	Id.	12 septembre 1861.
Hoffer (Joseph).	Id.	27 octobre 1861.
Capel (Jean)	Fusilier.	21 avril 1861.
Cuny (Louis).	Voltigeur.	9 mai 1861.
Lepreux (Onésime-Ap.) . . .	Id.	23 mai 1861.
Roulle (Louis)	Fusilier.	17 juin 1861.
Pinot (Jean-Charles).	Id.	4 juillet 1861.
Stéphant (Yves-René)	Voltigeur.	13 juillet 1861.
Lacoste (Antoine).	Fusilier.	9 août 1861.
Le Tessier (Alex.-Fr.)	Id.	23 août 1861.
Trœber (François-Joseph) . .	Id.	24 août 1861.
Brassard (Louis-Gust.-A.) . .	Id.	30 août 1861.
Petitdidier (François-Aug.) .	Id.	5 septembre 1861.
Guilmont (Alfred).	Id.	11 septembre 1861.
Galabert (André).	Id.	13 septembre 1861.
Yrisson (Armand).	Voltigeur.	23 septembre 1861.
Vialleton (Claude)	Id.	26 septembre 1861.
Bussac (Jean).	Fusilier.	26 octobre 1861.
Arnaud (Joseph-Alain). . . .	Voltigeur.	19 novembre 1861.
Dantheny (Pierre).	Grenadier.	21 décembre 1861.

TABLE DES MATIÈRES

CHAPITRE PREMIER.

ARGUMENT. — La paix de Pékin rend disponibles les forces de la France. — Le vice-amiral Charner est désigné par l'Empereur pour commander l'expédition de Cochinchine. — Les forces expéditionnaires s'organisent, quittent la Chine et arrivent à Saïgon dans les premiers jours du mois de février 1861. 1

CHAPITRE II.

ARGUMENT. — Théâtre de la guerre et situation respective des adversaires. — Assiette physique de l'empire annamite. — Importance militaire et politique du camp retranché de Ki-hoa 21

CHAPITRE III.

ARGUMENT. — Plan de campagne — La flottille dominera le Don-chaï; la ligne des Pagodes maintiendra l'ennemi ; le corps expéditionnaire, prolongeant l'arc de cercle, enserrera le camp de Ki-hoa, et mettra les Annamites dans l'alternative ou de repousser le choc, ou d'être, en un seul coup, écrasés et dispersés 43

CHAPITRE IV.

ARGUMENT. — Le corps expéditionnaire rompt les lignes annamites dans la matinée du 24 février, au point dit de la Redoute. — L'armée franco-espagnole prolonge la droite de l'ennemi par une marche de flanc, et vient camper, le 24 février au soir, droit sur sa ligne de retraite. 63

CHAPITRE V.

ARGUMENT. — Les alliés marchent droit sur l'ennemi et se heurtent sur ses revers, à droite, au centre et à gauche. — Les lignes annamites sont rompues après une action sanglante qui dure une heure et demie et dont les phases sont diverses 75

CHAPITRE VI.

ARGUMENT. — Le corps expéditionnaire enlève les positions de Tong-kéou, d'Oc-moun, de Rach-tra, et pousse jusqu'à Tram-ban. — Le pays est fouillé par des bâtiments de flottille et par des colonnes mobiles. — Premières reconnaissances de Bien-hoa et de My-thô. . 97

CHAPITRE VII.

ARGUMENT. — Expédition de My-thô. — Plan d'attaque. — La forteresse sera pressée par terre et par le Cambodge. — Ce plan est exécuté malgré le choléra, la fièvre, la dysenterie, des obstacles naturels ou artificiels; une navigation incertaine, des estacades d'une lieue; des forts bien armés et bien servis. — La saison des pluies se déclare avec violence le surlendemain de la chute de My-thô. — Les opérations militaires sont suspendues 119

CHAPITRE VIII.

ARGUMENT. — Tableau de la Basse-Cochinchine dans les premiers temps qui suivirent la chute de Ki-hoa et de My-thô. — Organisation militaire. — Organisation civile 153

CHAPITRE IX.

ARGUMENT. — Caractères physiques des Annamites. — Caractères moraux. — Despotisme patriarcal 169

CHAPITRE X.

ARGUMENT. — Les Annamites nous proposent la paix et préparent la guerre. — Cependant le peuple passe sous le joug. — L'établissement des Français se développe avec suite et s'affermit. — Le vice-amiral Charner remet ses pouvoirs, le 30 novembre 1861 209

APPENDICE.

Pages.

I. — États-majors des bâtiments placés sous le commandement en chef du vice-amiral Charner 249
II. — Composition du corps expéditionnaire de Cochinchine 269
III. — Ordre général à l'armée de Cochinchine 283
IV. — Édit de l'empereur Tu-duc 287
V. — Note sur la nature des fortifications annamites 291
VI. — Note sur certains colons militaires appelés Don-dien 295

OBITUAIRE

DES FRANÇAIS QUI ONT SUCCOMBÉ EN COCHINCHINE JUSQU'A L'ANNÉE 1862.

Religieux 307
Marins 312
Soldats 333

Nancy, imprimerie Berger-Levrault et Cⁱᵉ.

BERGER-LEVRAULT ET Cie, LIBRAIRES-ÉDITEURS

PARIS, 5, rue des Beaux-Arts. — Même maison à Nancy.

Louis SCHNEIDER

L'EMPEREUR GUILLAUME Ier

SOUVENIRS INTIMES

REVUS ET ANNOTÉS PAR L'EMPEREUR SUR LE MANUSCRIT ORIGINAL

TRADUIT DE L'ALLEMAND PAR CH. RABANY

Trois beaux volumes in-8º raisin, brochés. — Prix : **24 fr.**

Du Danube à la Baltique. Allemagne, Autriche-Hongrie, Danemark. Description et Souvenirs, par Gabriel THOMAS. 1888. Beau vol. in-12, br. **5 fr.**

A travers la Norvège. Souvenirs de voyage, par L. MARCOT. 1887. Volume in-12 de 422 pages, broché . . . . **3 fr. 50**

Géographie militaire, par le commandant MARGA. 1885. — Ire Partie : *Généralités et la France*. 4e édition, revue et augmentée. Deux volumes in-8º, avec atlas de 137 cartes, la plupart en couleurs. Broché, **35 fr.** Relié, **46 fr.**

— 2e Partie : *Principaux États de l'Europe*. 3e édition, revue et augmentée. Trois vol. in-8º, avec atlas de 149 cartes, la plupart en couleurs. Br., **45 fr.** Relié, **59 fr.**

Les Transformations de l'Armée française. Essai d'histoire et de critique sur l'état militaire de la France, par Ch. THOUMAS, général de division en retraite. 1887. Deux volumes grand in-8º, brochés . . . . **18 fr.**

Les Capitulations. Étude d'histoire militaire sur la responsabilité du commandement, par Ch. THOUMAS, général de division en retraite. 1886. (Couronné par l'Académie française.) Vol. in-12 de 504 pages, broché. **5 fr.**

La Guerre de 1870-1871. Résumé historique. Traduit de l'allemand. 1888. Volume in-12, broché. **2 fr. 50**

Récits sur la dernière guerre franco-allemande (du 17 juillet 1870 au 10 février 1871). *Wissembourg*. — *Frœschwiller (Reichshoffen ou Wœrth)*. — *Sedan*. — *Siège de Paris*, par C. SARAZIN, ancien médecin en chef d'ambulance. 1887. Volume in-12 de 343 pages, broché . . . . . **3 fr. 50**

Campagne de Prusse (1806). Iéna, d'après les archives de la guerre, par P. FOUCART, capitaine breveté au 39e régiment d'infanterie. 1887. Beau volume in-8º de 746 pages, avec 2 cartes et 3 croquis, broché . . **10 fr.**

Campagne de Pologne. Novembre-décembre 1806-janvier 1807 (Pultusk et Golymin), d'après les archives de la guerre, par P. FOUCART, capitaine. 1882. Deux volumes in-12 (1056 pages), avec 3 cartes et 8 tableaux, brochés. . . . . **12 fr.**

Français et Russes. *Moscou et Sévastopol, 1812-1854,* par Alfred RAMBAUD, professeur à la Faculté des lettres de Nancy. 4e édition. 1888. Volume in-12, broché . . . . **3 fr. 50**

De l'Empire allemand. Sa constitution. Son administration, par C. MORHAIN, sous-intendant militaire. 1885. Vol. gr. in-8º de 468 pages, broché. **7 fr. 50**

BERGER-LEVRAULT ET Cie, LIBRAIRES-ÉDITEURS
PARIS, 5, rue des Beaux-Arts. — Même maison à Nancy.

Nos Marins (Vice-amiraux, Contre-amiraux, Officiers généraux des troupes de la marine et des corps entretenus), par Étienne TRÉFEU. Préface par Ferdinand DE LESSEPS. 1888. Un beau volume in-8° de 771 pages, avec 166 illustrations par Ernest LANGLOIS et GINOS. Broché . . . . . 10 fr.
Relié en percaline gaufrée, tête dorée, plaque spéciale. . . . . 13 fr.
30 exemplaires numérotés à la presse :
: o sur papier du Japon, 30 fr.; 10 sur papier de Chine, 25 fr.

Nos Généraux (1871 à 1884), par H. ROGER DE BEAUVOIR. Beau volume in-8° de 531 pages, avec 136 dessins à la plume par F. DE HÆNEN et E. PERBOYRE. Broché, 7 fr. 50. Relié en demi-chagrin, tranches dorées, 10 fr.

Biographies et récits maritimes. Voyages et combats, par Eugène FABRE, sous-directeur au ministère de la marine et des colonies. 1re série : *Une famille de marins : Les Bouvet.* 1885. Vol. in-8°, avec portrait, broché. 6 fr.
— 2e série : *Le Contre-amiral Bouvet. Nos corsaires.* 1886. Avec 2 portraits. Volume in-8°, broché . . . . 7 fr. 50

L'Escadre de l'amiral Courbet. Notes et souvenirs, par Maurice LOIR, lieutenant de vaisseau à bord de la *Triomphante.* 1885. Volume in-12, avec portrait et 10 cartes, broché . . . . 3 fr. 50

De Rochefort à Cayenne. (Scènes de la vie maritime.) Journal du capitaine de l'*Économe*, par Jules DE CRISENOY ; illustré de 52 dessins par Pierre DE CRISENOY, peintre de la marine. 1883. Un fort vol. in-8° de 330 pages, avec 2 cartes . . . . 8 fr.
Relié en demi-chagrin, tranches dorées . . . . 10 fr.

Entre deux campagnes. Notes d'un marin, par Th. AUBE, officier de marine. (*Au Sénégal. En Océanie.*) 1881. Volume in-12, broché. . . . 3 fr.

À terre et à bord. Notes d'un marin, 2e série, par Th. AUBE. Avec une préface de Gabriel CHARMES. (*Italie et Levant. Pénétration de l'Afrique centrale. La guerre maritime et les ports militaires de la France. Notes sur le Centre-Amérique.*) 1884. Volume in-12, broché . . . . . . 3 fr.

Les Arsenaux de la marine. I. Organisation administrative, par M. GOUGEARD, ministre de la marine. 1882. Grand in-8°, broché . . . 3 fr. 50
— 2e partie. Organisation économique, industrielle et militaire. 1882. Grand in-8°, broché . . . . 7 fr. 50

Dictionnaire des marines étrangères (cuirassés, croiseurs, avisos rapides), par P. DUPRÉ, lieutenant de vaisseau. 1882. Un volume gr. in-8°, avec 155 figures . . . . 6 fr.

Rome et Berlin. Opérations sur les côtes de la Méditerranée et de la Baltique au printemps de 1888, par Charles ROPE. Un volume in-12 de 300 pages, avec 8 cartes, plans et croquis . . . . 5 fr.

La Puissance maritime de l'Angleterre, par P. C., officier de l'armée française. 1887. Volume grand in-8°, avec 18 cartes, broché . . . . 5 fr.

La Politique française en Océanie, à propos du canal de Panama, par Paul DESCHANEL, rédacteur au *Journal des Débats*, avec lettre de M. Ferd. DE LESSEPS. 1re série : *L'Archipel de la Société.* 1884. Volume in-12 de 664 pages, broché . . . . 6 fr.

Les Intérêts français dans l'Océan Pacifique, par Paul DESCHANEL, député. 1887. Volume in-12, broché . . . . 4 fr.

www.ingramcontent.com/pod-product-compliance
Lightning Source LLC
Chambersburg PA
CBHW070457170426
43201CB00010B/1375